ベトナム・フエ城宮殿建築の
修復と復原

2016

編著
白井 裕泰

〔本書は独立行政法人日本学術振興会平成 28 年度科学研究費補助金（研究成果公開促進費）の交付を受けた出版である〕

口絵1　隆徳殿　竣工写真

口絵2　昭敬殿　竣工写真

監修のことば

　『ベトナム・フエ城宮殿建築の修復と復原』は、ベトナムの世界遺産に1993年に登録された「フエの建造物群」の構成遺産である隆徳殿と昭敬殿を修復・復原した時の記録を中心にまとめたものである。
　隆徳殿と昭敬殿は、ベトナム最後の専制王朝であった阮朝（1802～1945）の王宮内の太祖廟区にあり、太祖廟の左方に隆徳殿（1804年建立）、その前方に昭敬殿（基壇のみ残存）がある。太祖廟には広南阮氏（阮朝初代嘉隆帝の祖先）の位牌が祀られ、隆徳殿・昭敬殿および穆思殿（太祖廟の右前方）には広南阮氏の皇后の位牌が祀られていた。修復事業は平成17～20年度文部科学省科学研究費補助基盤研究A（課題番号172590041）、復原事業は平成22～26年度文部科学省科学研究費補助基盤研究A（課題番号22254007）としてそれぞれ実施されたものであり、早稲田大学ユネスコ世界遺産研究所（代表者・早稲田大学教授中川武）および省立フエ遺跡保存センター（HMCC、前所長フン・フー、現所長ファン・タン・ハイ）と共同して推進したものである。
　本事業の特徴は、隆徳殿の修復が、その修復過程において行われた調査研究の成果を踏まえて行われたこと、昭敬殿の復原が、残存していた基壇の実測調査および発掘調査を主な根拠として隆徳殿と昭敬殿の同一性を明らかにした上で、阮朝初期における寸法計画、建築技法を復原的に用いることによって行われたことである。隆徳殿における成果とは、隆徳殿の寸法計画、建築技法（柱の伸び・転び（軒反り）、番付、仕口）、構造特性を明らかにしたことであり、科学的な修理技法（独立基礎による構造補強、人工木材の使用による部材細部修理）を用いたことである。また昭敬殿は、隆徳殿において明らかになった寸法計画、建築技法を用いて、阮朝初期の建築様式を科学的に復原することができた。このようにこれらの事業は、ベトナムにおいて初めて科学的な修復・復原が行われ、ベトナム側（主にHMCC）に調査研究、修復・復原の方法および技術を移転することができ、このことによって多大なる国際貢献を果たすことができた。この隆徳殿修復と昭敬殿復原というベトナム（HMCC）との共同体験は、今後実施されるであろう世界遺産の構成遺産である建造物の修復や、ベトナム戦争で焼失した建造物の復原において生かされることを期待しているが、本書がその礎になることを確信している。
　平成17年度からはじまった隆徳殿の修復が平成21年度に終わり、平成22年度からはじまった昭敬殿の復原が平成26年度に終わった。これを機に、平成27年度にこれらの事業の全記録としてまとめ、平成28年度に刊行することは時機を得たものであり、刊行する意義が大いに認められる。
　ベトナム・フエ王宮における隆徳殿の修復および昭敬殿の復原に関する研究は、まず第一に、日本の文化財建造物の修復技法に関する研究と修復事業に豊富な経験と優れた見識を有する白井教授が率先して取り組まれたものであり、この分野の多くの専門研究者と技術者の陣営と将来宮大工たらんと欲する有意な学生諸君が、ものつくり大学白井研究室チームとしての長年の国際交流、友好活動の成果であること、その上で、技術移転に関する国際協力の見地により、導入される研究方法の紹介、作業の共有、成果の公開の一連のサイクルを確立し、総合化させるところに学術的な特色と独創的な点が認められる。このようにこの研究は、隆徳殿の修復計画および昭敬殿の復原計画を現地組織HMCCと共同して策定した経験を踏まえ、修復および復原工事に寄与する学術情報（建築歴史学情報・建築技術学情報・保存修復学情報）を提供することを最大の目的としているが、この研究内容を刊行することは、学術の国際交流に対して大きな役割を果たすと考えられる。

2016年6月

早稲田大学名誉教授
中　川　　武

例　言

本論第 1 部
1. 本書本論第 1 部は、文部科学省科研費補助（課題番号 172540041）「阮朝・太廟・隆徳殿の修復計画－ヴィエトナムの文化遺産（建造物）の保存に関する技術移転の確立と国際協力」（平成 17・2005 年度～平成 20・2008 年度）において得られた成果をまとめたものである。
2. 編集に当たっては、隆徳殿の修復計画、建築概要、調査研究、修復工事、参考資料を取りまとめた。
3. 参考資料として、図面については記録保存図として修理前、各部詳細図、原寸図、竣工図を、写真については、修理前、解体・組立、竣工の写真を、拓本については部材絵様を掲載した。
4. 本書の作成に当たり、以下のように分担した。
   編集責任：白井裕泰（ものつくり大学教授・工学博士）
   編集補助：谷川弘子（ものつくり大学白井研究室助手）
   本文　第 1 章　第 2 章、第 4 章：白井裕泰
   　　　第 3 章　第 1 節、第 2 節 2-1、2-2、2-3、第 4 節 4-6：白井裕泰
   　　　　　　　第 2 節、2-4、2-5：白井裕泰・佐々木昌孝（ものつくり大学准教授・工学博士）
   　　　　　　　第 3 節：六反田千恵（前共栄学園短期大学講師・建築学博士）
   　　　　　　　第 4 節、4-1、4-4、4-6：小野泰（ものつくり大学教授・工学修士）
   　　　　　　　第 4 節、4-2、4-3：山口亜由美（前東京大学大学院・工学博士）
   　　　　　　　第 4 節、4-5：白井裕泰・小野泰・藤田香織（東京大学大学院准教授・工学博士）
   　　　第 5 章　第 1 節：白井裕泰
   　　　　　　　第 2 節　修理前図面：中島陽子（前空間文化研究所所員）
   　　　　　　　　　　　各部詳細図：シン・ヨンセン（前ものつくり大学大学院・ものつくり学修士）
   　　　　　　　　　　　　　　　　　栗子岳大（前ものつくり大学大学院・ものつくり学修士）
   　　　　　　　　　　　原寸図：栗子岳大
   　　　　　　　　　　　竣工図：谷川弘子
   　　　　　　　第 3 節　拓　本：六反田千恵

本論第 2 部
1. 本書本論第 2 部は、文部科学省科研費補助（課題番号 22254007）「阮朝・太廟・昭敬殿の復原計画－ヴィエトナムの文化遺産（建造物）に関する国際協力」（平成 22・2010 年度～平成 26・2014 年度）において得られた成果をまとめたものである。
2. 編集に当たっては、昭敬殿の復原計画、建築概要、復原研究、復原工事、参考資料を取りまとめた。
3. 参考資料として、図面については記録保存図として基壇詳細図、原寸図、竣工図を、写真については、竣工写真を掲載した。
4. 本書の作成に当たり、以下のように分担した。
   編集責任：白井裕泰（ものつくり大学教授・工学博士）
   編集補助：林英昭（ものつくり大学講師）
   　　　　　谷川弘子（ものつくり大学白井研究室助手）
   本文　第 1 章～第 4 章：白井裕泰
   　　　第 5 章　第 1 節：レ・ヴィン・アン（フエ遺跡保存センター・建築学博士）
   　　　　　　　第 2 節：奥山智也（前ものつくり大学大学院・ものつくり学修士）
   　　　　　　　第 3 節：栗子岳大・谷川弘子
   　　　　　　　第 4 節：白井裕泰

　なお本書は、中川武先生（早稲田大学名誉教授・工学博士）に監修をお願いしました。また結論英文は、古山みゆき先生（元共栄大学准教授）に校訂をお願いしました。記してここに感謝の意を表します。

目　次

監修のことば …………………………… i
例　　言 …………………………… ii

序　　論　　　　　　　　　　　　　　　1

本論第1部　阮朝・フエ王宮・隆徳殿の修復　5

第1章　阮朝・太廟・隆徳殿の修復計画　7

第1節　修復計画の背景　　　　　　　　7
第2節　修復計画の目的　　　　　　　　7
第3節　修復計画の方法　　　　　　　　8
第4節　修復計画の成果　　　　　　　　8
　1-4-1　2005・平成17年度
　1-4-2　2006・平成18年度
　1-4-3　2007・平成19年度
　1-4-4　2008・平成20年度
　1-4-5　2009・平成21年度
第5節　研究組織　　　　　　　　　　　11
第6節　主な発表論文等　　　　　　　　11

第2章　隆徳殿の建築概要　15

第1節　概　　説　　　　　　　　　　　15
第2節　創立沿革　　　　　　　　　　　15
第3節　建築年代　　　　　　　　　　　15
第4節　規模および構造形式　　　　　　15

第3章　隆徳殿の調査研究　17

第1節　寸法計画　　　　　　　　　　　17
　3-1-1　柱間計画
　3-1-2　断面計画
第2節　建築技法　　　　　　　　　　　20
　3-2-1　柱の伸び・転び
　3-2-2　軒反り
　3-2-3　垂木の配置
　3-2-4　部材番付
　3-2-5　部材仕口
第3節　細部意匠の分析　　　　　　　　44
　3-3-1　ドゥイ・ケオの彫刻絵様構成
　3-3-2　裳階部ケオの彫刻絵様構成
　3-3-3　フエ阮朝木造建築におけるドゥイ・ケオ絵様について
第4節　構造分析　　　　　　　　　　　56
　3-4-1　外壁・柱・登梁（ケオ）の劣化状況
　3-4-2　1/4構造模型および実物載荷実験
　3-4-3　接合部の静的加力実験
　3-4-4　水平加力実験
　3-4-5　構造特性
　3-4-6　地質調査

第4章　隆徳殿の修復　77

第1節　工事方針　　　　　　　　　　　77
第2節　工事組織　　　　　　　　　　　77
第3節　工事期間　　　　　　　　　　　77
第4節　工事内容　　　　　　　　　　　77
　4-4-1　仮設建設
　4-4-2　解体および部材調査
　4-4-3　原寸図作成
　4-4-4　部材修理
　4-4-5　基壇修理
第5節　部材組立　　　　　　　　　　　108
　4-5-1　はじめに
　4-5-2　部材修理および組立
　4-5-3　小結

第5章　隆徳殿の参考資料　115

第1節　写　　真　　　　　　　　　　　115
第2節　図　　面　　　　　　　　　　　120
第3節　拓　　本　　　　　　　　　　　139

写真目次

写真1-1　隆徳殿　南面（修理前）　　　　　　　　　　7
写真1-2　隆徳殿　実物大構造実験　　　　　　　　　　8
写真1-3　隆徳殿　素屋根　　　　　　　　　　　　　　9
写真1-4　隆徳殿　解体および部材調査　　　　　　　　9
写真1-5　隆徳殿　原寸図　　　　　　　　　　　　　10
写真1-6　隆徳殿　基壇修理　　　　　　　　　　　　10
写真1-7　隆徳殿　軒反りの復原　　　　　　　　　　10
写真1-8　隆徳殿　柱伸び・転び　　　　　　　　　　11
写真1-9　隆徳殿　復原正面　　　　　　　　　　　　11

写真3-1　隆徳殿　庇柱の隅伸び　　　　　　　　　　21
写真3-2　隆徳殿　裳階柱の隅伸び　　　　　　　　　21
写真3-3　隆徳殿　庇柱内転び　　　　　　　　　　　21
写真3-4　隆徳殿　裳階柱内転び　　　　　　　　　　21
写真3-5　隆徳殿　垂木に載せられた化粧平板瓦　　　25
写真3-6　隆徳殿　建物の中心を振り分けて垂木が
　　　　　　　　打たれる（左：桁行、右：梁行）　25
写真3-7　隆徳殿　1E柱「イ右且哉」（左）
　　　　　　　　2B柱「右ニ决左」（右）　　　　　32
写真3-8　隆徳殿　スエン（桁行）の番付　　　　　　32
写真3-9　隆徳殿　チェン（梁行）の番付　　　　　　32
写真3-10　隆徳殿　枕木の番付　　　　　　　　　　32
写真3-11　隆徳殿　棟柱の番付（仕口面に刻書）　　32
写真3-12　隆徳殿　小梁の番付（上面に刻書）　　　33
写真3-13　隆徳殿　外壁の劣化状況（西北面）　　　56
写真3-14　隆徳殿　西北面コーナー部分の劣化状況　56

目　次

写真 3-15	隆徳殿	ケオの劣化状況	58
写真 3-16	隆徳殿	1/4構造模型試験体概要写真	60
写真 3-17	隆徳殿	試験状況（南北方向加力）	63
写真 3-18	隆徳殿	東西方向荷重状況	70
写真 3-19	隆徳殿	荷重点（FL+3,700mm／4C柱、4D柱）	70
写真 4-1	隆徳殿	樹木の伐採	78
写真 4-2	隆徳殿	建物まわりの整地	78
写真 4-3	隆徳殿	ベース金物の設置	78
写真 4-4	隆徳殿	1段目枠足場の組立	78
写真 4-5	隆徳殿	2段目枠足場の組立	79
写真 4-6	隆徳殿	3段目枠足場の組立	79
写真 4-7	隆徳殿	ラチス梁の取付	79
写真 4-8	隆徳殿	西端ラチス梁の取付1	79
写真 4-9	隆徳殿	西端ラチス梁の取付2	79
写真 4-10	隆徳殿	ラチス梁上部	80
写真 4-11	隆徳殿	ラチス梁組立完了	80
写真 4-12	隆徳殿	母屋取付	80
写真 4-13	隆徳殿	母屋取付作業	80
写真 4-14	隆徳殿	ユニックで下屋ラチス梁を取付	80
写真 4-15	隆徳殿	下屋組立	80
写真 4-16	隆徳殿	素屋根組立完了（南西面）	81
写真 4-17	隆徳殿	素屋根組立完了（西面）	81
写真 4-18	隆徳殿	素屋根組立完了（北面）	81
写真 4-19	隆徳殿	素屋根組立完了（東面）	81
写真 4-20	隆徳殿	素屋根・西側保存小屋の屋根葺き完了	81
写真 4-21	隆徳殿	監理事務所の建設開始	81
写真 4-22	隆徳殿	南側保存小屋の建設	82
写真 4-23	隆徳殿	監理事務所の屋根葺き	82
写真 4-24	隆徳殿	工作所・工具休憩所の建設	82
写真 4-25	隆徳殿	西側保存小屋床張り	82
写真 4-26	隆徳殿	内部足場の組立	82
写真 4-27	隆徳殿	工作所・工具休憩所の完成	82
写真 4-28	隆徳殿	監理事務所の完成	83
写真 4-29	隆徳殿	仮設の建設完了	83
写真 4-30	隆徳殿	起工式	84
写真 4-31	隆徳殿	下屋屋根瓦の撤去	84
写真 4-32	隆徳殿	上屋屋根瓦の撤去	84
写真 4-33	隆徳殿	屋根瓦の撤去完了	84
写真 4-34	隆徳殿	隅棟の撤去	84
写真 4-35	隆徳殿	隅棟・大棟の撤去完了	84
写真 4-36	隆徳殿	上屋妻壁・小壁の撤去	84
写真 4-37	隆徳殿	下屋垂木の撤去	84
写真 4-38	隆徳殿	上屋垂木の撤去	85
写真 4-39	隆徳殿	垂木の撤去完了	85
写真 4-40	隆徳殿	棟木の撤去	85
写真 4-41	隆徳殿	上屋母屋桁の撤去	85
写真 4-42	隆徳殿	上屋母屋桁の撤去完了	85
写真 4-43	隆徳殿	母屋桁の撤去完了	85
写真 4-44	隆徳殿	下屋の解体	85
写真 4-45	隆徳殿	下屋の解体完了	85
写真 4-46	隆徳殿	上屋隅登梁の撤去	86
写真 4-47	隆徳殿	上屋登梁の撤去	86
写真 4-48	隆徳殿	上屋飛貫の撤去	86
写真 4-49	隆徳殿	上屋大梁の撤去	86
写真 4-50	隆徳殿	上屋の解体完了	86
写真 4-51	隆徳殿	レンガ壁の解体	86
写真 4-52	隆徳殿	レンガ壁の撤去完了	86
写真 4-53	隆徳殿	部材の格納状況	87
写真 4-54	隆徳殿	部材の調査風景	87
写真 4-55	隆徳殿	部材の実測（日本人スタッフ）	87
写真 4-56	隆徳殿	部材の実測（ベトナム人スタッフ）	87
写真 4-57	隆徳殿	含水率の測定	87
写真 4-58	隆徳殿	礎盤下の当初柱（2A）の痕跡	88
写真 4-59	隆徳殿	原寸場枠組み	92
写真 4-60	隆徳殿	原寸場完成	92
写真 4-61	隆徳殿	原寸図作成風景	92
写真 4-62	隆徳殿	原寸図作成完了	92
写真 4-63	隆徳殿	柱下部の一部に人工木材を補填	94
写真 4-64	隆徳殿	ケオ・頭貫仕口の一部に人工木材を補填	94
写真 4-65	隆徳殿	柱上部ケオ・頭貫仕口の仕上がり	94
写真 4-66	隆徳殿	柱下部の全面に人工木材を補填	94
写真 4-67	隆徳殿	柱下部の中心部に木材を補足	94
写真 4-68	隆徳殿	柱下部の仕上がり	94
写真 4-69	隆徳殿	柱上部ケオ・頭貫仕口の破損状況	95
写真 4-70	隆徳殿	柱上部ケオ・頭貫仕口に人工木材を補填	95
写真 4-71	隆徳殿	柱上部ケオ・頭貫仕口の加工	95
写真 4-72	隆徳殿	柱上部ケオ・頭貫仕口の仕上がり	95
写真 4-73	隆徳殿	柱上部ケオ・頭貫仕口の破損状況	95
写真 4-74	隆徳殿	柱上部ケオ・頭貫仕口に接ぎ木（蟻差）	95
写真 4-75	隆徳殿	柱の心を墨付け	96
写真 4-76	隆徳殿	柱上部の柱径を墨付け	96
写真 4-77	隆徳殿	ケオ・頭貫仕口に人工木材を補填	96
写真 4-78	隆徳殿	ケオ仕口の加工	96
写真 4-79	隆徳殿	頭貫仕口の鋸による加工	96
写真 4-80	隆徳殿	頭貫仕口の鑿による加工1	96
写真 4-81	隆徳殿	頭貫仕口の鑿による加工2	96
写真 4-82	隆徳殿	頭貫仕口の鑿による加工3	96
写真 4-83	隆徳殿	頭貫仕口の仕上げ	97
写真 4-84	隆徳殿	柱上部の仕上げ	97
写真 4-85	隆徳殿	柱上部ケオ・頭貫仕口の仕上がり	97
写真 4-86	隆徳殿	柱根継ぎ　十字目違ほぞ穴加工	97
写真 4-87	隆徳殿	十字目違継ぎと人工木材による補修	97
写真 4-88	隆徳殿	柱根継ぎ　補足旧材の加工	97
写真 4-89	隆徳殿	柱根継ぎ　補足旧材の仕上がり	98
写真 4-90	隆徳殿	柱根継ぎ　柱側切り取り	98
写真 4-91	隆徳殿	柱根継ぎ　柱側の加工	98
写真 4-92	隆徳殿	柱根継ぎ　目違ほぞ加工	98
写真 4-93	隆徳殿	柱根継ぎ　仕上げ	98
写真 4-94	隆徳殿	ケオ上面の破損状況	98

目　次

写真 4-95	隆徳殿	ケオ上面の仕上がり	98
写真 4-96	隆徳殿	ケオ下部の破損状況	99
写真 4-97	隆徳殿	矧ぎ木と人工木材による修理	99
写真 4-98	隆徳殿	腐朽部分の切り取り	99
写真 4-99	隆徳殿	矧ぎ木による修理	99
写真 4-100	隆徳殿	接ぎ木と人口木材による修理	100
写真 4-101	隆徳殿	頭貫の破損状況	100
写真 4-102	隆徳殿	腐朽部分の切り取り	100
写真 4-103	隆徳殿	人口木材による切り取り面の整形	100
写真 4-104	隆徳殿	芯材の接ぎ木	100
写真 4-105	隆徳殿	頭貫の接ぎ木完了	101
写真 4-106	隆徳殿	内側まわり礎石下の基壇構造	102
写真 4-107	隆徳殿	側まわり礎石（1A）下の基壇構造	102
写真 4-108	隆徳殿	側まわり礎石（1F）下の基壇構造	102
写真 4-109	隆徳殿	外側まわり礎石・葛石据付用の漆喰	103
写真 4-110	隆徳殿	外側まわり礎石・葛石据付用の砂漆喰	104
写真 4-111	隆徳殿	基壇修理1（2008年2月28日）	104
写真 4-112	隆徳殿	基壇修理2（2008年3月1日）	104
写真 4-113	隆徳殿	基壇修理3（2008年3月3日）	104
写真 4-114	隆徳殿	基壇修理4（2008年3月5日）	104
写真 4-115	隆徳殿	基壇修理5（2008年3月22日）	104
写真 4-116	隆徳殿	基壇修理6（2008年3月23日）	104
写真 4-117	隆徳殿	敷きレンガ床撤去	105
写真 4-118	隆徳殿	ラテライト撤去	105
写真 4-119	隆徳殿	穴掘削	105
写真 4-120	隆徳殿	捨てコンクリート打ち	105
写真 4-121	隆徳殿	独立基礎の位置出し	105
写真 4-122	隆徳殿	独立基礎の墨出し	105
写真 4-123	隆徳殿	独立基礎第1段目レンガ積み	106
写真 4-124	隆徳殿	独立基礎第1段目レンガ積み	106
写真 4-125	隆徳殿	独立基礎第2段目レンガ積み	106
写真 4-126	隆徳殿	独立基礎レンガ積み完了	106
写真 4-127	隆徳殿	独立基礎まわり砂詰め	106
写真 4-128	隆徳殿	礎石据付	106
写真 4-129	隆徳殿	礎石据付完了	106
写真 4-130	隆徳殿	隅の礎石まわりを掘削	107
写真 4-131	隆徳殿	隅の礎石下レンガ積み	107
写真 4-132	隆徳殿	隅の礎石据え直し	107
写真 4-133	隆徳殿	外側まわり礎石の撤去	107
写真 4-134	隆徳殿	外側まわり礎石の据え直し	107
写真 4-135	隆徳殿	正面葛石下の詰め物	107
写真 4-136	隆徳殿	正面葛石の据付1	108
写真 4-137	隆徳殿	正面葛石の据付2	108
写真 4-138	隆徳殿	正面葛石の据付3	108
写真 4-139	隆徳殿	正面葛石の据付完了	108
写真 4-140	隆徳殿	身舎柱・大梁の組立	109
写真 4-141	隆徳殿	身舎柱の立柱完了	109
写真 4-142	隆徳殿	4通り庇柱の立柱および上ケオの取付	109
写真 4-143	隆徳殿	4通り上ケオの叉首組	109
写真 4-144	隆徳殿	5通りの上ケオ、3B-4Bおよび3E-4E飛貫・頭貫の取付	109
写真 4-145	隆徳殿	母屋桁の修理（矧ぎ木修理）	110
写真 4-146	隆徳殿	3・4通りの軸部組立完了	110
写真 4-147	隆徳殿	西側庇柱・上ケオの組立	110
写真 4-148	隆徳殿	裳階回り柱・下ケオの組立	110
写真 4-149	隆徳殿	庇隅ケオ上部の雇い蟻ほぞ取付	110
写真 4-150	隆徳殿	上下隅ケオの取付	111
写真 4-151	隆徳殿	裳階柱の内転び調整	111
写真 4-152	隆徳殿	側まわり頭貫長さの調整（A通り）	111
写真 4-153	隆徳殿	糸巻き形平面の修正完了	111
写真 4-154	隆徳殿	母屋桁仕口の修理（ほぞ部分）	111
写真 4-155	隆徳殿	母屋桁仕口の修理（左端：相欠き部分）	111
写真 4-156	隆徳殿	母屋受け取付完了	112
写真 4-157	隆徳殿	垂木用原木	112
写真 4-158	隆徳殿	原木の製材	112
写真 4-159	隆徳殿	西側母屋桁取付	112
写真 4-160	隆徳殿	上棟式祭壇	112
写真 4-161	隆徳殿	上棟完了	112
写真 4-162	隆徳殿	母屋桁取付完了	112
写真 4-163	隆徳殿	西側垂木取付	113
写真 4-164	隆徳殿	西側上屋垂木取付	113
写真 4-165	隆徳殿	隅木取付	113
写真 4-166	隆徳殿	反り増し材の取付	113
写真 4-167	隆徳殿	隅木・反り増し材の取付完了	113
写真 4-168	隆徳殿	隅板の取付	114
写真 4-169	隆徳殿	配付垂木の取付	114
写真 4-170	隆徳殿	垂木先端の切断	114
写真 4-171	隆徳殿	広木舞の取付	114
写真 5-1	隆徳殿	修理前　南面	115
写真 5-2	隆徳殿	修理前　北面	115
写真 5-3	隆徳殿	修理前　北東面	115
写真 5-4	隆徳殿	修理前　東面	115
写真 5-5	隆徳殿	修理前　内部北面	115
写真 5-6	隆徳殿	修理前　天井見上げ	115
写真 5-7	隆徳殿	水平加力実験	115
写真 5-8	隆徳殿	地質調査	116
写真 5-9	隆徳殿	素屋根	116
写真 5-10	隆徳殿	現場監理事務所	116
写真 5-11	隆徳殿	屋根瓦撤去	116
写真 5-12	隆徳殿	垂木撤去	116
写真 5-13	隆徳殿	部材調査	116
写真 5-14	隆徳殿	柱下部根継ぎ	116
写真 5-15	隆徳殿	柱上部修理	116
写真 5-16	隆徳殿	ケオ修理（人工木材による）	117
写真 5-17	隆徳殿	貫修理（人工木材による）	117
写真 5-18	隆徳殿	母屋桁修理	117
写真 5-19	隆徳殿	垂木修理	117
写真 5-20	隆徳殿	原寸図	117

目　　次

写真 5-21　隆徳殿　基壇修理　117
写真 5-22　隆徳殿　身舎柱組立　117
写真 5-23　隆徳殿　柱・ケオ・貫・梁組立　117
写真 5-24　隆徳殿　母屋桁取付　118
写真 5-25　隆徳殿　垂木取付　118
写真 5-26　隆徳殿　瓦葺き　118
写真 5-27　隆徳殿　瓦葺き完了　118
写真 5-28　隆徳殿　竣工　正面　118
写真 5-29　隆徳殿　竣工　正面詳細　118
写真 5-30　隆徳殿　竣工　背側面　118
写真 5-31　隆徳殿　竣工　内部北面　118
写真 5-32　隆徳殿　竣工　内部東面　119
写真 5-33　隆徳殿　竣工　内部架構　119

図　目次

図 1　フエ城　配置図　2
図 2　創建隆徳殿・昭敬殿　平面図　3
図 3　創建隆徳殿・昭敬殿　南正面図　3
図 4　創建隆徳殿・昭敬殿　北背面図　3
図 5　創建隆徳殿・昭敬殿　西側面図　3
図 6　創建隆徳殿・昭敬殿　桁行断面図（各部名称）　4
図 7　創建隆徳殿・昭敬殿　梁行断面図（各部名称）　4

図 1-1　阮朝・フエ王宮・隆徳殿の位置　7
図 1-2　隆徳殿　復原平面図　11
図 1-3　隆徳殿　復原正面図　11

図 2-1　フエ王宮南前方部　15
図 2-2　隆徳殿の位置（『大南一統志』(1909)による）　15
図 2-3　隆徳殿　石碑　16

図 3-1　隆徳殿　柱間実測寸法　18
図 3-2　隆徳殿　柱間比算　18
図 3-3　隆徳殿　3通り断面図　19
図 3-4　隆徳殿　C通り断面図　19
図 3-5　隆徳殿　梁行断面計画図1　20
図 3-6　隆徳殿　梁行断面計画図2　20
図 3-7　隆徳殿　柱の隅伸び・内転び実測図　22
図 3-8　隆徳殿　南面　基壇・軒高さ図　22
図 3-9　隆徳殿　西面　基壇・軒高さ図　22
図 3-10　隆徳殿　北面　基壇・軒高さ図　22
図 3-11　隆徳殿　A通り　軒高さ図　23
図 3-12　隆徳殿　1通り　軒高さ図　23
図 3-13　隆徳殿　5通り　軒桁反り図　23
図 3-14　隆徳殿　B通り　軒桁反り図　23
図 3-15　隆徳殿　2通り　軒桁反り図　23
図 3-16　隆徳殿　E通り　軒桁反り図　23
図 3-17-1　隆徳　上・下屋各面に打たれた垂木の幅に対する本数および新旧　26
図 3-17-2　隆徳　上・下屋各面に打たれた垂木の成に対する本数および新旧　26
図 3-18　隆徳殿　平面図（修理前）　27
図 3-19　隆徳殿　南立面図（修理前）　27
図 3-20　隆徳殿　4通り断面図（修理前）　27
図 3-21　隆徳殿　D通り断面図（修理前）　27
図 3-22　隆徳殿　柱で確認された番付　28
図 3-23　隆徳殿　ケオで確認された番付　28
図 3-24　隆徳殿　頭貫で確認された番付　29
図 3-25　隆徳殿　飛貫で確認された番付　29
図 3-26　隆徳殿　飛貫の特殊な文字（左図）　30
図 3-27　隆徳殿　隅木上母屋受け材の特殊な文字（右図）　30
図 3-28　隆徳殿　番付概念図1（従来）　31
図 3-29　隆徳殿　番付概念図2（従来）　31
図 3-30　隆徳殿　「且哉・買・回」の概念図（新規に追加）　31
図 3-31　隆徳殿　番付の位置　32
図 3-32　隆徳殿　扉の番付　33
図 3-33　隆徳殿　隆徳殿の組立工程（栗子岳大氏により作成）　35
図 3-34　仕口図（高木直人氏により作成）　38
図 3-35　仕口図（NGUYỄN THI THUÝ VI 氏による）　40
図 3-36　隆徳殿の仕口（栗子岳大氏により作成）　41
図 3-37　隆徳殿　梁行断面図　42
図 3-38　隆徳殿　桁行断面図　42
図 3-39　隆徳殿　裳階部ケオの絵様彫刻分布状況　46
図 3-40　隆徳殿　裳階部ケオの彫刻絵様構成　46
図 3-41　隆徳殿　1A2Bケオのドゥイ・ケオ南面、ケオ本体側面南面および下面拓本　47
図 3-42　隆徳殿　4A4Bケオのドゥイ・ケオ東面、ケオ本体側面東面および下面拓本　47
図 3-43　隆徳殿　3E3Fケオのドゥイ・ケオ西面、ケオ本体側面西面および下面拓本　47
図 3-44　明命帝陵崇恩殿　ドゥイ・ケオの竜頭とケオ上端の獅子頭絵様比較　47
図 3-45　隆徳殿　裳階部ケオの庇柱接合部状態・成形方法の差異　48
図 3-46　明成殿重梁（座龍を渦文で表現したもの）　51
図 3-47　ドゥイ・ケオ絵様変遷図（1802-1847）　52
図 3-48　ドゥイ・ケオ絵様変遷図（1847-1927）　53
図 3-49　隆徳殿　平面・断面図　56
図 3-50　隆徳殿　各通り毎の柱の劣化率グラフ　57
図 3-51　隆徳殿　各部位・方向のケオの劣化率グラフ　58
図 3-52　隆徳殿　断面図・登梁（ケオ）伏図　58
図 3-53　隆徳殿　1/4構造模型試験体概要図（単位：mm）　59
図 3-54　隆徳殿　1/4構造模型実験計測結果　60
図 3-55　隆徳殿　実物載荷実験概要図　60
図 3-56　隆徳殿　実物載荷実験計測結果　60
図 3-57　隆徳殿　試験体形状　61
図 3-58　隆徳殿　実験概要図　62
図 3-59　隆徳殿　M-θ曲線　62
図 3-60　隆徳殿　平・断面図及び試験方法図　64
図 3-61　隆徳殿　各方向加力別の各柱の荷重－変形角近似線形　65
図 3-62　隆徳殿　平面図（左図）　66

図 3-63	隆徳殿	梁行断面図（右図）		66
図 3-64	隆徳殿	桁行断面図（左図）		66
図 3-65	隆徳殿	架構図（右図）		66
図 3-66	隆徳殿	柱の劣化状況図		66
図 3-67	隆徳殿	ケオの劣化状況図		67
図 3-68	隆徳殿	柱の修理内容		68
図 3-69	隆徳殿	ケオの修理内容		68
図 3-70	隆徳殿	実験方法図		69
図 3-71	隆徳殿	修理前後の各柱の荷重－変形角近似線形		70
図 3-72	隆徳殿	速度計設置位置（配置1）		71
図 3-73	隆徳殿	速度計設置位置（配置2）		71
図 3-74	隆徳殿	伝達関数（配置1・常時微動）		72
図 3-75	隆徳殿	伝達関数（配置2・常時微動）		72
図 3-76	隆徳殿	常時微動による振動モード（←X，↑Y）		72
図 3-77	隆徳殿	人力加振試験・時刻歴応答変位波形（X方向）		72
図 3-78	隆徳殿	人力加振試験による自由振動波形（X方向）		72
図 3-79	隆徳殿	人力加振による固有振動数（X方向）と変位振幅の関係		72
図 3-80	隆徳殿	ボーリングの位置（→●印）		75
図 3-81	隆徳殿	ボーリング調査による各地層の概要		75
図 4-1	隆徳殿	柱の当初材		88
図 4-2	隆徳殿	ケオの当初材		89
図 4-3	隆徳殿	飛貫の当初材		89
図 4-4	隆徳殿	頭貫の当初材		89
図 4-5	隆徳殿	頭貫・飛貫・母屋桁の断面形タイプ		89
図 4-6	隆徳殿	当初材（黒色）・新材（白色）・不明材（灰色）		90
図 4-7	隆徳殿	原寸図		93
図 4-8	隆徳殿	断面の原寸図		93
図 4-9	隆徳殿	側面の原寸図		93
図 4-10	隆徳殿	基壇調査位置		102
図 4-11	隆徳殿	基壇現状断面図（基壇調査 G・F）		102
図 4-12	隆徳殿	礎石レベル図		103
図 4-13	隆徳殿	礎石配置図（基準グリッドの歪み）		103
図 4-14	隆徳殿	礎石下独立基礎図		103
図 4-15	隆徳殿	礎石下独立基礎詳細図		103
図 5-1	隆徳殿	修理前	平面図	120
図 5-2	隆徳殿	修理前	南正面図	120
図 5-3	隆徳殿	修理前	北背面図	121
図 5-4	隆徳殿	修理前	東側面図	121
図 5-5	隆徳殿	修理前	西側面図	122
図 5-6	隆徳殿	修理前	桁行断面図	122
図 5-7	隆徳殿	修理前	梁行断面図	123
図 5-8	隆徳殿	修理前	軒回り規矩図	123
図 5-9	隆徳殿	修理前	屋根回り詳細図	124
図 5-10	隆徳殿	修理前	降り棟詳細図	124
図 5-11	隆徳殿	修理前	身舎柱詳細図	125
図 5-12	隆徳殿	修理前	庇柱（中）詳細図	125
図 5-13	隆徳殿	修理前	庇柱（隅）詳細図	126
図 5-14	隆徳殿	修理前	裳階柱（中）詳細図	126
図 5-15	隆徳殿	修理前	裳階柱（隅脇）詳細図	127
図 5-16	隆徳殿	修理前	裳階柱（隅）詳細図	127
図 5-17	隆徳殿	修理前	ケオ（4通り）詳細図	128
図 5-18	隆徳殿	修理前	ケオ（東側上屋）詳細図	128
図 5-19	隆徳殿	修理前	ケオ（南側下屋）詳細図	129
図 5-20	隆徳殿	修理前	大貫・大梁詳細図	129
図 5-21	隆徳殿	修理前	飛貫・頭貫詳細図	130
図 5-22	隆徳殿	修理前	母屋桁詳細図	130
図 5-23	隆徳殿	修理前	隅木（上屋）詳細図	131
図 5-24	隆徳殿	修理前	隅木（下屋）詳細図	131
図 5-25	隆徳殿	修理前	基壇平面図	132
図 5-26	隆徳殿	修理前	基壇詳細図	132
図 5-27	隆徳殿	原寸図（軒反り）		133
図 5-28	隆徳殿	原寸図（断面）		133
図 5-29	隆徳殿	原寸図（立面）		134
図 5-30	隆徳殿	竣工	平面図	134
図 5-31	隆徳殿	竣工	南正面図	135
図 5-32	隆徳殿	竣工	北背面図	135
図 5-33	隆徳殿	竣工	東側面図	136
図 5-34	隆徳殿	竣工	西側面図	136
図 5-35	隆徳殿	竣工	梁行断面図	137
図 5-36	隆徳殿	竣工	桁行断面図	137
図 5-37	隆徳殿	竣工	基壇 平・断面図	138
図 5-38	隆徳殿	竣工	独立基壇 詳細図	138
図 5-39	隆徳殿	1A2B ケオ側面・下面・ドゥイケオ		139
図 5-40	隆徳殿	2AB ケオ側面・下面・ドゥイケオ・各部		139
図 5-41	隆徳殿	3AB ケオ側面・下面・ドゥイケオ		140
図 5-42	隆徳殿	4AB ケオ側面・下面・ドゥイケオ		140
図 5-43	隆徳殿	5AB ケオ側面・下面・ドゥイケオ		141
図 5-44	隆徳殿	6A5B ケオ側面・下面・ドゥイケオ		141
図 5-45	隆徳殿	56B ケオ側面		141
図 5-46	隆徳殿	12D ケオ側面		142
図 5-47	隆徳殿	12E ケオ側面下・中央・上		142
図 5-48	隆徳殿	3EF ケオ側面・下面		142
図 5-49	隆徳殿	1F2E ケオ側面・上（拡大図）		143
図 5-50	隆徳殿	6F5E ケオ側面		143
図 5-51	隆徳殿	1A2B ドゥイケオ南面（拡大図）		143
図 5-52	隆徳殿	2AB ドゥイケオ東・西面（拡大図）		143
図 5-53	隆徳殿	3AB ドゥイケオ東・西面（拡大図）		144
図 5-54	隆徳殿	4AB ドゥイケオ東・西面（拡大図）		144
図 5-55	隆徳殿	5AB ドゥイケオ東・西面（拡大図）		144
図 5-56	隆徳殿	6A5B ドゥイケオ南面（拡大図）		145
図 5-57	隆徳殿	1A2B ケオ側面下南・北面（拡大図）		145
図 5-58	隆徳殿	2AB ケオ側面下東・西面（拡大図）		145
図 5-59	隆徳殿	3AB ケオ側面下東・西面（拡大図）		146
図 5-60	隆徳殿	4AB ケオ側面下東・西面（拡大図）		146
図 5-61	隆徳殿	5AB ケオ側面下東・西面（拡大図）		146
図 5-62	隆徳殿	6A5B ケオ側面下北・南面（拡大図）		147

目　次

図 5-63	隆徳殿	56B ケオ側面下南面（拡大図）	147
図 5-64	隆徳殿	12D ケオ側面下北面（拡大図）	147
図 5-65	隆徳殿	12E ケオ側面下南面（拡大図）	148
図 5-66	隆徳殿	3EF ケオ側面下東・南面（拡大図）	148
図 5-67	隆徳殿	2E1F ケオ側面下北面（拡大図）	148
図 5-68	隆徳殿	5E6F ケオ側面下南面（拡大図）	149
図 5-69	隆徳殿	1A2B ケオ側面中央上・下北面（拡大図）	149
図 5-70	隆徳殿	2AB ケオ側面中央東・西面（拡大図）	149
図 5-71	隆徳殿	3AB ケオ側面中央東・西面（拡大図）	150
図 5-72	隆徳殿	4AB ケオ側面中央東・西面（拡大図）	150
図 5-73	隆徳殿	5AB ケオ側面中央東・西面（拡大図）	150
図 5-74	隆徳殿	6A5B ケオ側面中央下・上北面（拡大図）	151
図 5-75	隆徳殿	6A5B ケオ側面中央上・下南面（拡大図）	151
図 5-76	隆徳殿	56B ケオ側面中央南面（拡大図）	151
図 5-77	隆徳殿	12D ケオ側面中央北面（拡大図）	152
図 5-78	隆徳殿	12E ケオ側面中央南面（拡大図）	152
図 5-79	隆徳殿	3EF ケオ側面中央西・東面（拡大図）	152
図 5-80	隆徳殿	5E6F ケオ側面中央上・下南面（拡大図）	153
図 5-81	隆徳殿	2E1F ケオ側面中央上・下北面（拡大図）	153
図 5-82	隆徳殿	1A2B ケオ側面上北・南面（拡大図）	153
図 5-83	隆徳殿	2AB ケオ側面上西・東面（拡大図）	154
図 5-84	隆徳殿	3AB ケオ側面上西・東面（拡大図）	154
図 5-85	隆徳殿	4AB ケオ側面上西・東面（拡大図）	154
図 5-86	隆徳殿	5AB ケオ側面上西・東面（拡大図）	155
図 5-87	隆徳殿	6A5B ケオ側面上南・北面（拡大図）	155
図 5-88	隆徳殿	2E1F ケオ側面上北・南面（拡大図）	155
図 5-89	隆徳殿	3EF ケオ側面上東・西面	156
図 5-90	隆徳殿	5E6F ケオ側面上南面（拡大図）	156
図 5-91	隆徳殿	56B ケオ側面上南面（拡大図）	156
図 5-92	隆徳殿	12D ケオ側面上北面（拡大図）	157
図 5-93	隆徳殿	12E ケオ側面上南面（拡大図）	157
図 5-94	隆徳殿	1A2B ケオ下面上下端部（拡大図）	157
図 5-95	隆徳殿	2AB ケオ下面上下端部（拡大図）	158
図 5-96	隆徳殿	3AB ケオ下面上下端部（拡大図）	158
図 5-97	隆徳殿	4AB ケオ下面上下端部（拡大図）	158
図 5-98	隆徳殿	5AB ケオ下面上下端部（拡大図）	159
図 5-99	隆徳殿	6A5B ケオ下面上下端部（拡大図）	159
図 5-100	隆徳殿	3EF ケオ下面上下端部（拡大図）	159
図 5-101	隆徳殿	1A2B ケオ下面中央（拡大図）	160
図 5-102	隆徳殿	2AB ケオ下面中央（拡大図）	160
図 5-103	隆徳殿	3AB ケオ下面中央（拡大図）	160
図 5-104	隆徳殿	4AB ケオ下面中央（拡大図）	161
図 5-105	隆徳殿	5AB ケオ下面中央（拡大図）	161
図 5-106	隆徳殿	6A5B ケオ下面中央（拡大図）	161
図 5-107	隆徳殿	3EF ケオ下面中央（拡大図）	161
図 5-108	隆徳殿	3CD 大梁木鼻	162
図 5-109	隆徳殿	4CD 大梁木鼻	162
図 5-110	隆徳殿	34C 大貫木鼻	163
図 5-111	隆徳殿	34D 大貫木鼻	163

表　目次

表 3-1	隆徳殿	柱間寸法・柱間比・柱径比（桁行方向）	18
表 3-2	隆徳殿	柱間寸法・柱間比・柱径比（梁行方向）	18
表 3-3	隆徳殿	柱高さ実測寸法（単位：mm）	19
表 3-4	隆徳殿	柱径実測寸法（単位：mm）	19
表 3-5	隆徳殿	扉の番付	30
表 3-6	隆徳殿	仕口表	42
表 3-7	フエ阮朝木造建築遺構の創建年代と修理経緯		50
表 3-8	隆徳殿	柱劣化調査一覧表	57
表 3-9	隆徳殿	登梁（ケオ）の劣化調査結果表	58
表 3-10	隆徳殿	材料試験の結果	61
表 3-11	宮殿建築の接合部		61
表 3-12	隆徳殿	各試験体の回転剛性（kN・m／rad）	62
表 3-13-1	隆徳殿	最大荷重時の各柱の転倒変位、転倒変形	65
表 3-13-2	隆徳殿	最大荷重時の各柱の転倒変形角の順位	65
表 3-14-1	隆徳殿	除荷時の各柱の残留変位、残留変形角、残留率	65
表 3-14-2	隆徳殿	除荷時の各柱の残留変形角の順位	65
表 3-15	隆徳殿	柱の劣化調査結果	66
表 3-16	隆徳殿	ケオの劣化調査結果	67
表 3-17	隆徳殿	修理前後の各柱の最大荷重・変形角、除荷時の残留変形角・残留率および 10kN 時の変形角	70
表 3-18	隆徳殿	常時微動測定	71
表 3-19	隆徳殿	人力加振試験	71
表 3-20	隆徳殿	常時微動測定および人力加振試験結果	73
表 3-21	隆徳殿	修理前後の固有振動数（単位：Hz）	73
表 3-22	隆徳殿	ボーリング調査による地質の分析表	76
表 3-23	隆徳殿	各地層の長期の地耐力	76
表 4-1	隆徳殿	人工木材のTECHNICAL INFORMATION SHEET	101

本論第2部　阮朝・フエ王宮・昭敬殿の復原　165

第1章　昭敬殿の復原計画　167

- 第1節　復原計画の背景　167
- 第2節　復原計画の目的　167
- 第3節　復原計画の方法　169
- 第4節　復原計画の成果　169
  - 1-4-1　2010・平成22年度
  - 1-4-2　2011・平成23年度
  - 1-4-3　2012・平成24年度
  - 1-4-4　2013・平成25年度
  - 1-4-5　2014・平成26年度
- 第5節　研究組織　173
- 第6節　主な発表論文等　173

第2章　昭敬殿の建築概要　175

- 第1節　概　説　175
- 第2節　創立沿革　175
- 第3節　規模および構造形式　175

第3章　昭敬殿の復原研究　177

- 第1節　復原の目的　177
- 第2節　復原の方法　177
- 第3節　復原研究　177
  - 3-3-1　昭敬殿基壇調査
  - 3-3-2　穆思殿の基壇調査
  - 3-3-3　土公祀の実測調査
  - 3-3-4　復原方針
  - 3-3-5　復原設計
  - 3-3-6　復原工事工程

第4章　昭敬殿の復原工事　189

- 第1節　仮設建設　189
  - 4-1-1　概要
  - 4-1-2　現場監理事務所の移設
  - 4-1-3　素屋根建設の経過
  - 4-1-4　作業場建設
  - 4-1-5　小結
- 第2節　昭敬殿基壇の発掘調査　194
  - 4-2-1　発掘の目的
  - 4-2-2　発掘調査
  - 4-2-3　小結
- 第3節　昭敬殿の原寸図　197
  - 4-3-1　原寸図作成の準備
  - 4-3-2　原寸図作成の目的
  - 4-3-3　原寸図作成の過程
  - 4-3-4　原寸図作成の手順
  - 4-3-5　小結
- 第4節　昭敬殿基壇の修理　200
  - 4-4-1　基壇修理の方針
  - 4-4-2　基壇修理
  - 4-4-3　小結
- 第5節　昭敬殿軸部の部材加工　205
  - 4-5-1　間竿（コンカン）の作成
  - 4-5-2　大工道具
  - 4-5-3　柱の加工
  - 4-5-4　梁・貫の加工
  - 4-5-5　小結
- 第6節　昭敬殿の組立　210
  - 4-6-1　軸部組立
  - 4-6-2　屋根組立
- 第7節　昭敬殿素屋根の解体　214
  - 4-7-1　素屋根解体
  - 4-7-2　小結

第5章　昭敬殿の参考資料　217

- 第1節　昭敬殿の基壇詳細図　217
- 第2節　昭敬殿の原寸図　220
- 第3節　昭敬殿の復原図　222
- 第4節　昭敬殿の竣工写真　231

写真目次

写真1-1	昭敬殿	基壇	169
写真3-1	昭敬殿	基壇の現状	177
写真3-2	穆思殿	現状基壇	179
写真3-3	土公祀	正面外観	182
写真3-4	土公祀	正側面外観	182
写真3-5	土公祀	背側面外観	183
写真3-6	土公祀	正面中央間	183
写真3-7	土公祀	正面からの内部見上げ	183
写真3-8	土公祀	南東隅からの内部見上げ	183
写真3-9	土公祀	内部北面	183
写真3-10	土公祀	内部東面	183
写真3-11	土公祀	西側からの天井見上げ	183
写真3-12	土公祀	南側裳階	184
写真3-13	土公祀	東側裳階	184
写真3-14	土公祀	庇天井見上げ	184
写真3-15	土公祀	身舎天井見上げ	184
写真3-16	土公祀	東北隅部	184
写真4-1	昭敬殿	現場監理事務所の移設：曳屋のための煉瓦設置	189
写真4-2	昭敬殿	現場監理事務所の移設：単管パイプにて曳屋	189
写真4-3	昭敬殿	現場監理事務所の移設：曳屋後床の水平出し	189

目　　次

写真 4-4	隆徳殿	素屋根の解体後の資材の様子	190
写真 4-5	昭敬殿	周囲の整地（油圧ショベル）	190
写真 4-6	昭敬殿	素屋根の組立（1段目）	190
写真 4-7	昭敬殿	素屋根の組立（2段目）	190
写真 4-8	昭敬殿	素屋根の組立（3段目）	190
写真 4-9	昭敬殿	素屋根の組立（4・5段目）	191
写真 4-10	昭敬殿	素屋根の組立（西側妻面の登梁）	191
写真 4-11	昭敬殿	素屋根の組立（ラチス梁の取付）	191
写真 4-12	昭敬殿	素屋根の組立（ラチス梁の取付）	191
写真 4-13	昭敬殿	素屋根の組立（ラチス梁の吊り上げ）	191
写真 4-14	昭敬殿	素屋根の組立（クレーンで吊り上げ）	191
写真 4-15	昭敬殿	素屋根の組立（ラチス梁の取付）	192
写真 4-16	昭敬殿	素屋根の組立（屋根架構の完了）	192
写真 4-17	昭敬殿	素屋根の組立（屋根架構の完了）	192
写真 4-18	昭敬殿	素屋根の組立（南側下屋の組立）	192
写真 4-19	昭敬殿	素屋根の組立（西側下屋の架構）	193
写真 4-20	昭敬殿	周辺の雨天後の地面の様子	193
写真 4-21	昭敬殿	素屋根の組立（西側下屋の完成）	193
写真 4-22	昭敬殿	素屋根の組立（本体屋根葺き完了）	193
写真 4-23	昭敬殿	油圧ショベルにて整地	194
写真 4-24	昭敬殿	西側作業場建設	194
写真 4-25	昭敬殿	南側作業場建設	194
写真 4-26	昭敬殿	作業場建設完了	194
写真 4-27	昭敬殿	発掘状況　全体	195
写真 4-28	昭敬殿	発掘状況　東北隅部	195
写真 4-29	昭敬殿	発掘状況　南東隅部	195
写真 4-30	昭敬殿	発掘状況　南西隅部	195
写真 4-31	昭敬殿	発掘状況　西北隅部	195
写真 4-32	昭敬殿	基壇断面	196
写真 4-33	昭敬殿	基壇周囲布基礎	196
写真 4-34	昭敬殿	原寸場　基礎	197
写真 4-35	昭敬殿	原寸場　ベニヤ下地	197
写真 4-36	昭敬殿	原寸場　下地砂入れ	198
写真 4-37	昭敬殿	原寸場　ベニヤ板張り	198
写真 4-38	昭敬殿	原寸図　作成風景	199
写真 4-39	昭敬殿	原寸図　完成	199
写真 4-40	昭敬殿	レーザーレベルによる水平出し	200
写真 4-41	昭敬殿	水平貫の取付	201
写真 4-42	昭敬殿	独立基礎　穴掘り	201
写真 4-43	昭敬殿	独立基礎　捨てコン打ち	201
写真 4-44	昭敬殿	独立基礎　第1段煉瓦積	201
写真 4-45	昭敬殿	独立基礎　完成	201
写真 4-46	昭敬殿	内側礎石据付	201
写真 4-47	昭敬殿	独立基礎　煉瓦積	202
写真 4-48	昭敬殿	砂の埋め戻し	202
写真 4-49	昭敬殿	内側礎石　据付完了	202
写真 4-50	昭敬殿	古ラテライト層の修復	202
写真 4-51	昭敬殿	外側まわりの基壇補修	202
写真 4-52	昭敬殿	外側まわりの礎石据え直し	202
写真 4-53	昭敬殿	基壇隅部の補修	202
写真 4-54	昭敬殿	基壇隅部の補修完了	203
写真 4-55	昭敬殿	基壇隅部の礎石据付	203
写真 4-56	昭敬殿	基壇外側まわりの補修	203
写真 4-57	昭敬殿	基壇外側まわりの修理完了	203
写真 4-58	昭敬殿	基壇正面基礎の補修	203
写真 4-59	昭敬殿	基壇正面葛石の据付	203
写真 4-60	昭敬殿	基壇側壁のモルタル塗り	204
写真 4-61	昭敬殿	基壇側壁の仕上塗り	204
写真 4-62	昭敬殿	ラテライト層の修理	204
写真 4-63	昭敬殿	基壇床煉瓦敷き	204
写真 4-64	昭敬殿	柱間寸法を間竿に写す	205
写真 4-65	昭敬殿	ケオ長さを間竿に写す	205
写真 4-66	昭敬殿	三種類の間竿	205
写真 4-67	昭敬殿	墨壺（オンムック）	205
写真 4-68	昭敬殿	ノミ（ドゥック）と木槌（ドゥイクイ）	206
写真 4-69	昭敬殿	金槌（ブア）	206
写真 4-70	昭敬殿	カンナ（バオ）	206
写真 4-71	昭敬殿	ノコギリ（クア）	206
写真 4-72	昭敬殿	斧（リュウ）	206
写真 4-73	昭敬殿	コンパス（ニップ）	206
写真 4-74	昭敬殿	柱加工風景	206
写真 4-75	昭敬殿	八角柱	207
写真 4-76	昭敬殿	柱の加工（斧で十六角に落とす）	207
写真 4-77	昭敬殿	柱の加工（電気カンナで十六角に落とす）	207
写真 4-78	昭敬殿	三十二角柱	207
写真 4-79	昭敬殿	斧で上端柱角を落とす	207
写真 4-80	昭敬殿	柱の仕上げ	207
写真 4-81	昭敬殿	梁の型板	207
写真 4-82	昭敬殿	梁の曲面加工	208
写真 4-83	昭敬殿	梁の曲面仕上げ	208
写真 4-84	昭敬殿	彫物大工による彫刻作業	208
写真 4-85	昭敬殿	型紙により絵様線を写す	208
写真 4-86	昭敬殿	絵様彫刻荒削り（ケオ上部）	208
写真 4-87	昭敬殿	絵様彫刻中削り（ケオ上部）	208
写真 4-88	昭敬殿	絵様彫刻仕上げ削り（ケオ上部）	208
写真 4-89	昭敬殿	絵様彫刻（ケオ中部）	209
写真 4-90	昭敬殿	絵様彫刻（ケオ下部）	209
写真 4-91	昭敬殿	絵様彫刻（ケオ鼻先部）	209
写真 4-92	昭敬殿	貫の墨付け	209
写真 4-93	昭敬殿	貫の線状彫	209
写真 4-94	昭敬殿	ルーターによる貫の線状彫加工	209
写真 4-95	昭敬殿	貫の線状彫仕上げ	210
写真 4-96	昭敬殿	身舎柱の組立	210
写真 4-97	昭敬殿	身舎柱の組立（大貫で連結）	210
写真 4-98	昭敬殿	軸部の組立（柱・ケオ・貫の取付1）	210
写真 4-99	昭敬殿	軸部の組立（柱・ケオ・貫の取付2）	210
写真 4-100	昭敬殿	軸部の組立（柱・ケオ・貫の取付3）	211
写真 4-101	昭敬殿	裳階柱の内転び	211

写真 4-102	昭敬殿　庇柱の内転び	211	
写真 4-103	昭敬殿　母屋桁の取付	211	
写真 4-104	昭敬殿　上棟式　祭壇	211	
写真 4-105	昭敬殿　上棟式　拝礼	211	
写真 4-106	昭敬殿　上棟	212	
写真 4-107	昭敬殿　軸部内観	212	
写真 4-108	昭敬殿　身舎見上げ	212	
写真 4-109	昭敬殿　上部架構	212	
写真 4-110	昭敬殿　瓦葺き下地	212	
写真 4-111	昭敬殿　上屋下地	212	
写真 4-112	昭敬殿　下屋下地	213	
写真 4-113	昭敬殿　上屋軒反り	213	
写真 4-114	昭敬殿　下屋軒反り	213	
写真 4-115	昭敬殿　隅棟取付完了	213	
写真 4-116	昭敬殿　上屋瓦葺き	214	
写真 4-117	昭敬殿　下屋瓦葺き	214	
写真 4-118	昭敬殿　屋根工事完了	214	
写真 4-119	昭敬殿　素屋根南東面	214	
写真 4-120	昭敬殿　素屋根北西面	214	
写真 4-121	昭敬殿　素屋根南側下屋撤去	214	
写真 4-122	昭敬殿　素屋根西側下屋撤去	215	
写真 4-123	昭敬殿　素屋根ラチス梁撤去	215	
写真 4-124	昭敬殿　素屋根ラチス梁撤去完了	215	
写真 4-125	昭敬殿　南面	215	
写真 4-126	昭敬殿　南東面	215	
写真 4-127	昭敬殿　北東面	215	
写真 4-128	昭敬殿　南西面	215	
写真 4-129	昭敬殿　内部北面	216	
写真 4-130	昭敬殿　内部北西面	216	
写真 5-1	昭敬殿　竣工　南面	231	
写真 5-2	昭敬殿　竣工　南東面	231	
写真 5-3	昭敬殿　竣工　北東面	232	
写真 5-4	昭敬殿　竣工　南西面	232	
写真 5-5	昭敬殿　竣工　内部北面	233	
写真 5-6	昭敬殿　竣工　内部北西面	233	

図　目次

図 1-1	昭敬殿　復原計画図	167
図 1-2	昭敬殿の位置	168
図 1-3	昭敬殿の位置（『大南一統志』（1909）による）	168
図 1-4	昭敬殿　現状基壇	168
図 2-1	王宮南前方部	175
図 2-2	昭敬殿の位置（『大南一統志』（1909）による）	175
図 2-3	隆徳殿　正面東側側壁の石碑	176
図 3-1	昭敬殿の推定柱間（一点鎖線は隆徳殿の復原柱間）	179
図 3-2	穆思殿　基壇実測図	180
図 3-3	隆徳殿　竣工平面図	180
図 3-4	土公祀　柱間寸法図	181
図 3-5	土公祀　柱径図	182
図 3-6	土公祀　礎石レベル図	182
図 3-7	土公祀　平面図	185
図 3-8	土公祀　南側立面図	185
図 3-9	土公祀　北側立面図	185
図 3-10	土公祀　東側立面図	185
図 3-11	土公祀　西側立面図	185
図 3-12	土公祀　桁行断面図	185
図 3-13	土公祀　梁行断面図	185
図 3-14	太祖廟区（『大南一統志』（1909）より）	186
図 3-15	昭敬殿　頭貫・飛貫の断面	186
図 3-16	昭敬殿　復原外観パース（木部）	187
図 3-17	昭敬殿　南西面パース	187
図 3-18	昭敬殿　正面	187
図 3-19	昭敬殿　背面	187
図 3-20	昭敬殿　西面	187
図 3-21	昭敬殿　梁行断面	187
図 3-22	昭敬殿　桁行断面	187
図 4-1	昭敬殿　発掘予定箇所	195
図 4-2	昭敬殿　発掘箇所平面図	196
図 4-3	昭敬殿　基壇東北隅部　平面・断面図	196
図 4-4	昭敬殿　基壇南東隅部　平面・断面図	196
図 4-5	昭敬殿　基壇南西隅部　平面・断面図	197
図 4-6	昭敬殿　基壇北西隅部　平面・断面図	197
図 4-7	昭敬殿　梁行断面図	199
図 4-8	昭敬殿　桁行断面図	199
図 4-9	昭敬殿　西側立面図	199
図 4-10	昭敬殿　礎石配置図	200
図 4-11	昭敬殿　礎石下独立基礎（平面図）	200
図 4-12	昭敬殿　礎石下独立基礎（断面図）	200
図 4-13	昭敬殿　屋根断面詳細図	213
図 5-1	昭敬殿　発掘箇所	217
図 5-2	昭敬殿　発掘箇所　平面図	217
図 5-3	昭敬殿　基壇東北隅部　平面・断面図	218
図 5-4	昭敬殿　基壇南東隅部　平面・断面図	218
図 5-5	昭敬殿　基壇南西隅部　平面・断面図	219
図 5-6	昭敬殿　基壇北西隅部　平面・断面図	219
図 5-7	昭敬殿　原寸図（梁行断面）	220
図 5-8	昭敬殿　原寸図（桁行断面）	220
図 5-9	昭敬殿　原寸図（西側立面）	221
図 5-10	昭敬殿　竣工　平面図	222
図 5-11	昭敬殿　竣工　南正面図	223
図 5-12	昭敬殿　竣工　北背面図	223
図 5-13	昭敬殿　竣工　東側面図	224
図 5-14	昭敬殿　竣工　西側面図	224
図 5-15	昭敬殿　竣工　桁行断面図	225
図 5-16	昭敬殿　竣工　梁行断面図	225
図 5-17	昭敬殿　復原　透視図	226
図 5-18	昭敬殿　復原　南正面図	226
図 5-19	昭敬殿　復原　北背面図	227

目　次

図5-20　昭敬殿　復原　西側面図　　　　　227
図5-21　昭敬殿　復原　梁行断面図　　　　228
図5-22　昭敬殿　復原　桁行断面図　　　　228
図5-23　昭敬殿　復原　構造図　　　　　　229
図5-24　昭敬殿　復原　屋根伏図　　　　　229
図5-25　昭敬殿　復原　彩色図　　　　　　230
図5-56　昭敬殿　復原　妻壁彩色詳細図　　230

表　目次

表3-1　　昭敬殿　礎石レベル　　　　　　　178
表3-2　　昭敬殿　礎石大きさ　　　　　　　178
表3-3　　昭敬殿　礎石大きさ（平均）　　　179
表3-4　　隆徳殿　礎石大きさ　　　　　　　179
表3-5　　隆徳殿　礎石大きさ（平均）　　　179
表3-6　　穆思殿　礎石レベル　　　　　　　180
表3-7　　三殿柱間寸法比較表　梁行　　　　180
表3-8　　三殿柱間寸法比較表　桁行　　　　180
表3-9　　土公祀　柱間寸法表　単位：mm　181
表3-10　土公祀　柱長さ　単位：mm　　　182

表4-1　　昭敬殿　礎石レベル　　　　　　　200

結　論　　　　　　　　　　　　　　　　235

CONCLUSION　　　　　　　　　　　243

序　論

　ベトナムの阮朝王宮（皇城）の宮殿建築を調査するためにフエを訪れたのは、1996・平成8年8月が最初である。当時、早稲田大学中川武研究室が行っていたフエ王宮の復原調査研究に参加させてもらった。以来毎年フエを訪れている。そして2005・平成17年度から2008・平成20年度まで、フエ王宮の隆徳殿修復プロジェクトを実施し、隆徳殿の修復工事を行った。その過程において、隆徳殿の寸法計画、当初材、柱の伸び・転びおよび仕口・番付などの建築技法について考察を行った。さらに2010・平成22年度から2014・平成26年度まで、フエ王宮の昭敬殿復原プロジェクトを実施し、隆徳殿の修復によって明らかになった阮朝フエ城宮殿建築の創建時における建築技術を踏まえて、昭敬殿を新たに復原した。

　本書は、文部科学省科研費補助金基盤研究A（海外）研究課題「阮朝・太廟・隆徳殿の修復計画－ヴィエトナムの文化遺産（建造物）の保存に関する技術移転の確立と国際協力」（平成17・2005年度～平成20・2008年度）および文部科学省科研費補助金基盤研究A（海外）研究課題「阮朝・太廟・昭敬殿の復原計画－ヴィエトナムの文化遺産（建造物）に関する国際協力」（平成22・2010年度～平成26・2014年度）において得られた成果を『ベトナム・フエ城宮殿建築の修復と復原』としてまとめたものである。

　ところで皇城は大きく前方と後方に区分される。前方には中央に外朝区（1）、左方に太祖廟区（2）、右方に世祖廟区（3）がある。後方には中央に紫禁城（4）、左方に内務府・幾暇園区（5）、右方に奉先殿区（6）、延寿宮・長寧宮区（7）がある（図1参照）。

　外朝区にある太和殿は阮朝の公式行事を行う場所であり、皇城の中で最も格式の高い建物である。

　太祖廟区の中心に太祖廟があり、この建物には広南阮氏（初代：阮潢（グエン・ホアン）、二代：阮福源（グエン・フック・グエン）、三代阮福瀾（グエン・フック・ラン）、四代：阮福瀕（グエン・フック・タン）、五代：阮福溱（グエン・フック・タイ）、六代：阮福淍（グエン・フック・チュウ）、七代：阮福澍グエン・フック・トゥ）、八代：阮福濶（グエン・フック・コアット）、九代：阮福淳（グエン・フック・トゥアン）の位牌が祀られていた。太祖廟の左方に**隆徳殿**、左方前方に**昭敬殿**、右方に「右方堂」、右方前方に穆思殿があり、広南阮氏の皇后の位牌が祀られていた。太祖廟の後方には広南阮氏初代阮潢の父、阮淦（グエン・キム）の位牌を祀る肇祖廟がある。

　世祖廟区の中心に世祖廟があり、この建物には阮朝歴代皇帝（初代：嘉隆（ザーロン）帝（在位1802-19年）、二代：明命（ミンマン）帝（在位1819-40年）、三代：紹治（ティエウチ）帝（在位1840-47年）、四代：嗣徳（トゥドゥク）帝（在位1847-83年）、五代：育徳（ズクドゥク）帝（在位1883年）、六代：協和（ヒエプホア）帝（在位1883年）、七代：建福（キエプフク）帝（在位1883-84年）、八代：咸宣（ハムギ）帝（在位1884-85年）、九代：同慶（ドンカイン）帝（在位1885-88年）、十代成泰（タインタイ）帝（在位1888-1907年）、十一代維新（ズイタン）帝（在位1907-16年）、十二代啓定（カイディン）帝（在位1916-25年）、十三代：保大（バオダイ）帝（在位1925-45年）の位牌が祀られている。世祖廟の右方には土公祀があり、この地の神を祀っている。世祖廟の後方には興祖廟があり、嘉隆帝の父、興祖阮福瀁（グエン・フック・ロン）を祀った廟である。

　紫禁城は皇帝の私的な空間であり、その中央前方に勤政殿および左廡・右廡があり、皇帝が政治を行う場所である。勤政殿の後方に乾成殿があり、皇帝の住居となっている。乾成殿の後方には坤泰殿があり、皇帝の嫡子が居住する建物である。その後方にある建中殿は、各国使節を接待するための宴会の場所である。また紫禁城の左方には劇場である閲是堂、図書館である太平御覧書楼、庭園である御園が設備されている。

　皇城の宮殿建築は、1993年に登録されたユネスコ世界遺産（文化遺産）「フエの建造物群」の構成遺産のひとつである。昭敬殿は1947年のフランス軍進攻によって破壊されたが、隆徳殿はベトナム最後の専制王朝であった阮朝の宮殿建築のひとつとして現存している。隆徳殿および昭敬殿は太祖廟区の正殿である太祖廟の付属施設として造営された小規模な宮殿建築である。この隆徳殿および昭敬殿と同規模の付属施設は、太祖廟の右前方穆思殿の他、世祖廟の左右前方にかつて存在していたことが史料と現状の双方から確認される。

　90年代を通じて、現地行政組織により王宮内の主たる宮殿建築の修理工事が網羅されていく中で、隆徳殿が余り重要でない遺構として放置されていたことが功を奏し、幸いにも唯一、近年の保存事業の対象からはずれたままの状況であった。その結果、近年のフエ遺跡保存センター（HMCC）による修理工事を免れ、建築技術の変遷を

序　論

辿る上で必要不可欠な情報が豊富に残されていた。

　したがって隆徳殿の修復および昭敬殿の復原に関する本研究は、アジア諸国に対する国際協力の枠組みの中において、日本の先進的な文化財建造物の修復および復原に関する技術を移転する必要性が高く認められ、隆徳殿および昭敬殿は、今後の日越共同保存事業の対象として非常に重要な意味合いを有する遺構であると考えられる。

　本研究代表者は、早稲田大学中川武研究室を主とする研究組織が1994・平成6年から継続的に進めてきた一連の研究課題（ヴィエトナム・フエ阮朝王宮の復原的研究）に研究分担者として参加した。そして、それらの研究の展開の過程が総合化される中において、本研究課題を新たに計画する必要性が浮上していることを考慮し、本研究である「隆徳殿の修復計画および昭敬殿の復原計画」を策定した。

　本研究の着想の前提として、既往の「フエの建造物群」の修復工事の在り方に非常に本質的かつ困難な課題が認められていることを説明する必要がある。当地では90年代を通じて大規模な修復工事が多くの遺構を対象として始まり、極めて不適切な工事計画、すなわち修理前調査研究の不足、オリジナル部材尊重の欠如、修理工事報告書の未公開などを目の当たりにした。それら工事の質において甚大な弊害が生じていることは、本研究組織が共有する危機感として認識するものである。また隆徳殿が戦後唯一の未修理の遺構であったことから、その修復方針を確立させることによって、今後予想される不適切な修理工事の在り方を是正するための技術移転を進めるところに、本研究の意義が認められる。更に、本研究計画を契機とした修復・復原工事の体験が、他の遺構の修復・復原工事に多大なインパクトを与えるという波及効果が期待できる。

　また、修復・復原工事にかかる費用は現地組織HMCCの予算交付と科研費補助金により進められることから、本研究組織としては、特に工事に資する学術情報の提供に力点を置いた。また、国際協力と技術移転の見地により、導入される研究方法の紹介・作業の共有・成果の公開の一連のサイクルを確立し、総合化させるところに本研究の学術的な特色と独創的な点が認められる。

　このように本研究は、隆徳殿の修復計画および昭敬殿の復原計画を現地組織HMCCと共同して策定し、修復および復原工事に寄与する学術情報（建築歴史学情報・建築技術学情報・保存修復学情報）を提供することを最大の目的とした。

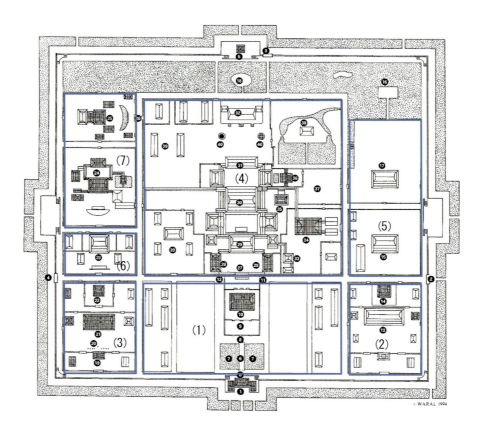

図1　フエ城　配置図

創建隆徳殿・昭敬殿の概要

　創建隆徳殿・昭敬殿は、正面5間、側面5間、入母屋造、瓦葺き、木造平屋建て、南面の建造物である。

　内部空間は、中心に方一間の身舎（ハン・ニャット；hàng nhất）空間があり、その周囲に庇（ハン・ニー；hàng nhì）空間、さらに裳階（ﾁｬｲ；chái）空間を回した、いわゆる身舎1間2庇裳階付の形式となっている。また両側面および背面には漆喰仕上げ煉瓦壁が設けられている。

　各柱（ｺｯﾄ；cột）はすべて胴張りのある円柱であり、礎石の上に立っている。

　内部架構は、中心に4本の身舎柱が大貫（ｽｴﾝ；xuyên）・大梁（ﾁｪﾝ；trến）および飛貫（ｻｰ・ﾘｴﾝ・ﾊﾞｰ；xà liên ba）・頭貫（ｻｰ・ﾀﾞｩ・ｺｯﾄ；xà dầu cột）で連結された軸部があり、身舎梁行には合掌に組まれ、庇柱まで伸びた登梁（ｹｵ；kèo）を身舎柱で受け、拝み部に棟木（ﾄﾞﾝ・ﾄﾞﾝ；dòn dông）を載せている。合掌の拝み部には繋ぎの小梁（ｱｯﾌﾟ・ｸｱ；áp quả）があり、大梁上に立つ枕木（ｺﾝ・ﾄﾞｲ；con dội）・束柱（ﾁｭｰ・ﾄﾞｲ；trụ dối）で支えている。また身舎桁行身舎柱上部に掛けられた母屋桁（ﾄﾞﾝ・ﾀｲ；dòn tay）とケオで構成される三角形の妻部には妻板が張られている。

　梁行の庇柱は、身舎柱に輪薙ぎ込まれ、中心まで伸びたケオを受け、桁行および隅部は身舎柱に差し込まれた庇ケオを受け、各庇柱は頭貫および飛貫で連結されている。頭貫と飛貫の間には欄間（ﾘｴﾝ・ﾊﾞｰ；liên ba）板壁が嵌め込まれている。また身舎虹梁の横面には陽刻の筋彫があり、両端に木鼻（ﾄﾞｩｲ・ｹｵ；duôi kèo）が付いている。身舎・庇のケオ横面にも陽刻の筋彫がある。

　裳階柱は、庇柱に差し込まれた裳階ケオを受け、各裳階柱は頭貫で連結されている。また裳階ケオ・隅ケオの横面および下面には彫刻が施され、先端は木鼻となっている。

　ところで身舎柱・庇柱・裳階柱は、中心方向においてはケオのみによって連結され、叉首組となっている身舎・庇の梁行方向のケオを除いて、すべてケオは柄差し・蟻落しであり、横力に対してきわめて脆弱な構造となっている。その構造の弱点を補強するために、すべての身舎柱・庇柱・裳階柱は、内転びとなっている。

　規模は、桁行総柱間約30越尺（12.7m）、梁行総柱間約30越尺、上屋軒の出1越尺、上屋軒高さ約9.5越尺、下屋軒の出2越尺、下屋軒高さ約6.1越尺、全高さ（礎石上端より大棟上端まで）16.8越尺（7.1m）、建築面積約160㎡となっている。ただし1越尺＝424mmである。

　基壇の平面規模は東西約33越尺（14m）、南北約33越尺で、地表から約0.45越尺高くなっていて、南は葛石、東西北は幅150mm、長さ300mm、成60mmの煉瓦を幅約61cmに積んで壁が形成されている。

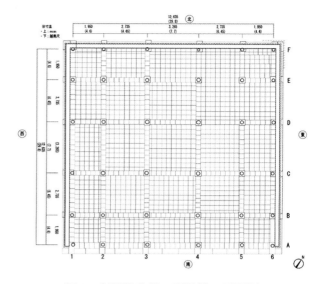

図2　創建隆徳殿・昭敬殿　平面図

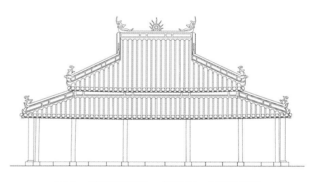

図3　創建隆徳殿・昭敬殿　南正面図

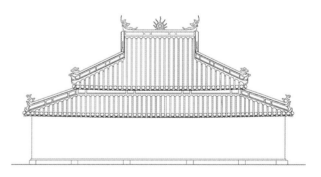

図4　創建隆徳殿・昭敬殿　北背面図

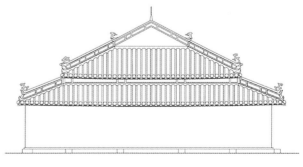

図5　創建隆徳殿・昭敬殿　西側面図

序　論

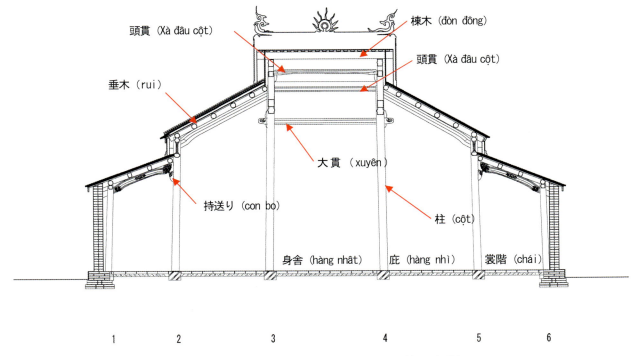

図6　創建隆徳殿・昭敬殿　桁行断面図（各部名称）

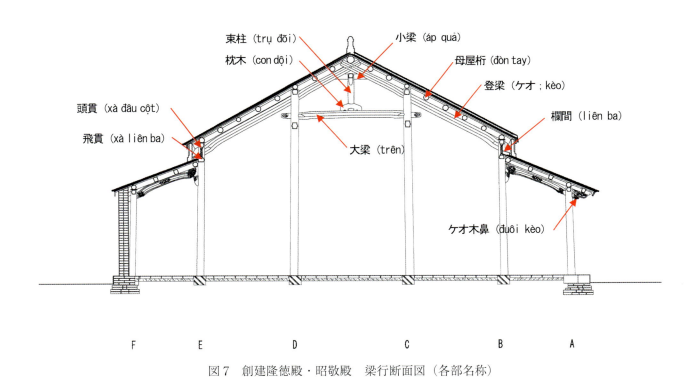

図7　創建隆徳殿・昭敬殿　梁行断面図（各部名称）

4

本論第 1 部

阮朝・フエ王宮・隆徳殿の修復

第1章　阮朝・太廟・隆徳殿の修復計画

第1節　修復計画の背景

　ユネスコ世界遺産（文化遺産）「フエの建造物群」（1993年登録）の構成遺産である隆徳殿は、ベトナム最後の専制王朝であった阮朝の宮殿建築のひとつとして現存している。矩形の王宮内は、その南面前方部分を太廟区、外朝区、世廟区により配置構成されるが、隆徳殿は太廟区の正殿である太祖廟の付属施設として造営された小規模な宮殿である（図1-1参照）。この隆徳殿と同規模の付属施設は、太祖廟の右前方の他、世祖廟の左右前方にかつて存在していたことが史料と現状の双方から確認され、復原考察の比較情報を提供している。90年代を通じて、現地行政組織により王宮内の主たる宮殿建築の修理工事が網羅されていく中で、隆徳殿が余り重要でない対象として放置されていたことが功を奏し、幸いにも唯一、近年の保存事業の対象からはずれたままの状況であった。その結果、昨今のフエ遺跡保存センター（HMCC）による不適切な修理工事を免れ、建築技術の変遷を辿る上で必要不可欠な痕跡情報が豊富に残っていると考えられる。したがって当該研究は、アジア諸国に対する国際協力の枠組みの中での技術移転の必要性が高く認められ、今後の日越共同保存事業の対象として非常に重要な意味合いを有する遺構であるといえよう。

　当該研究代表者は、早稲田大学を主とする研究組織が1994・平成6年から継続的に進めてきた一連の研究課題に研究分担者として参加した。そして、それらの研究の展開の過程が総合化される中において、当該研究課題を新たに計画する必要性が浮上していることを勘案し、当該研究を計画した。

写真1-1　隆徳殿　南面（修理前）

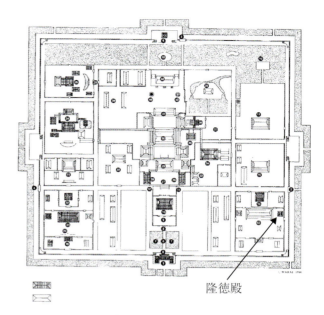

図1-1　阮朝・フエ王宮・隆徳殿の位置

第2節　修復計画の目的

　当該研究の着想の前提として、既往の「フエの建造物群」の修理工事の在り方に非常に本質的かつ困難な課題が認められていることを説明する必要がある。当地では90年代を通じて大規模な修理工事が多くの遺構を対象として始まり、まったくの不適切な工事計画を経験した。それら工事の質・量の双方において甚大な弊害が生じていることは、当該研究組織が共有する危機感として認識するものである。また隆徳殿が戦後唯一の未修理の遺構であるので、今後予想される、その修復方針を確立させることで、不適切な修理工事の在り方を是正するための技術移転を進めるところに意義が認められる。更に、当該研究計画を契機とした修理工事の体験が、他の遺構の修理工事に多大なインパクトを与えるという波及効果が期待できる。

　なお、修理工事そのものの主たる費用は現地組織の予算交付により進められることから、当該研究組織としては工事に資する学術情報の提供に力点が置かれる。また、国際協力と技術移転の見地により、導入される研究方法の紹介・作業の共有・成果の公開の一連のサイクルを確立し、総合化させるところに学術的な特色と独創的な点が認められる。

　このように当該研究は、隆徳殿の修復計画を現地研究機関（フエ遺跡保存センター）と共同して策定し、修理工事に寄与する学術情報（建築歴史学情報・保存修復学情報）を提供することを最大の目的とする。

第3節　修復計画の方法

　これまでの段階において、ベトナム・フエ・阮朝王宮内の勤政殿の再建計画事業のための基礎的研究に一応の区切りを付け、再建工事に着手する第2段階に移行したと考えている。その際、再建工事を科学的に進めるためには、ベトナムにおける木造技術を直接的に把握する必要がある。本研究は、阮朝王宮内の隆徳殿を解体修理し、勤政殿再建のための技術的データの収集を目的としている。更には、我が国における木造建築の修復技術および方法を基準として修復することによって、ベトナム技術者に日本的修復技術の移転を試みようとするものである。

　以下の手順で、隆徳殿修復の全体工程を計画した。
1) 隆徳殿の現状調査（2005・平成17年8・9月）
   ①実測調査足場・素屋根の仮設工事監理
   ②実測調査＜平面・立面・断面図の作成＞
   ③腐朽・破損調査＜再用材・取替材調書の作成＞
   ④常時微動計測
   ⑤実大加圧実験
   ⑥屋根材・床材の強度実験
   ⑦漆・彩色調査
2) 隆徳殿の解体（2006・平成18年2・3月）
   ①解体足場の仮設工事監理
   ②解体工事監理
   ③技法調査（仕口・取り合わせ）
   ④解体実測調査（修理前図面の修正）
3) 隆徳殿の復原設計（2006・平成18年4～7月）
   ①復原設計図＜平面・立面・断面・詳細図の作成＞
   ②復原建物の構造実験＜接合部の部分実験＞
   ③復原建物のモデル化による構造解析
   ④部材接合部の補強計画書
   ⑤漆・彩色の復原＜手板の作製＞
   ⑥新規取替材の発注
4) 隆徳殿の復原工事Ⅰ（2006・平成19年8・9月、2007・平成20年2・3月）
   ①基壇補修の監理
   ②再用部材修理＜継ぎ手・矧ぎ木・埋め木による補修＞の監理
   ③新規取替材加工の監理
   ④屋根瓦、床・壁煉瓦製作＜耐久性の改善＞の監理
   ⑤建具修理の監理
5) 隆徳殿の復原工事Ⅱ（2007・平成20年8・9月、2008・平成21年2・3月）
   ①軸組・小屋組組立の監理
   ②屋根瓦葺きの監理
   ③壁工事＜煉瓦造漆喰塗り仕上げ＞の監理
6) 隆徳殿の復原工事Ⅲ（2008・平成21年8・9月、2009・平成22年2・3月）
   ①漆・彩色工事の監理
   ②建具取付の監理
   ③修理完了後の常時微動計測
   ④修理工事報告書の作成

第4節　修復計画の成果

1-4-1　2005・平成17年度

①東京大学坂本研究室によって隆徳殿1/1の接合部模型を使って強度実験が行われた。

②水平力による柱の変位については、隆徳殿の身舎柱の高さ3,700mm位置に鋼管5本を水平に架けて加力点とし、反力点として屋外に設置した2tトラックと加力点の鋼管をワイヤーベルトスリングで連結し、ハンドプーラーによる水平加力を加えた。試験の結果、東西方向は最大加力9.45kNに対してD4柱柱が変位3.02mm変位角1／1,423rad.であり、南北方向は最大加力10.75kNに対してC4柱の変位4.0mm、変位角1／1,014rad.であった。

写真1-2　隆徳殿　実物大構造実験

③鉛直荷重による柱の変位については、棟木から架台をワイヤーおよびベルトスリングによって、1点および2点で吊り下げ、架台に泥嚢を載荷した。計測の結果は屋根瓦の鉛直荷重による軸部への構造的影響は極めて少ないことを示している。

④剛性の評価については、隆徳殿の常時微動測定の結果、桁行3.41Hz、梁行3.49Hzであり、隆徳殿と同規模・同形式である、修復を終えた土公祀より構造的に柔らかいといえる。

⑤肇廟の平面および柱内転びに関する実測調査については、前殿の身舎柱内転びが柱全長に対して77mm 正殿身舎柱内転びが83mm 正殿前庇柱内転びが73mmあったと考えられる。また平面計画は、

越尺（1尺＝424mm）で、桁行が中間9尺、第1脇間8.3尺、第2脇間6.9尺、端間6.2尺、梁行が正殿中間9尺、脇間6.9尺、端間6.2尺、前殿中間8.65尺、脇間6.2尺と推定される。
⑥肇廟の細部意匠に関する調査については、隆徳殿および肇廟のケオ木鼻の絵様が「両渦文」タイプに分類され、フエ王宮内建築に多く使用された絵様タイプと考えられた。
⑦国登録文化財白井家住宅の構造調査については、大黒柱に最大加力20.06kNの水平力を加えた結果、大黒柱は敷居からの高さ1,800mm位置で水平方向に90mm変位した。
⑧隆徳殿修復のための仮設計画すなわち仮設図（平・立・断面）および仕様をまとめた。

1-4-2　2006・平成18年度
①第3次調査が2006・平成18年8月17日から9月1日まで行われ、素屋根および西側部材保存小屋を建設した。また8月21・22日に隆徳殿の北西角から北に6m、西に0.3mの位置で地下17.2mまでボーリングし、地質調査を行った。
②第4次調査が2007・平成19年2月26日から3月26日まで行われた。2月27日から3月5日まで素屋根南側に部材保存小屋、その南側に工作所、さらにその南側に工員休憩所がベトナム人によって建設された。工員休憩所の南西側に監理事務所が日本人によって建設された。

写真1-3　隆徳殿　素屋根

③2007・平成19年3月6日から18日まで隆徳殿の解体を行った。3月6日にベトナム式の起工式を行い、解体は基壇を残してすべて解体された。解体部材は西側・南側保存小屋に格納された。
④2007・平成19年3月19日から3月24日まで部材調査を行った。部材調査は基壇上で行い、調査内容は部材寸法の実測、部材の新旧、刻書、補修必要の有無の確認、含水率の測定などであった。この部材調査によって隆徳殿修理工事における取替材・補修材の材積を求めることができた。
⑤隆徳殿の現状瓦の強度試験を奈良県窯業試験場で行い、強度の強化について検討を行った。

写真1-4　隆徳殿　解体および部材調査

⑥フエ王宮建築の常時微動測定を行い、剛性評価の比較検討を行った。
⑦関連調査として、肇祖廟の実測調査を行い、平面・断面・立面図を作成した。
⑧隆徳殿の復原模型を作製した。

1-4-3　2007・平成19年度
①2007・平成19年5月～7月に隆徳殿の復原設計を検討し、7月15日～17日にフエ遺跡保存センターと事前の打合せを行った。
②第5次調査が2007・平成19年8月16日から9月14日まで行われ、隆徳殿の基壇調査、原寸図の作成、人工木材を使用した柱の修理、登梁（ケオ）および大梁（チェン）木鼻の拓本採取、番付および仕口の補充調査を行った。また関連調査として、肇祖廟の補充調査、昭敬殿の基壇調査、王宮内の家具調査を行った。原寸図の作成によって今後の復原修理の基準を設定することができた。また人工木材を使用した部材修理によってこれまで取り替えざるを得なかった部材を再用することが可能になった。この試みは、ベトナムの文化財建造物修理において、歴史に残る画期的な出来事であった。
③2008・平成20年1月4日から12日まで、臨時調査として人工木材によるケオの修理を行い、フエ遺跡保存センターと第6次調査の事前打合せを行った。
④第6次調査が2008・平成20年2月25日から3月25日まで行われ、隆徳殿の基壇修理、柱・ケオ・頭貫の修理が行われ、ほぼ修理を完了した。また王

写真 1-5　隆徳殿　原寸図

宮内にある瓦の焼き窯内部の温度を計測した結果、窯内部の最高温度は960度であることがわかった。

今回の基壇修理において、内側礎石の下に、新たに80cm×80cm×75cmの煉瓦積み独立基礎を設置した。これは修理前の礎石が80cm厚の基壇砂地盤に置かれていた構造的弱点を改良したものである。今年度の修理および調査実績によって、2008・平成20年度の隆徳殿の復原組立が可能になった。

写真 1-6　隆徳殿　基壇修理

1-4-4　2008・平成20年度

① 2008・平成20年7月17日（木）から23日（水）まで臨時調査を行い、柱・ケオ・頭貫・飛貫の修理の最終確認を行った。その上で、身舎柱および4・5通りの庇柱・ケオを組み立てた。

② 第7次調査が2008・平成20年8月17日（日）から9月14日（日）まで行われ、隆徳殿において柱・大梁・大貫・ケオ・頭貫・飛貫による軸部の組立、母屋桁・母屋受けの修理、部材の修理箇所の確認などが行われた。また関連調査として、土公祠の実測調査、王宮内建物のケオ柱元部の意匠調査、肇祖廟の家具調査などが行われた。この段階で、柱・大梁・大貫・ケオ・頭貫・飛貫・母屋受けの組立が完了し、9月12日上棟式を執り行った。

③ 2009・平成21年1月4日（日）から10日（土）まで第2次臨時調査を行い、垂木の修理を行った。これ以前に、母屋桁の取付が完了していた。

④ 第8次調査は2009・平成21年2月24日（火）から3月24日（火）まで行われ、母屋桁の取付調整、垂木の取付が行われた。垂木の取付は、西側下屋から行われ、その後西側上屋に修理した垂木を取り付けた。配付垂木は、隅木・隅板を取り付けた後に取り付けた。上屋垂木の出は、柱心より424mm（1越尺）として、垂木鼻先を切り揃え、その上に広木舞を取り付けた。

⑤ 今回の軸部組立で柱上端平面が、糸巻き形平面であったことがより鮮明になった。また柱の隅伸び・柱の内転びの技法を明らかにした。

⑥ 垂木の配置を検討した結果、1枝寸法を233.2mm（0.55越尺）と決定し、垂木の新旧を検討した結果、2回の大きな修理が行われたことが明らかになった。

写真 1-7　隆徳殿　軒反りの復原

1-4-5　2009・平成21年度

2008・平成20年度で科研費補助事業としての隆徳殿修復計画は終了したが、引き続きHMCCによる修復が継続され、2009・平成21年8月に屋根瓦葺きが完了した。

写真 1-8　隆徳殿　柱伸び・転び

写真 1-9　隆徳殿　復原正面

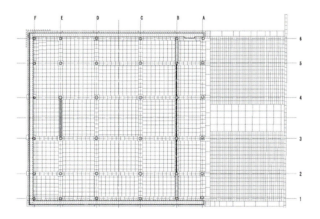

図 1-2　隆徳殿　復原平面図

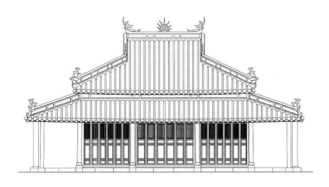

図 1-3　隆徳殿　復原正面図

第 5 節　研究組織

(1) 研究代表者
白井　裕泰（SHIRAI HIROYASU）
ものつくり大学・技能工芸学部・教授

(2) 連携研究者
田中　文男（TANAKA HUMIO）
創造学園大学・芸術学部・特任教授
那須　武秀（NASU TAKEHIDE）
ものつくり大学・技能工芸学部・講師
小野　泰（ONO YASUSHI）
ものつくり大学・技能工芸学部・准教授
坂本　功（SAKAMOTO ISAO）
東京大学・大学院工学系研究科・教授
藤田　香織（FUJITA KAORI）
東京大学・大学院工学系研究科・准教授
横山　晋一（YOKOYAMA SHINICHI）
ものつくり大学・技能工芸学部・准教授
六反田　千恵（ROKUTANDA CHIE）
共栄学園短期大学・住居学科・講師

(3) 研究協力者
赤松　明（ものつくり大学・教授）
佐々木　昌孝（ものつくり大学・講師）
山口　亜由美（東京大学・研究生）

(4) 研究補助者
慎　鏞宣・栗子　岳大（ものつくり大学・大学院生）、土賀　清円・久富　雄治・椎名　聰・宮下　恵介・外山　紗江・橋本　俊（ものつくり大学・学生）、出水　文二（東京大学・大学院生）、角陸　順香（首都大学東京・大学院生）、蟹井　香織（早稲田大学・学生）高橋　定信・和弘・直弘（大工）

第 6 節　主な発表論文等

（研究代表者には実線、連携研究者には点線の下線）
〔雑誌論文〕（計 6 件）

1) <u>白井裕泰</u>、<u>小野泰</u>、<u>藤田香織</u>、中川武「阮朝フエ王宮における隆徳殿の修理と構造特性について」日本建築学会計画系論文集№ 715、pp.2131-2139、2015.9、査読有

2) <u>白井裕泰</u>、佐々木昌孝、中川武「阮朝フエ王宮における隆徳殿の仕口について」日本建築学会計画系論文集№ 698、pp.1007-1014、2014.4、査読有

3) <u>白井裕泰</u>、佐々木昌孝、中川武「阮朝フエ王宮における隆徳殿の番付について」日本建築学会計画

系論文集No.696、pp.517-524、2014.2、査読有
4) 白井裕泰、中川武「阮朝フエ王宮における隆徳殿の当初材について」日本建築学会計画系論文集No.671、pp.149-155、2012.1、査読有
5) 白井裕泰、中川武「阮朝フエ王宮における隆徳殿の建築技法について」日本建築学会計画系論文集、No.649、pp.737-744、2010.3、査読有
6) 白井裕泰、中川武「阮朝フエ王宮における隆徳殿の寸法計画について」日本建築学会計画系論文集、No.643、pp.2101-2106、2009.9、査読有

〔学会発表〕（計25件）

1) 栗子岳大、白井裕泰、中川武「隆徳殿の仕口について－阮朝・太廟・隆徳殿の修復計画（その22)」2010年度日本建築学会大会（北陸）、2009年09月11日、富山大学
2) 白井裕泰、中川武「隆徳殿の当初材について－阮朝・太廟・隆徳殿の修復計画（その21)」2010年度日本建築学会大会（北陸）、2009年09月11日、富山大学
3) 六反田千恵、白井裕泰、中川武「隆徳殿裳階部ケオの彫刻絵様構成について－阮朝・太廟・隆徳殿の修復計画（その20)」2009年度日本建築学会大会（東北）、2009年08月26日、東北学院大学
4) 佐々木昌孝、白井裕泰、中川武「隆徳殿の部材番付について（その他の部材）－阮朝・太廟・隆徳殿の修復計画（その19)」2009年度日本建築学会大会（東北）、2009年08月26日、東北学院大学
5) 白井裕泰、中川武「隆徳殿の垂木について－阮朝・太廟・隆徳殿の修復計画（その18)」2009年度日本建築学会大会（東北）、2009年08月26日、東北学院大学
6) 赤松明、橋本俊、白井裕泰、中川武「ヴィエトナムのグエン朝王宮における家具配置」日本デザイン学会第56回春季研究発表大会、2009年06月27日、名古屋市立大学
7) 小野泰、白井裕泰、中川武「隆徳殿の劣化状況調査－登梁（ケオ）の劣化状況－阮朝・太廟・隆徳殿の修復計画（その17)」2008年度日本建築学会大会（中国）、2008年09月18日、広島大学
8) 栗子岳大、白井裕泰、中川武「昭敬殿の現状基壇について　阮朝・太廟・隆徳殿の修復計画（その16)」2008年度日本建築学会大会（中国）、2008年09月20日、広島大学
9) シン・ヨンセン、白井裕泰、中川武「隆徳殿の基壇修復について　－阮朝・太廟・隆徳殿の修復計画（その15)」2008年度日本建築学会大会（中国）、2008年09月20日、広島大学
10) 六反田千恵、白井裕泰、中川武「両渦紋型ドゥイ・ケオ彫刻の先端渦紋の分類について2－阮朝・太廟・隆徳殿の修復計画（その14)」2008年度日本建築学会大会（中国）、2008年09月20日、広島大学
11) 佐々木昌孝、白井裕泰、中川武「隆徳殿の部材番付について（頭貫・飛貫）－阮朝・太廟・隆徳殿の修復計画（その13)」2008年度日本建築学会大会（中国）、2008年09月20日、広島大学
12) 白井裕泰、中川武「隆徳殿の原寸図について－阮朝・太廟・隆徳殿の修理計画（その12)」2008年度日本建築学会大会（中国）、2008年09月20日、広島大学
13) 外山紗江、赤松明「ヴィエトナム・フエ王宮内に現存する家具の実測調査・復元」木材工業、Vol.63、No.6、pp.290-291、2008年
14) 赤松明、外山紗江、白井裕泰、中川武「ヴィエトナムのグエン朝王宮における家具」日本デザイン学会第55回春季研究発表大会、2008年6月28日、広島国際大学
15) シン・ヨンセン、白井裕泰、中川武「肇祖廟の柱内転びについて　阮朝・太廟・隆徳殿の修復計画（その11)－2007年度日本建築学会大会（九州）、2007年08月30日、福岡大学
16) 山口亜由美、藤田香織、腰原幹雄、坂本功、白井裕泰、中川武「隆徳殿の載荷実験、模型実験関連－阮朝・太廟・隆徳殿の修復計画（その10)」2007年度日本建築学会大会（九州）、2007年08月30日、福岡大学
17) 小野泰、白井裕泰・中川武「ヴィエトナム・フエ阮朝宮殿建築の劣化状況調査　隆徳殿の柱の劣化状況について－阮朝・太廟・隆徳殿の修復計画（その9)」2007年度日本建築学会大会（九州）、2007年08月31日、福岡大学
18) 六反田千恵・白井裕泰・中川武「両渦紋型ドゥイ・ケオ彫刻の先端絵様分類－阮朝・太廟・隆徳殿の修復計画（その8)」2007年度日本建築学会大会（九州）、2007年08月30日、福岡大学
19) 横山晋一・白井裕泰・中川武「隆徳殿修復に関する瓦の考察－阮朝・太廟・隆徳殿の修復計画（その7)」2007年度日本建築学会大会（九州）、2007年08月30日、福岡大学
20) 佐々木昌孝・白井裕泰・中川武「隆徳殿の番付について－阮朝・太廟・隆徳殿の修理計画（その6)」2007年度日本建築学会大会（九州）、2007年08月30日、福岡大学
21) 白井裕泰・中川武「隆徳殿の断面計画について－阮朝・太廟・隆徳殿の修復計画（その5)」2007

年度日本建築学会大会（九州）、2007 年 08 月 30 日、福岡大学
22) 山口亜由美・藤田香織・腰原幹雄・坂本功「ヴィエトナム・フエ阮朝宮殿建築の構造性能　接合部の静的加力実験－阮朝・太廟・隆徳殿の修復計画（その 4）」2006 年度日本建築学会大会（関東）、2006 年 09 月 08 日、神奈川大学
23) 小野泰「ヴェトナム・フエ阮朝宮殿建築の構造特性　隆徳殿の水平加力実験－阮朝・太廟・隆徳殿の修復計画（その 3）」2006 年度日本建築学会大会（関東）、2006 年 09 月 08 日、神奈川大学
24) 六反田千恵「隆徳殿ドゥイ・ケオ彫刻絵様構成について－グエン朝・太廟・隆徳殿の修復計画（その 2）」2006 年度日本建築学会大会（関東）、2006 年 09 月 08 日、神奈川大学
25) 白井裕泰「隆徳殿の柱間計画について－阮朝・太廟・隆徳殿の修復計画（その 1）」2006 年度日本建築学会大会（関東）、2006 年 09 月 08 日、神奈川大学

〔図書〕（計 4 件）
1) 白井裕泰、六反田千恵 他 5 名『阮朝・太廟・隆徳殿の修復計画－2008 年度活動報告－』ものつくり大学白井裕泰研究室、2009、332 頁
2) 白井裕泰、小野泰 他 5 名『阮朝・太廟・隆徳殿の修復計画－2007 年度活動報告－』ものつくり大学白井裕泰研究室、2009、116 頁
3) 白井裕泰、小野泰、横山晋一、六反田千恵 他 2 名『阮朝・太廟・隆徳殿の修復計画－2006 年度活動報告－』ものつくり大学白井裕泰研究室 2008、118 頁
4) 白井裕泰、小野泰、横山晋一、六反田千恵 他 3 名『阮朝・太廟・隆徳殿の修復計画－2005 年度活動報告－』ものつくり大学白井裕泰研究室、2007、148 頁

〔その他〕
ホームページ：
http://www.iot.ac.jp.jp/building/shirai/index.html
（ものつくり大学　白井裕泰研究室）

第2章　隆徳殿の建築概要

第1節　概　説

　ユネスコ世界遺産（文化遺産）「フエの建造物群」（1993年登録）の構成遺産である隆徳殿は、ベトナム最後の専制王朝であった阮朝の宮殿建築のひとつとして現存している。矩形の王宮内は、その南面前方部分を太廟区、外朝区、世廟区により配置構成される（図2-1参照）が、隆徳殿は太廟区の正殿である太祖廟の付属施設として造営された小規模な宮殿である（図2-2参照）。この隆徳殿と同規模の付属施設は、太祖廟の右前方の他、世祖廟の左右前方にかつて存在していたことが史料と現状の双方から確認され、復原考察の比較情報を提供している。90年代を通じて、現地行政組織により王宮内の主たる宮殿建築の修理工事が網羅されていく中で、隆徳殿が放置されていたことが功を奏し、幸いにも唯一、近年の保存事業の対象からはずれたままの状況であった。その結果、昨今のフエ遺跡保存センター（HMCC）による不適切な修理工事を免れ、変遷を辿る上で必要不可欠な情報が豊富であると考えられる。またアジア諸国に対する国際協力の枠組みの中での技術移転の必要性が高く認められ、隆徳殿は、今後の日越共同保存事業の対象として非常に重要な意味合いを有する遺構であるといえよう。

図2-1　フエ王宮南前方部

第2節　創立沿革

　隆徳殿は、ユネスコ世界遺産（文化遺産）「フエの建造物群」（1993年登録）の構成遺産であり、ベトナム最後の専制王朝であった阮朝の宮殿建築である。この建物の用途は、『大南実録』によれば、明命13年（1832）の記事[注1]に、太廟の左に隆徳殿・昭敬殿、右に（右方堂）・穆思殿があり、毎年太祖皇帝皇后の命日に、供物を供え、儀式を執り行っていたことが窺われるので、隆徳殿・昭敬殿・穆思殿は皇后の位牌を祀る祠堂であったと考えられる。

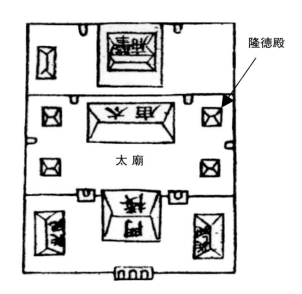

図2-2　隆徳殿の位置（『大南一統志』（1909）による）

第3節　建築年代

　隆徳殿正面裳階東側壁の碑文[注2]によると、辛酉年（1801）に阮氏が北部地方を平定し、甲子年（1804）に都・村を造営し始め、皇城の左方に太廟を嘉隆3年（1804）3月15日に着工し、10月6日に竣工し、その記念にこの石碑を造立したことがわかる。したがってこの石碑が当初から隆徳殿に埋め込まれたものであれば、隆徳殿の建築年代は嘉隆3年（1804）ということになる。

　『欽定大南會典事例』によると、明命12年（1831）に修理[注3]し、『大南一統志』によると成泰12年（1900）に重ねて修理[注4]したこと、また今回の修復工事で2回の大きな修理が確認された[注5]ことから判断すれば、現隆徳殿は創建当初のものと考えてよいであろう。

第4節　規模および構造形式

　隆徳殿は、正面5間、側面5間、入母屋造、瓦葺き、木造平屋建て、南面の建造物である。

　内部空間は、中心に方一間の身舎（hàng nhất）空間があり、その周囲に庇（hàng nhì）空間、さらに裳階（chái）空間を回した、いわゆる身舎1間2庇裳階付[注6]の形式となっている。

　正面裳階は吹き放しとし、1間入側裳階・庇境には中央間・両脇間に桟唐戸が建て込まれ、両端間は漆喰仕上げ煉瓦壁となっている。また両側面および背面には漆喰仕上げ煉瓦壁が設けられている。

　各柱（cột）はすべて胴張りのある円柱であり、礎

石の上に立っている。ただし正面裳階柱中央4本は、礎石上に置かれた礎盤の上に立っている[注7]。

内部架構は、中心に4本の身舎柱が大貫（xuyên）・大梁（trến）および頭貫（xà dầu côt）で連結された軸部があり、身舎梁行には合掌に組まれ、庇柱まで伸びた登梁（kèo）を身舎柱で受け、拝み部に棟木（dòn dông）を載せている。合掌の拝み部には繋ぎの小梁（áp quả）があり、大梁上に立つ枕木（con dội）・束柱（trụ dỗi）で支えている。また身舎桁行身舎柱上部に掛けられた母屋桁（dòn tay）とケオで構成される三角形の妻部には妻板が張られている。

梁行の庇柱は、身舎柱に輪薙ぎ込まれ、中心まで伸びたケオを受け、桁行および隅部は身舎柱に差し込まれた庇ケオを受け、各庇柱は頭貫および飛貫（xà liên ba）で連結されている。頭貫と飛貫の間には欄間（liên ba）板壁が嵌め込まれている。また身舎大梁の横面には陰刻の筋彫があり、両端に木鼻が付いている。身舎・庇のケオ横面にも陰刻の筋彫がある。

裳階柱は、庇柱に差し込まれた裳階ケオを受け、各裳階柱は頭貫で連結されている。また裳階ケオ・隅ケオの横面および下面には彫刻が施され、先端は木鼻（duôi kèo）となっている。

ところで身舎柱・庇柱・裳階柱は、中心方向においてはケオのみによって連結され、叉首組となっている身舎・庇の梁行方向のケオを除いて、すべてケオは柄差し・蟻落し[注8]であり、横力に対してきわめて脆弱な構造となっている。その構造の弱点を補強するために、すべての身舎柱・庇柱・裳階柱は、内転びとなっている。

規模は、桁行総柱間12,577mm、梁行総柱間12,638mm、身舎軒の出348mm（各面軒の出の平均値）、身舎軒高さ3,944mm（各面軒高さの平均値）、裳階軒の出588mm（東・西・北面軒の出の平均値、ただし南面軒の出は710mm）、裳階軒高さ2,449mm（各面軒高さの平均値）、全高さ（礎石上端より大棟上端まで）6,535mm、建築面積159.14㎡となっている。

基壇の平面規模は東西13,702mm、南北13,757mmで、地表から約18cm高くなっていて、南は葛石、東西北は幅150mm、長さ300mm、成60mmの煉瓦を幅約61cmに積んで形成されている。基壇上面塼の下には砂利と瓦片が混ざったラテライト（約10cm厚）、土器片と磁器片が混ざった粒子の大きい黄褐色砂質土（約35cm厚）、粒子の小さい砂が混ざった灰色粘質土（約12cm厚）、粒子が大きめの黄褐色砂質土（約21cm厚）の順にほぼ水平に敷かれていた。礎石は、一度砂質土を造ってから礎石部分の砂を掘り直して、固定したと考えられる。

注

1) 『大南実録』（正編　第二紀　巻七十九　頁二十八）明命13年（1832）の記事に「太廟之左榮葺隆徳殿遞年恭遇太祖嘉裕皇帝皇后忌辰祗奉陳設行禮」とある。

2) 隆徳殿正面東側壁の石碑（図2-3参照）に下記のように刻まれている。

3) 『欽定大南會典事例』（工部　巻二百八　頁八）明命13年の記事に「太廟左方殿（隆徳殿）著重加修飾改葺琉璃瓦」とある。

4) 『大南一統志』（巻一　京師　頁八）に「隆徳殿舊左方堂召敬穆思舊左右祭所明命十三年均改今名成泰十二年重修」とある。

5) 解体した垂木を観察すると、下屋垂木の下面にほとんど面がなく、上屋垂木の下面には面があり、下屋垂木のほとんどが取り替えられたことがわかる。また上屋垂木の幅をみると、① 100-110mm、② 115-125mm、③ 130-140mmの3群に分けられる。面のない下屋垂木の幅が100-110mmに集中していることから、100-110mmの上屋垂木は取替量の多さから考えて成泰12年に取り替えられたものであろう。また修理ごとに垂木幅を小さくしたとすれば、幅130-140mmが創建当初の垂木であり、幅115-125mmの垂木は明命13年に取り替えられたものと考えられる。

6) 重枝豊他「フエ宮廷建築の平面表記についてヴェトナム・フエの明命帝陵の総合調査その1」（日本建築学会学術講演梗概集F-2, pp.487-488, 1996）によると、この形式を1間2廈回廊付（1 gain 2 chái hoi lang）と呼んでいる。

7) 解体調査の結果、礎石上面に丸柱の痕跡が残っていたので、正面裳階柱中央4本の下部にある礎盤は後補のものであり、当初は礎石上に柱が直接立っていたことがわかる。

8) ただし庇隅ケオは、身舎柱に突き付けで、持送り（コン・ボー）で受けていた。

図2-3　隆徳殿　石碑

第3章　隆徳殿の調査研究

第1節　寸法計画

3-1-1　柱間計画
3-1-1.1　はじめに
　これまでに、隆徳殿の解体修理を前提に現状調査を行い、礎石レベル、柱内転び、反りについて報告した[注1]が、ここでは柱内転びを実測した時に得られた柱間寸法を資料として、柱間計画について考察を試みることにする。

3-1-1.2　柱間の実測方法
　隆徳殿の柱間寸法は、まず礎石位置を実測し、礎石と柱の位置関係を実測し、さらに柱径を実測し、(柱間内法寸法＋両端柱半径) によって柱心々寸法を算出した。

3-1-1.3　柱間寸法
　礎石上端高さにおける柱間寸法および柱径、桁行および梁行方向の中間・脇間・端間の平均寸法値を示したものが図3-1である。
　さらに各柱間の寸法値を官木尺 (1尺=424mm) および魯班尺 (1尺=384mm) で換算した寸法値を示したものが表3-1・2である。
　この表をみると、当初の隆徳殿の柱間寸法は官木尺で計算され、端間4.6、脇間6.4～6.5尺、中間7.6～7.8尺、すなわち端間4.6尺、脇間6.4尺、中間7.7尺であったと推定される。
　また総柱間は、
　　桁行方向：4.6＋6.4＋7.6＋6.5＋4.6＝29.7（尺）
　　梁行方向：4.6＋6.4＋7.8＋6.4＋4.6＝29.8（尺）
となり、当初の全体規模は30尺×30尺で計画された可能性がある。

3-1-1.4　柱径
　図3-1より、身舎柱・庇柱・裳階柱の平均柱径を求めると、身舎柱径＝221.7mm、庇柱径＝206.42mm、裳階柱径＝196mmであり、官木尺に換算すると、身舎柱径＝0.52尺、庇柱径＝0.49尺、裳階柱径＝0.46尺となる。
　身舎柱・庇柱・裳階柱の関係をみると、庇柱径は裳階柱径の3分増し、身舎柱径は庇柱径の3分増しとなっていることがわかる。

3-1-1.5　柱間計画
　隆徳殿の柱間寸法はどのように決定されたのであろうか。柱間計画法として各柱間相互の比例で決定する方法と各柱間を単位長の整数倍で決定する方法が考えられる。

(1)　柱間比による柱間計画
　柱間比による柱間計画法を検討するために、各間の推定柱間寸法値の比例値を求めてみる。
　　端間：脇間：中間＝4.6：6.4：7.7
　　　　　　　　　　＝1：1.391：1.674
となり、1.391は1.414＝$\sqrt{2}$、1.67は5／3の比例値に近いことがわかる。
　すなわち各間の比例値は、端間を基準にすれば、
　　端間：脇間：中間＝1：$\sqrt{2}$：5／3
となる。この比例値は図3-2のように求めることができる。
① ABを端間の寸法4.6尺とする。
② ACをAB上に重ねれば、AE＝AC＝$\sqrt{2}$AB＝$\sqrt{2}$×4.6＝6.505（尺）となる。
③ Aから3尺の位置をF、FからABに垂直に4尺の位置をGとすれば、AF：FG：AG＝3：4：5となる。
④ AGを延長し、BCの延長線との交点をHとし、AB上に重ねれば、AI＝AH＝5／3AB＝5／3×4.6＝7.67（尺）となる。

　したがって、AB：AE：AI＝端間：脇間：中間＝1：$\sqrt{2}$：5／3となり、隆徳殿の推定柱間計画寸法は、端間：脇間：中間＝4.6尺：6.5尺：7.7尺と考えることができる。

(2)　単位長 (＝柱径) による柱間計画
　柱径を単位長と想定したとき、各柱間は表3-1・2のように表される。この表をみると、単位長としての裳階柱径＝0.46尺に対して梁行方向の柱間は、
　　端間：脇間：中間＝10（または9.9）：14：16.9
　　　　　　　　　　≒10：14：17
となり、各柱間が単位長 (u) の整数倍によって表されることがわかる。
　ところで10・14・17という数字がどのような意味をもつのであろうか。まず端間が10uであるということは、裳階柱の10倍が端間である、すなわち端間の1／10が裳階柱径であることを意味している。次に脇間の14uであるが、端間に対して4u (裳階柱4本) の差がある。さらに中間17uは脇間14uに対して3u (裳階柱3本) の差がある。つまり各柱間は端間を基準に柱間差によって決定されていると考えることができる。
　10・14・17の数字の意味としてもう1つ考えられる。それは14／10＝1.4≒$\sqrt{2}$であり、17／10＝1.7≒5／3であるから (1) で考察した柱間比が背景に隠さ

第3章　隆徳殿の調査研究

れていると考えることもできる。

3-1-1.6　柱間決定の手順

柱間寸法を決定する手順はどのように考えられるだろうか。ここに2つの仮説を示すことにする。

(1) 仮説1：柱間比による柱間計画

① 隆徳殿の全体規模を30尺×30尺とする。この規模は王宮の全体規模との関係から決定されると考えられる。
② 各柱間は$1:\sqrt{2}:5/3$の比例で分割する。
③ 基準柱間である端間は、30尺÷(1+1.41+1.67+1.41+1)＝30尺÷6.49＝4.62尺となり、4.6尺と決定される。
④ 脇間は4.6尺×$\sqrt{2}$＝6.505尺≒6.5尺、中間は4.6尺×5/3＝7.667尺≒7.7尺となり、各柱間が決定される。(図3-2において、端間＝AB、脇間＝AE、中間＝AIとなる。)
⑤ 柱径は裳階柱が端間の1/10、すなわち4.6尺×1/10＝0.46尺と決定される。
⑥ 庇柱径は裳階柱径の3分増しで0.49尺、身舎柱径は庇柱径の3分増しで0.52尺と決定される。

(2) 仮説2：単位長による柱間計画

① 隆徳殿の全体規模を30尺×30尺とする。
② 単位長uを裳階柱径＝0.46尺とする。
③ 総柱間は30÷0.46＝65.2から65uとし、端間を10u＝4.6尺と決定する。
④ 脇間は端間に裳階柱4本増し、すなわち10u+4u＝14u＝6.44尺とする。中間は脇間に裳階柱3本増し、すなわち14u+3u＝17u＝7.82尺とする。
⑤ 脇間・中間は仮説1の柱間比を想定して、その近似値である14u・17uを採用した可能性もある。
⑥ 庇柱径と身舎柱径は仮説1と同様に決定される。

3-1-1.7　小結

このように隆徳殿の柱間は、まず全体規模を想定し、基準寸法として端間を設定した上で、柱間比または単位長の整数倍によって計画されたと考えることができる。単位長によって柱間を決定する場合、単位長として裳階柱が設定され、各柱間相互に柱間差と柱間比の関係が内在していると考えることができる。

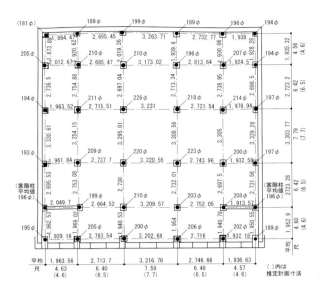

図3-1　隆徳殿　柱間実測寸法

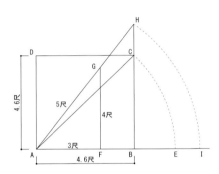

図3-2　隆徳殿　柱間比算

表3-1　隆徳殿　柱間寸法・柱間比・柱径比（桁行方向）

	端間	脇間	中間	脇間	端間	総間	備考
実測寸法	1963.6	2713.7	3216.8	2746.7	1936.6	12577.4	平均値
官木尺換算	4.63	6.4	7.59	6.48	4.57	29.67	1尺=424mm
柱間比	1	1.39	1.65	1.41	0.99		端間=4.6尺
身舎柱径比	8.9	12.3	14.6	12.5	8.8		身舎柱=0.52尺
庇柱径比	9.4	13.1	15.5	13.2	9.3		庇柱径=0.49尺
裳階柱径比	10.1	13.9	16.5	14.1	9.9		裳階柱=0.46尺
魯斑尺換算	4.57	7.07	8.38	7.15	5.04	32.21	1尺=384mm

表3-2　隆徳殿　柱間寸法・柱間比・柱径比（梁行方向）

	端間	脇間	中間	脇間	端間	総間	備考
実測寸法	1952.9	2723.3	3303.8	2723.2	1935.3	12638.5	平均値
官木尺換算	4.61	6.42	7.79	6.42	4.56	29.8	1尺=424mm
柱間比	1	1.4	1.69	1.4	0.99		端間=4.6尺
身舎柱径比	8.9	12.3	15	12.3	8.8		身舎柱=0.52尺
庇柱径比	9.4	13.1	15.9	13.1	9.3		庇柱径=0.49尺
裳階柱径比	10	14	16.9	14	9.9		裳階柱=0.46尺
魯斑尺換算	5.09	7.09	8.6	7.09	5.04	32.91	1尺=384mm

注

1) 白井裕泰・中川武他4名「隆徳殿における反りについて－ヴィエトナム／フエ阮朝王宮の復原的研究（その94）」（『日本建築学会大会学術梗概集F-2』pp.559-560、2004年）、白井裕泰・中川武他2名「隆徳殿の柱内転びについて－ヴィエトナム・フエ阮朝王宮の復原的研究（その108）」（『日本建築学会大会学術梗概集F-2』pp.463-464、2005年）

3-1-2　断面計画
3-1-2.1　はじめに
前項において平面計画について報告した[注1]が、ここでは断面計画について考察を試みることにする。

3-1-2.2　断面の実測方法
隆徳殿の断面寸法は、梁行が3通り、桁行がC通りを実測した。断面の実測箇所は、礎石上端より裳階柱上端、庇柱上端、身舎柱上端、庇柱筋飛貫下端、身舎柱筋大梁（桁行・梁行）下端、棟木下端を実測した。

3-1-2.3　断面寸法
梁行（3通り）と桁行（C通り）の主要断面寸法を示したものが図3-3・3-4である。

この図より梁行と桁行の主要断面寸法の平均値を求めると、大棟高さは6,322mm（14.9尺）、身舎柱高さは5,539mm（13.1尺）、庇柱高さは3,981mm（9.4尺）、裳階柱高さは2,611mm（6.2尺）、庇柱筋飛貫下端高さは3,399mm（8尺）、桁行大梁下端高さは4,374mm（10.3尺）、梁行大梁下端高さは4,673mm（11尺）であった。

また柱間の実測寸法の平均値は、桁行が中間3,218mm（7.59尺）、脇間2,730mm（6.44尺）、端間1,950mm（4.6尺）であり、梁行が中間3,304mm（7.79尺）、脇間2,723mm（6.42尺）、端間1,944mm（4.58尺）であった。柱径の実測寸法の平均値は身舎柱径が220mm（0.52尺）、庇柱径が208mm（0.49尺）、裳階柱径が195mm（0.46尺）であった[注2]。

表3-3　隆徳殿　柱高さ実測寸法（単位：mm）

	1	2	3	4	5	6
A	2,685	2,645	2,618	2,590	2,611	2,624
B	2,645	4,027	4,018	4,006	4,057	2,638
C	2,571	4,005	5,534	5,541	3,930	2,638
D	2,579	3,989	5,546	5,516	3,976	2,584
E	2,645	4,059	3,970	3,956	4,062	2,626
F	2,683	2,612	2,618	2,583	2,628	2,676

表3-4　隆徳殿　柱径実測寸法（単位：mm）

	1	2	3	4	5	6
A	199	192	209	197	190	197
	200	204	210	207	202	198
C	192	207	221	230	198	186
	200	215	220	238	197	193
D	189	216	222	225	216	187
	201	214	227	225	211	201
E	189	214	210	210	209	191
	206	210	216	229	211	191
F	193	183	192	189		193
	197	188	192	191		197

表注：上段／上径、下段／下径

3-1-2.4　断面計画
まず身舎柱高さ、庇柱高さ、裳階柱高さをどのように決定したのであろうか。1つの可能性として、次のような計画法が想定される。

図3-5によれば、身舎柱高さは脇間の2倍（bj＝2bg＝2×2,723＝5,446mm）、庇柱高さは脇間の$\sqrt{2}$倍（go＝$\sqrt{2}$bg＝$\sqrt{2}$×2,723＝3,851mm）、裳階柱高さは端間の$\sqrt{2}$倍（gh＝$\sqrt{2}$gl＝$\sqrt{2}$×1,944＝2,749mm）に近似していることがわかる。

また棟木下端高さは1／2中間＋脇間＋端間＝1／2総間（rs＝1／2ql＝1／2×12,638＝6,319mm）、梁行大梁下端高さは脇間＋端間（au＝aq＝2,723＋1,944＝4,667mm）、桁行大梁下端高さは1／2中間＋脇間（bx＝rw＝1／2ab＋av＝1／2×3,304＋2,723＝4,375mm）、庇柱筋飛貫下端高さは中間（ad＝ab＝3,304mm）に近似している。

このうち棟木下端高さ（計画寸法と実測寸法の誤差−3mm）、梁行大梁下端高さ（誤差−6mm）、桁行大梁下端高さ（誤差1mm）は、ほぼ計画寸法と実測寸法が一致する。しかし身舎柱高さ（誤差−93mm）、庇柱高さ（誤差−130mm）、裳階柱高さ（誤差138mm）、庇柱筋飛貫下端高さ（誤差−95mm）はいずれも誤差が大きすぎる。

この誤差の大きさを解消するために、図3-6のように、中間・脇間・端間の心々寸法を（柱心～柱内寸法）、（柱心～柱外寸法）に置き換えて調整してみると以下のようになる。

庇柱高さは（庇柱心～身舎柱外寸法）の$\sqrt{2}$倍、

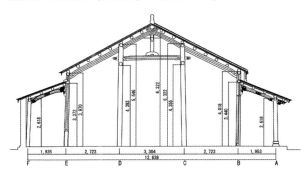

図3-3　隆徳殿　3通り断面図

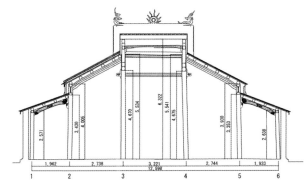

図3-4　隆徳殿　C通り断面図

すなわち $\sqrt{2}gb1 = \sqrt{2}$（脇間＋1／2身舎柱径）＝$\sqrt{2}$（2,723＋1／2×220）＝$\sqrt{2}$×2,833＝4,006mmで、誤差は25mmとなる。

裳階柱高さは（裳階柱心～庇柱内寸法）の$\sqrt{2}$倍、すなわち$\sqrt{2}lg1 = \sqrt{2}$（端間－1／2庇柱径）＝$\sqrt{2}$（1,944－1／2×208）＝$\sqrt{2}$×1,840＝2,602mmで、誤差は－9mmとなる。

庇柱筋飛貫下端高さは（身舎柱心～身舎柱外寸法）と同じ、すなわち中間＋1／2身舎柱径＝3,304＋1／2×220＝3,414mmで、誤差は－15mmとなる。

また身舎柱高さは、端間×5／3＝中間の関係と同様の方法で決定する。3m×4m×5mの直角三角形△aa1a2をab上に設定し、aa2を延長し、bjとの交点をa3とすれば、身舎柱高さaa4はaa3と同じ、すなわちaa4＝aa3＝ab×5／3＝中間×5／3＝3,304×5／3＝5,507mm）で、誤差は32mmとなる。

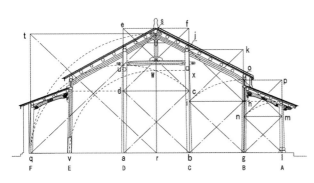

図3-5　隆徳殿　梁行断面計画図1

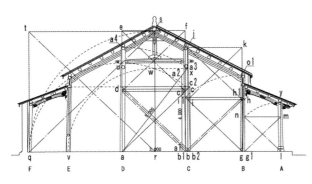

図3-6　隆徳殿　梁行断面計画図2

3-1-2.5　小結

このように、隆徳殿の断面計画は以下のようにまとめることができる。

1) 棟木下端高さは総間×1／2である。
2) 身舎柱高さは中間×5／3である。
3) 庇柱高さは（庇柱心～身舎柱外寸法）×$\sqrt{2}$である。
4) 裳階柱高さは（裳階柱心～庇柱内寸法）×$\sqrt{2}$である。
5) 庇柱筋飛貫下端高さは（身舎柱心～身舎柱外寸法）と同じである。

注
1)・2) 白井裕泰「隆徳殿の柱間計画について－阮朝・太廟・隆徳殿の修復計画（その1）」（日本建築学会大会学術講演梗概集f-2、2006年9月、pp.283-284）において発表した。

第2節　建築技法

3-2-1　柱の伸び・転び

3-2-1.1　はじめに

2008年8月21日（木）軸部の組立が完了した段階で、柱の伸びと内転びの調査を行った（図3-7参照）。

調査の方法は、4本の庇隅柱および4本の裳階隅柱の中心に釘を打ち、水糸で正方形の基準線を設定し、柱の伸びは基準線から柱頂部心までの下がり寸法を実測し、柱の内転びは基準線から柱頂部心が内側に倒れた寸法を実測した。

3-2-1.2　柱の隅伸び

庇柱の伸びは、隅柱高さを基準として、南面中間東柱（4B）が－70mm、西柱（3B）が－64mm、西面中間南柱（2C）が－75mm、北柱が－68mm、北面中間西柱（3E）が－60mm、東柱（4E）が－70mm、東面北柱（5D）が－70mm、南柱（5C）が－55mmであった。庇柱の伸びは、隅柱に対して中間両端柱が平均で66.5mm（1.57越寸）低くなっている。

裳階柱の伸びは、隅柱高さを基準として、南面中間東柱（4A）が－115mm、西柱（3A）が－115mm、脇間東柱（5A）が－50mm、西柱（2A）が－57mm、西面中間南柱（1C）が－120mm、北柱（2D）が－120mm、脇間南柱（1B）が60mm、北柱（1E）が－60mm、北面中間東柱（4F）が－110mm、西柱（3F）が－120mm、脇間東柱（5F）が－62mm、西柱（2F）が－6mm、東面中間南柱（6C）が－124mm、北柱（6D）が－125mm、脇間南柱（6B）が－50mm、北柱（6E）が－58mmであった。裳階柱の伸びは、隅柱に対して中間両端柱が平均118.8mm（2.8越寸）、脇間外柱が平均57.1mm（1.35越寸）低くなっていた。

このように柱の伸びは、庇柱が中間両端柱より庇柱が1.6越寸（平均値）、裳階柱が中間両端柱より脇間外柱が1.4越寸（平均値）、隅柱が2.8越寸（平均値）伸びていたことがわかる。

ところで原寸図では、庇柱中間両端柱に対する隅庇柱の伸びの平均値は75mm（1.8越寸）、裳階柱中間両

端柱に対する隅裳階柱の伸びの平均値は114mm（2.7越寸）、脇間外側柱の伸びの平均値は68mm（1.6越寸）であった。

原寸図および実測値から勘案すれば、柱の伸びの計画寸法は庇柱の隅伸びが2越寸、裳階柱の隅伸びが3越寸であった可能性が考えられる。

写真3-1　隆徳殿　庇柱の隅伸び

写真3-2　隆徳殿　裳階柱の隅伸び

3-2-1.3　柱の内転び

庇柱の内転びは、両端隅柱の中心線を基準にして、南面中間東柱（4B）が15mm、西柱（3B）が20mm、西面中間南柱（2C）が50mm、北柱（2D）が54mm、北面中間西柱（3E）が55mm、東柱（4E）が50mm、東面中間北柱（5D）が60mm、南柱（5C）が50mm、それぞれ内側に転んでいた。

このように庇柱の内転びは、隅柱に対して中間両端柱が内側に平均44.5mm（1越寸）転んでいたことがわかる。

裳階柱の転びは、南面中間東柱（4A）が20mm、西柱（3A）が5mm、脇間東柱（5A）が5mm、西柱（2A）が5mm、東面中間南柱（1C）が30mm、北柱（1D）が10mm、脇間南柱（1B）が35mm、北柱（1E）が15mm、北面中間西柱（3F）が25mm、東柱（4F）が26mm、脇間西柱（2F）が0mm、東柱（5F）が20mm、東面中間北柱（6D）が68mm、南柱（6C）が60mm、脇間北柱（6E）が50mm、南柱（6B）が18mm、それぞれ内側に転んでいる。

このように裳階柱の内転びは、隅柱に対して中間両端柱が内側に平均30.5mm（0.72越寸）、脇間外柱が内側に平均18.5mm（0.44越寸）転んでいたことがわかる。

また庇柱および裳階柱の頂部平面は、糸巻き形平面になっていることが明らかになった。

写真3-3　隆徳殿　庇柱内転び

写真3-4　隆徳殿　裳階柱内転び

ところで当初の内転び計画は、原寸図を描いて検討した結果、庇柱・裳階柱の中間両端柱が内側に2越寸

転んでいたと考えられる。それに今回の隅庇柱に対する中間両端柱の平均内転び寸法が1越寸（44.25mm）であったことを勘案すれば、隅庇柱の内転び寸法は1越寸であったと考えられる。

同様に隅裳階柱に対する中間両端柱の平均内転び寸法は0.72越寸（30.5mm）、脇間外側柱の平均内転び寸法は0.44越寸（18.5mm）であるから、当初の計画寸法は、中間両端柱1越寸、脇間外側柱が0.5越寸であった可能性がある。したがって隅裳階柱の内転び寸法は1越寸であったと考えられる。

2A、1Aと順次レベルが下がっている。

西側面では、西北隅が最も高く、中央部で－29mm、西南隅で－18mmとなっている。1E・1D・1C・1Bあたりで40mm程度下がっているのは基壇の沈下によるものであろう。

北面では、東北隅が最も高く、中央部で－62mm～－89mm、西北隅で－20mmとなっている。

東側面では、東北隅が最も高く、中央部で－53mm～－68mm、東南部で－30mmとなっている。

このように不同沈下の少ない北面と東側面に限定すれば、基壇外周部において中央部は両端部に対して平均で50mm（1越寸）程度低くなっていて、基壇に反りが認められるといえよう。

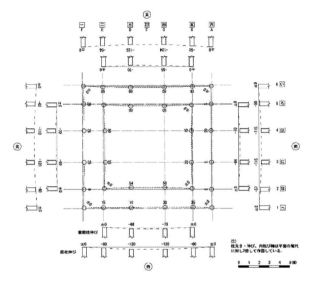

図3-7　隆徳殿　柱の隅伸び・内転び実測図

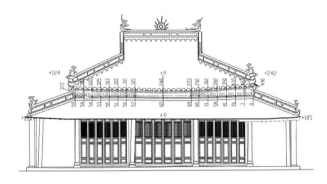

図3-8　隆徳殿　南面　基壇・軒高さ図

3-2-1.4　小結

原寸図および実測値から勘定すれば、柱の伸びの計画寸法は庇柱の隅伸びが2越寸、裳階柱の隅伸びが3越寸であった可能性が考えられる。

当初の内転び計画は、原寸図を描いて検討した結果、庇柱・裳階柱の中間両端柱が内側に2越寸転んでいたと考えられる。それに今回の隅庇柱に対する中間両隅柱の平均内転び寸法が1越寸（44.25mm）であったことを勘定すれば、隅庇柱の内転び寸法は1越寸であったと考えられる。同様に隅裳階柱に対する内転びは、中間両端柱1越寸、脇間外側柱が0.5越寸であった可能性がある。また隅裳階柱の内転び寸法は1越寸であったと考えられる。

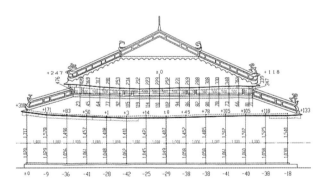

図3-9　隆徳殿　西面　基壇・軒高さ図

3-2-2　軒反り
3-2-2.1　基壇の反り（図3-9参照）

基壇の側まわりのレベルを1m間隔に測定したところ、南面では、礎石レベルで確認したように、西南部の沈下が大きいため6Aに対して5A、4A、3A、

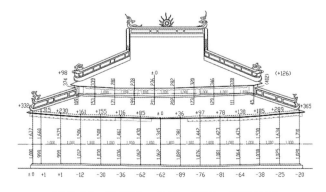

図3-10　隆徳殿　北面　基壇・軒高さ図

本論第1部 阮朝・フエ王宮・隆徳殿の修復

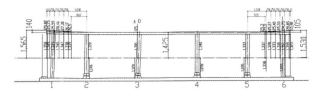

図 3-11　隆徳殿　A 通り　軒高さ図

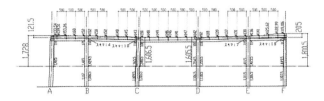

図 3-12　隆徳殿　1 通り　軒高さ図

図 3-13　隆徳殿　5 通り　軒桁反り図

図 3-14　隆徳殿　B 通り　軒桁反り図

図 3-15　隆徳殿　2 通り　軒桁反り図

図 3-16　隆徳殿　E 通り　軒桁反り図

3-2-2.2　裳階の軒反り（図 3-11・12 参照）

裳階の軒反りは、軒桁の外側に上がる傾斜と三角形の反り増し材によって実現されている。

裳階の軒反りを南面端母屋位置で測定したところ、東側が105mm、西側が140mm、平均で122.5mmであった。西側面の軒反りは、壁外面垂木下端位置で、南側が133mm、北側が310mm、平均で153.75mmであった。北面の軒反りは、壁外面垂木下端位置で、西側が365mm、東側が332mm、平均で348.5mmであった。東側面の軒反りは、壁外面垂木下端位置で、北

が186mm、南側が192mm、208.5mmであった。

このように南面の裳階軒反りは他の三面よりも小さいことがわかる。その理由を考えてみると2つの理由が考えられる。1つは技術的な理由である。正面は、柱筋より約400mm出してケオおよび隅ケオに掛けられ端母屋を、まず隅柱の伸びによって傾斜させ、さらに三角形の反り増し材によって反りを実現しているため、隅の端母屋と反り増し材の反りが、ほぼそのまま軒反りとなっている。一方、両側面および背面は、隅柱真までは軒桁の傾斜と反り増し材によって反りを実現し、さらに隅柱より外側の約450mmの部分は、配付垂木が壁上端に掛けられ、壁上端の反りによって軒先隅部の反りが実現されている。このため北側両隅部の軒反りは、壁の反りによってコントロールすることが可能になり、強い軒反りを実現することが容易であったといえよう。他の1つは意匠的な理由である。正面は、裳階柱が独立柱であり、裳階が吹き放しとなっていて、他の面と比べて意匠的に変化に富むが、両側面および背面はすべて壁に覆われ単調である。この単調な立面に力を与えるには、強い軒反りをもって表現するほかに方法はなかったといえよう。

3-2-2.3　庇の軒反り（図 3-13 ～ 16 参照）

庇の軒反りも裳階の軒反りと同様の方法で実現されているが、化粧垂木が外壁に載っていることもあって、外壁上端の反りによって決定されているということもできる。

南面庇の軒反りは、壁位置で、東側が242mm、西側が124mm、平均で183mmであった。西側面は、南側が118mm、北側が247mm、平均で182.5mmであった。北面は、西側が126mm、東側が98mm、平均で112mmであった。東側面は、北側が226mm、南側が247mm、平均で236.5mmであった。南西隅の反りがやや弱いが、これは南西隅部の基壇が相対的に下がったためであろう。また背面の庇軒反りを他の三面より弱くしたのは、背面裳階軒反りを強調するためであったと考えることもできよう。

3-2-2.4　小結

反りについて概要を記せば以下のようになる。
1) 礎石レベルをみると、相対的に西南部および西北部の礎石が大きく沈下している。
2) 裳階柱の長さは中央間外側柱＞脇間外側柱＞端間隅柱（中央柱より隅柱が80mm程度長い）、庇柱の長さは中央間外側柱＞脇間隅柱（中央柱より隅柱が70mm程度長い）となっていて、柱の隅伸びによって軒桁の反りを実現している。
3) 基壇の外周部は、中央部が両端部に対して平均

50mm程度低く、反りが認められる。
4) 裳階の軒反りは、軒桁の外側へ上がる傾斜と三角形の反り増し材によって実現されている。また南面の軒反りは、技術的・意匠的な理由から、他の三面より小さくなっている。
5) 庇の軒反りも裳階の軒反りと同様の方法で実現されている。また背面の軒反りを他の三面より小さいのは、経年変化によるものと考えられる。
6) 身舎・庇・裳階の隅柱を四方転びさせたのは、構造的な安定感を確保するための技法であったが、同時に、軒反りに対して隅柱を内転びさせることによって意匠的な安定感を与えることになるといえよう。

このように隆徳殿の裳階および庇における軒反りは、軒桁および反り増し材によって軒反りを実現していることが明らかになった。また反りの表現は、軒だけではなく基壇においてもみられ、さらに反りに対応するように庇柱・裳階柱を隅伸びおよび四方転びさせているなど、隆徳殿の設計者は、反りに対してきわめて繊細な感性をもっていたといえよう。

3-2-3　垂木の配置
3-2-3.1　はじめに
2005・平成17年度にはじまった隆徳殿の修復プロジェクトは、2008・平成20年度末に垂木を取り付け、西側上屋の軒反りを復原することができた。
ここでは、隆徳殿の垂木の新旧、垂木の配置、垂木の1枝寸法について考察する。

3-2-3.2　垂木の新旧について
2007・平成19年3月、隆徳殿の解体後に部材調査を行ったところ、垂木については、下面に面をもつものともたないものに大きく分けることができる。面をもたない垂木は、後補のものであることがわかった。
図3-17によれば、面をもたない垂木（白抜き棒線）は、南側・西側・東側下屋に集中していて、下屋部分が解体を伴う大きな修理を受けていたことが窺われる。
北側下屋の垂木が、ほとんど面をもっているのは、修理の際、南側・西側・東側の古い垂木を寄せ集めたものと考えられる。
また垂木の幅をみると、109mm以下の垂木が全体の約23.8%、110～119mmの垂木が39.5%、120mm以上の垂木が36.6%であった。109mm以下の垂木は南側上屋・北側上屋・西側下屋に、110～119mmの垂木は南側上屋・南側下屋・東側下屋に、120mm以上の垂木は西側上屋・東側上屋に多く分布していた。
垂木に新旧があることから、少なくとも垂木が打たれた時期は2期あり、1度の大きな屋根替え修理が行われたことがわかる。また旧い垂木の幅をみると、南側上屋・北側上屋において垂木幅105～110mmを中心に分布し、西側上屋・東側上屋において垂木幅120～130mmを中心に分布していることから、垂木が打たれた時期をさらに2期に分けることができる。さらには、南側上屋・北側上屋には新しい垂木が含まれず、西側上屋・東側上屋に若干の新しい垂木が混在している（旧い垂木ほど腐食が進行している）ことから、後者の垂木の方が旧いと考えることができる。したがって、当初の垂木幅は120～130mm程度であった可能性があるといえよう。垂木幅＝垂木間とすれば、当初の1枝寸法は254.4mm（0.6越尺）、垂木幅＝垂木間＝127.2mm（0.3越尺）と考えられる。

さらに成をみると、30～45mmの新しい垂木は南側下屋・西側下屋・東側下屋にあり、その他の旧い垂木は50・55・65mmに集中し、特に60mmの垂木が多くみられた。

3-2-3.3　垂木の配置について
垂木を撤去する際、垂木の配置について調査を行い、次の原則が観察された。
①下屋・上屋とも垂木は建物中心を振り分けて打たれていた。
②垂木の間隔は同一寸法ではないが、意識としては、等間隔に配置したと考えられる。

その結果、下屋において、垂木は中間間両端柱上および脇間外側柱上ではほぼ柱心を振り分けて打たれ、端間外側柱（隅柱）上ではほぼ柱心に打たれている。ただし上屋隅庇柱位置における垂木上端は、隅庇柱が内転びしているため、ほぼ隅庇柱心にきている。

3-2-3.4　垂木の1枝寸法について
下屋の総柱間（裳階柱上端位置）を実測したところ、南面が12,470mm、西面が12,480mm、北面が12,450mm、東面が12,450mmで、平均の総柱間は12,426.5mmであった。この総柱間に53本の垂木が配置されているので、1枝寸法は、12,426.5÷53＝234.5mm（0.553越尺）となる。また上屋の総柱間（庇柱上端位置）を実測したところ、南面が8,595mm、西面が8,609mm、北面が8,578mm、東面が8,633mmで、平均総柱間は8,603.75mmであった。この総柱間に37本の下屋垂木が配置されているので、1枝寸法は、8,603.75÷37＝232.5mm（0.548越尺）となる。したがって1枝寸法を233.2mm（0.55越尺）と決定した。

今回取り替えた垂木の幅を120mmとしたが、1枝寸法を233.2mmとすれば垂木間は113.2mmとなる。しかしながら垂木幅と垂木間は同じと考えることもで

きるので、1枝寸法が233.2mmであれば、垂木幅・垂木間とも116.6mm（0.275越尺＝1／2×0.55越尺）となる。

ところで平板瓦の大きさは、3種類ある[注1]が、小は幅156×長190×厚8、中は幅174×長215×厚12、大は幅198×長255×厚10であり、いずれも1枝寸法233.2mmより小さいことがわかる。1枝寸法が233.2mmであることを考慮すれば、平板瓦の幅は212mm（0.5越尺）で計画されたかもしれない。

3-2-3.5　小結

これまでの考察をまとめると、以下のようになる。

1) 垂木には下面に面をもつものともたないものに分けられ、面をもたないものは後補の垂木である。また面をもつ垂木も、取付時期を2期に分けることができる。すなわち少なくとも2度の屋根替え修理が行われたことがわかる。

2) 垂木の幅をみると、120〜130mmの垂木が東側上屋・西側上屋に多く分布し、面をもたない新しい垂木が多少混在していることから、当初の垂木幅がこの範囲にあると考えられる。

3) 垂木は、建物の中心を振り分けて取り付けられ、下屋において中間両端柱・脇間外側柱の中心を振り分けて、また隅柱の中心に垂木が打たれる傾向がみられた。

4) 修理前の垂木の1枝寸法は233.2mm（0.55越尺）であり、垂木幅と垂木間が同一寸法で計画されたと考えられる。また当初の1枝寸法は254.4mm（0.6越尺）と考えられる。したがって垂木幅・垂木間は127.2mm（0.3越尺）であった可能性がある。

注

1) 横山晋一・白井裕泰・中川武「隆徳殿修復に関する瓦の考察 －阮朝・太廟・隆徳殿の修復計画（その7）」（『日本建築学会大会学術講演梗概集F2』pp.181-182、2007年）

写真3-5　隆徳殿　垂木に載せられた化粧平板瓦

写真3-6　隆徳殿　建物の中心を振り分けて垂木が打たれる（左：桁行、右：梁行）

第3章 隆徳殿の調査研究

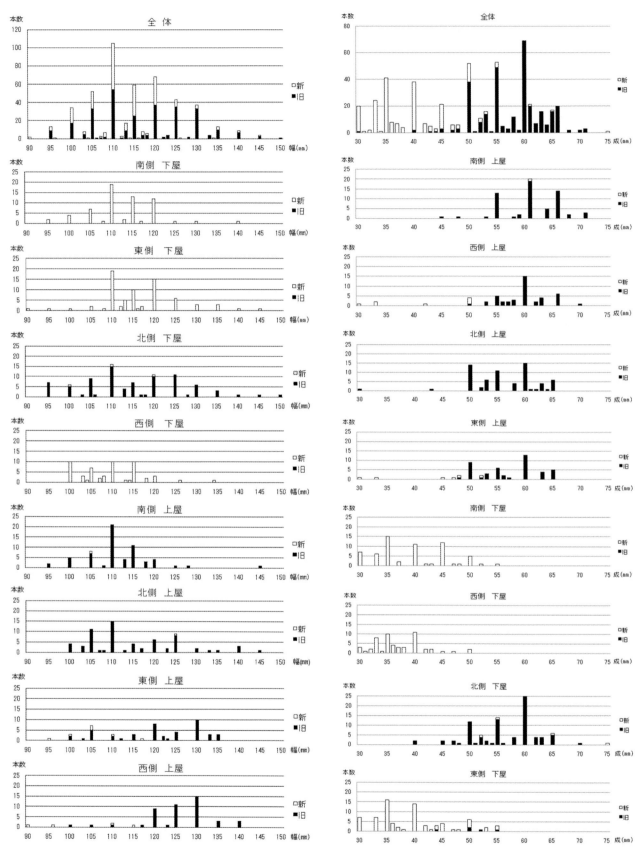

図3-17-1 隆徳殿 上・下屋各面に打たれた垂木の幅に対する本数および新旧

図3-17-2 隆徳殿 上・下屋各面に打たれた垂木の成に対する本数および新旧

図注： ■ は垂木下面に面アリ。 □ は面ナシ。

3-2-4 部材番付

ここでは、2005・平成17年度から2008・平成20年度にかけて行われた阮朝フエ王宮における隆徳殿の修復事業[注1]の過程で発見された隆徳殿の部材番付について報告し、その方法および特質を明らかにするものである。

ベトナム・フエにおける部材番付については、先行研究として、Tôn Thành Chi（2000）、重枝豊（2000）、Lê Vĩnh An（2002）、林英昭（2004、2006、2009）、佐々木昌孝（2007～2009）などの論文がある[注2]。また隆徳殿の部材番付については、林（2009）によっても考察されている[注3]が、そこでは柱・ケオを中心とした番付に限定されている。

ここにおいて、隆徳殿の解体調査によって発見された部材番付をすべて掲げ、そこからわかる番付の特質、特に構造形式との関係について明らかにすることを目的にしている。阮朝宮殿建築の初源的な建築技法を論ずる上で、本研究は極めて有意義なものであると考える。

3-2-4.1 発見された部材番付

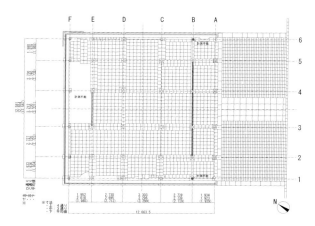

図3-18　隆徳殿　平面図（修理前）

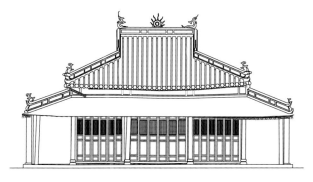

図3-19　隆徳殿　南立面図（修理前）

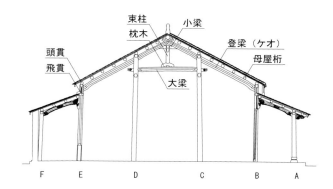

図3-20　隆徳殿　4通り断面図（修理前）

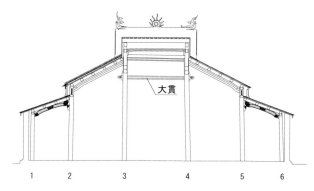

図3-21　隆徳殿　D通り断面図（修理前）

今回の解体調査の結果、隆徳殿でも先行研究と同様の概念を用いた番付（字喃；チュウノム）が主要軸部材に彫り込まれていることが確認された。番付が彫り込まれていたのは、柱では柱頭部分、登梁（ケオ）では輪薙込仕口または上面部分、頭貫（サー・ダウ・コット）・飛貫（サー・リエン・バー）は部材両端の上面、大貫（スエン）・大梁（チェン）は鼻先側面、枕木（コン・ドイ）は側面、束柱（チュン・ドイ）は頭部、小梁（アップ・クア）は上面、母屋桁（ドン・タイ）は継手部分、扉（クオン・ド・クア）は上框上面に確認された（図3-32参照）。番付は母屋桁の一部が墨書であったが、それ以外のものはすべて刻書であった。

(1) 柱（コット；Cột）に刻まれていた番付

刻書番付が認められた部材数は、柱で全36材中24材あり、番付は図3-22の通りである。

後述の「3-2-4.3　番付方法」に従えば、1F柱の「彳左決左辺」は「彳右決左辺」、2C柱の「一右前左／回」は「丷右前左／回」、2F柱の「彳右耳回□□／左辺」は「彳右且哉買 彳／左辺」というように誤読の可能性がある[注4]。一部判読不明な文字は、1C柱の「丷右□／左辺」が、「丷右回／左辺」、3D柱の「

右／左」が「イ一右／左」、4D柱の「　辺」が「イ一左左辺」であると考えられる。

　また1A柱の「丷右丷決左」、1B柱の「丷右回且哉丷／左辺」、2B柱の「丷右丷決左」、3B柱の「丷一右丷」というように「丷」を繰り返す表現があるが、一つは建物の前半分、他の一つは「丷左辺」、すなわち太廟の左前を意味すると考えられる。

　ところで庇隅柱と裳階隅柱の番付が、例えば2B柱「丷右丷決左」と1A柱「丷右丷決／左」、5B柱「丷左決左左辺」と6A柱「左丷決左左辺」、2E柱「イ右決」と1F柱「イ右決左辺」、5E柱「イ左決左辺」と6A柱「イ左決左辺」というように、同じ内容である場合がある。これは庇柱と裳階柱で高さが異なっているから、同じ番付でも区別はつけられるから問題はないといえよう。

（2）登梁（ケオ；Kèo）に刻まれていた番付

　刻書番付が認められた部材数は、ケオで全32材中25材であり、番付は図3-23の通りである。

　後述の「3-2-4.3 番付方法」に従えば、ケオ1B・1E・2F・5F・6B位置に刻まれた「耳」は「且」、同様にケオの1D位置に刻まれた「イ右回／□哉」は「イ右回／左辺」というように誤読の可能性がある。一部判読不明の文字は、ケオ2B位置の「右前□左」が「右前決左」であると考えられる。

（3）頭貫（サー・ダゥ・コット；Xà Đầu Cột）に刻まれていた番付

　刻書番付が認められた部材数は、頭貫で全34材中24材であり、番付は図3-24の通りである。

　後述の「3-2-4.3 番付方法」に従えば、頭貫6E－Fは南北が逆に取り付けられていたと考えられる。頭貫の1E・2F・5A・5F・6B・6E位置の番付「耳」は「且」、2Cの「イ右回□／左辺」は「丷右回丷／左辺」の誤読と考えられる。一部判読不明の文字は、頭貫の1E「□哉後右／耳」が「回哉後右／且」、2A「丷右□□□」が「丷右且 哉 買」、3F「イ一右□□」が「イ一右左辺」、5A「丷左耳哉□□／左辺」「丷左□／三右」が「丷左且哉買 丷／左辺」「丷左買／左辺」、6E「イ左□」が「イ左決」、6F「イ左耳□□左辺」が「イ左且哉回 丷／左辺」と考えられる。ただし6E－F頭貫は、南北が逆に取り付けられていたと考えられる。

　また2C-D頭貫に「中」[注5]、3-4C頭貫に「上」がみられるが、これはそれぞれ「中央間」および「上屋」（身舎）の意味と考えられる。

（4）飛貫（サー・リエン・バー；Xà Liên Ba）に刻まれていた番付

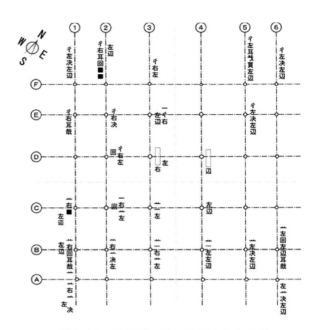

図3-22　隆徳殿　柱で確認された番付

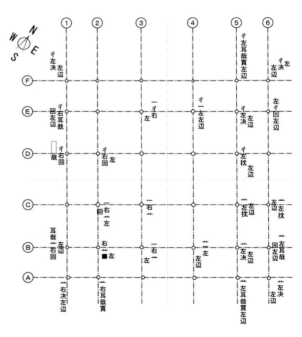

図3-23　隆徳殿　ケオで確認された番付

　刻書番付が認められた部材数は、飛貫で全12材中8材であり、番付は図3-25の通りである。

　後述の「3-2-4.3 番付方法」に従えば、3-4Eおよび2-3E飛貫は東西が逆に取り付けられていたと考えられる。飛貫5D「イ左決」は「イ左枕」の誤読の可能性がある。また判読不明の文字は、飛貫2C「丷右回／左□」が「丷右回／左辺」、3E「イ一左□□右」が「イ一左左 辺左」、4E「イ一右□□右」が「イ一右左 辺右」と考えられる。

　飛貫3-4Eの最後の文字である左と右は左側・右側の繰り返しであろう。

本論第1部　阮朝・フエ王宮・隆徳殿の修復

り、スエンの番付は部材上端、チェンの番付は木鼻横面に刻まれていた。番付の内容は、柱・ケオ・頭貫・飛貫の番付方法と同じである。

(6) 枕木（コン・ドイ；Con Dội）・束柱（チュー・ドイ；Trụ Đội）・小梁（アップ・クア；Áp Quả）の番付

棟木を受ける束柱と、束柱の下に据えられる枕木、束柱に架かる小梁にも番付が確認された。すべて刻書による番付であり、枕木では部材側面、小梁では部材上端、束柱では柱頭仕口にそれぞれ番付がつけられていた。

束柱は「一左左辺」（4C'）、枕木は「一左左辺」（4C'）、「一イ右左」（3C'）とあり、柱・ケオ・頭貫・飛貫の番付方法と同じである。ただし小梁の東側面仕口には「×」印が刻まれていて、符丁の一種と考えられる。

(7) 母屋桁（ドン・タイ；Đòn Tay）の番付

母屋桁で見られた番付はほとんどが墨書であったため、刻書に比べて、経年劣化で文字が判読できないものも少なくなかった。その中で母屋桁の継手部分に「左イ／次一」（下北母屋壁④、墨書）、「三右□□／次三」（上西母屋②中下[注6]、墨書）、「次右」（上北母屋③、墨書）、「次三」（上南母屋③中下、墨書）のように「次」の文字を用いた番付が確認できた。また母屋の番付にも稀に刻書があり、「二右／次□」（下南母屋⑤、刻書）のように「次」の文字を確認することができた。

「次」はベトナム語で「Thu」と読むのが一般的で、「第」や「番」の意味と考えられる。すなわち、軒先から数えて何段目にあたる母屋桁を「次○」で現している[注7]。

解体調査の結果、隆徳殿は明命12年（1831）と成泰12年（1900）に修理され、母屋桁は成泰12年に全面的に取り替えられたことが判明した。したがって母屋桁の番付は成泰期のものと考えられる[注8]。

(8) 特殊な文字

主要軸部材の番付のほとんどは位置を指定するものであった。しかし調査の結果、位置情報とは異なる「特殊な文字」を2例発見した。

① ⼧左決　符寧犇萬富西邑中□板度□木（図3-26）

4Bと5Bの間に架け渡される飛貫の5B側上端に刻まれる文字であり、部材位置は上屋南東隅にある。「⼧左決」は「南東隅」を示す位置情報だが、それに続く文字列が特殊である。「符寧」「萬富」は邑（村）の名称と考えられる。「□板虔□木」は、②の刻書銘にある「尊板虔木」と同じ意味と推定され、板と木の美称であろう。すなわ

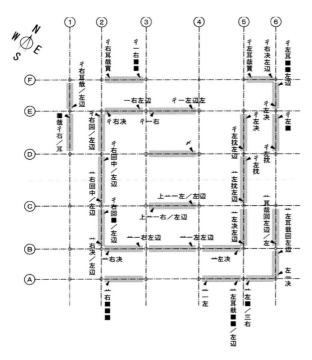

図3-24　隆徳殿　頭貫で確認された番付

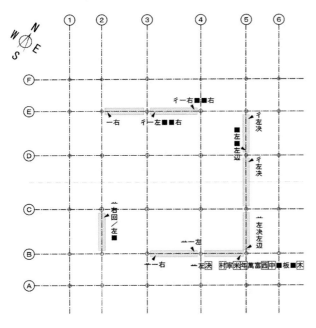

図3-25　隆徳殿　飛貫で確認された番付

(5) 大貫（スエン；Xuyên）・大梁（チェン；Trến）の番付

スエン（桁行）・チェン（梁行）では、4C-Dのチェンで、「⼧一左／左辺」「イ一左／左辺」、3C-Dのチェンで「⼧一右」「一右イ」、3-4Dのスエンで「一左イ／左辺」、3-4Cのスエンで「⼧一右／左辺」「⼧一左／左辺」の番付が確認できた。すべて刻書であ

ち「南東隅に用いられた飛貫材は、「「符寧」隣の「萬富」西の村から運ばれた板木材である」と解釈される。

②美倣邑梗尊板虔木（図3-27）

建物北西の隅木上母屋受け材の側面に刻まれる文字であり、部材位置は建物北西2Eの位置にある。①の刻書銘と同様に、「「美倣」村から運ばれた板木材」と解釈される。

上記の刻書銘は、隆徳殿に使用された木材の産地を特定することができる重要な情報であるが、残念ながら村の位置を明らかにすることはできなかった[注9]。

表3-5　隆徳殿　扉の番付

番号	位置	番付	備考
1	左（西）6	二左一	
2	左（西）5	□二左二	「右二左二」カ
3	左（西）4	□二左三	「左二左三」カ
4	左（西）3	□二左四	「右二左四」カ
5	左（西）2	二左四	「二左五」カ
6	左（西）1	二左六	
7	中6	一　一左一	
8	中5	一右前□左二	「一右前一左二」カ
9	中4	四　左三	
10	中3	二□　一左二□	「二右　一左二二」カ
11	中2	四　前　左	
12	中1	□左六	「一左六」カ
13	右（東）6	イ〃一右次一	「後堂一右次一」カ
14	右（東）5	一召イ〃一右次二	
15	右（東）4	二　イ〃一右次三	
16	右（東）3	三　イ〃一右次四	
17	右（東）2	四召イ〃一右次五	
18	右（東）1	五　イ〃一右次六	

図3-26　隆徳殿　飛貫の特殊な文字（左図）
図3-27　隆徳殿　隅木上母屋受け材の特殊な文字（右図）

（9）扉の番付

正面に建て込まれた扉では、上框上端に位置情報と思われる刻書が確認された（表3-5参照）。

この番付をみると、隆徳殿に向かって西脇間に建て込まれている扉を「二左」、中央間の扉を「一左」、東脇間の扉を「一右」とし、各間とも6枚の扉が西より「一、二、三、四、五、六」と番付されている。

柱・ケオ・貫などの当初番付が、向かって右側を「左」、左側を「右」としているのに対して、扉の番付は、向かって右側の扉を「一右」、左側の扉を「二左」としていることからすれば、この扉はベトナム戦争後に建て込まれたものと考えられる。

また「イ〃」は、「前堂」昭敬殿に対して「後堂」隆徳殿を指し、「召」とは「昭敬殿」の意味であろう。

3-2-4.2　番付文字の解釈

発見された文字は、「ソ・イ／左・右／一・枕・決・且哉／回・買・中／左辺／次・召・〃」などであった。このうち「ソ・イ／左・右／一・枕・決・回・中／次・〃」については、これまでの研究によってその意味は明らかになっているが、「買・且哉・左辺」については、これまでの研究報告にはなかった新発見である[注10]。

「ソ・イ／左・右／一・枕・決・回」について、これまでの解釈にならって記せば以下のようになる。

1) 「ソ」は「前」を表し、建物の南半分の空間、「イ」は「後」を表し、建物の北半分の空間をそれぞれ指している。

2) 「左」は建物の東半分、「右」は建物の西半分を指している。

3) 「一」は3B・4B・3C・3E・4Eにみられ、3通りおよび4通り、すなわち間（ジャン；Gian）梁行方向を指している。

4) 「枕」（ダム；Đầm）は5C・6C・5D・6Dにみられ、東側C通りおよびD通り、すなわち庇（チャイ；Chai）桁行方向を指している。

5) 「決」（クェット；Quyết）は庇・裳階隅行方向を指している。

6) 左右庇（チャイ）空間で「回」（ホイ；Hồi）が使われるが、「買」とは異なり、左右の隅脇以外にも見られる（1D・2C・2D・2E・2Fの五カ所）。「回」は「脇の」という含意があることから、「入母屋妻壁外側」を意味すると考えられている[注11]が、ここでは妻側の上下屋根の軒（桁）筋を指していると解釈した[注12]。

次に「買・且哉・左辺」について解釈を試みると以下のようになる。

7)「買」（マイ；Mãi）は前後の隅脇にのみ使われ、表記しきれない8本の隅脇柱のうち前後（南北）の4本の表記を可能とする。「買」は字喃で屋根を意味する「𡪯（Mai）」の略字であり、「回」に対して「正面・背面の屋根」つまり「平側の屋根」を意味していると考えられている[注13]が、ここでは平側の上下屋根の軒（桁）筋と解釈した。

8)「且哉」（クータイ；Cu Tai）は2文字で用いられるので、一体として意味をなすものと考えられる。「且」は「具（Cu）」の略字と考え、「龍に従属する想像上の生き物」＝蛟龍、つまり隅行棟にある蛟龍の装飾を意味し、「哉（Tai）」はその音から越語の「Tai（耳）」を指すと考えられる[注14]。したがって隅棟の蛟龍の耳、つまり裳階隅脇ケオを隅行ケオに対する耳と考えたのであろう。

9)「右辺」という刻書が見られないことから、「左辺」とは太廟に対し左側に位置する建物、つまり隆徳殿を指すと思われる。

3-2-4.3　番付方法

隆徳殿はベトナム最後の王朝・阮朝（1802-1945）時代に建てられたもので、フエ王宮内に現存する建物の中で最も古いと考えられているが、フエの王宮建築ならびに伝統家屋の番付については既にいくつかの先行研究があり、次のような番付概念の存在が指摘されている[注15]。

1) 建物の中心から前後左右（南北東西）の4方向を空間指定する。
2)「間」（ジャン）では南北軸を中心として左右に各々何番目の柱・ケオ筋に当たるかを数値指定する。
3) 側面柱・ケオ筋の呼称に「扨」を使う。
4) 隅柱・ケオ筋の呼称に「決」を使う。

以上の概念を表示すれば図3-28・29のようになる。

隆徳殿の番付方法の全体を包括する原理は、梁行方向が棟通り振分「前後」、桁行方向が中央間心振分「左右」、というように空間（スペース）によって位置を示す方法と、間梁行方向の「一」、庇桁行方向の「扨」（ダム）、庇・裳階隅行方向の「決」（クエット）、裳階隅脇方向の「且哉」（クータイ）など柱・ケオ筋（線）または平側軒桁筋（線）の「買」（マイ）、妻側軒桁筋（線）の「回」（ホイ）というように線（ライン）によって位置を示す方法の組み合わせによって構成されている。

具体的な番付方法をみると、
1) 太廟に対する隆徳殿の位置を「左辺」と指定する。
2) 建物の中心から前後左右（南北東西）の4方向を空間指定する。
3)「間」（ジャン）では南北軸を中心として、左右にそれぞれ何番目の柱筋に当たるか、例えば「一」というように、数値指定する。
4)「庇」（チャイ）では、東西軸を中心として、前後の柱・ケオ筋を「扨」（ダム）または「回」（ホイ）と指定する。このとき左側に「扨」、右側に「回」を用いる。
5) 隅行柱・ケオ筋を「決」（クエット）と指定する。
6) 上・下屋の妻側軒桁筋を「回」（ホイ）、平側軒桁筋を「買」（マイ）とし、また隅脇の柱・ケオ筋を「且哉」（クータイ）と表現する。したがって、隅脇柱を「且哉」と「回」または「買」と組み合わせて指定する。

以上の概念を表示すれば、図3-30のようになる。

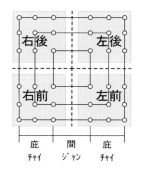

空間（スペース）による指定
図3-28　隆徳殿　番付概念図1（従来）

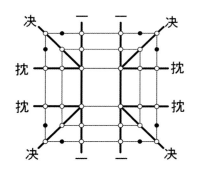

線（ライン）による指定
図3-29　隆徳殿　番付概念図2（従来）

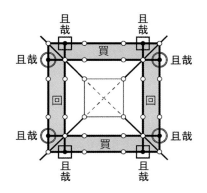

図3-30　隆徳殿「且哉・買・回」の概念図（新規に追加）

第3章　隆徳殿の調査研究

3-2-4.4　番付の特質

隆徳殿の番付方法は、まず太廟に対する隆徳殿の位置を表し、次に内部空間が間－庇に二分される[注16]ことから、前後左右で空間位置を指定する。さらに柱・ケオ筋として「一」(間梁行中央柱・ケオ筋)、「扰」(庇桁行中央柱・ケオ筋)、「決」(隅行柱・ケオ筋)、「且哉」(隅脇柱・ケオ筋)、軒桁筋として「回」(妻側)・「買」(平側) などの線で指定する。

例えば、①間の身舎柱 (3D柱) は「一右前 (左辺)」、庇柱 (4E柱) は「イ一左左辺」、②庇の庇柱 (5D柱) は「イ左扰左辺」、庇柱 (2D柱) は「イ右回左 (辺)」、③隅行の前右にある庇隅柱 (2B柱) は「右ㄚ決左 (辺)」、後左にある庇隅柱 (5E柱) は「イ左決左辺」、前右にある裳階隅柱 (1A柱) は「ㄚ右決左辺」、後左にある裳階隅柱 (6F柱) は「イ左決左辺」、④隅脇の前左妻側にある裳階隅脇柱 (6E柱) は「ㄚ左且哉回左辺」、前左平側にある裳階隅脇柱 (5A柱) は「ㄚ左且哉買左辺」と表現される。

また「扰」は東側C・D通りに限定され、西側C・D通りは「回」を用い、B・E通りの隅脇にはすべて「回」を用いていることがわかる。これは、庇桁行中央柱・ケオ筋を「扰」で指定する方法が確立しているわけではなく、むしろ軒桁筋「回」で指定する方法が先行していたことを示唆している。

写真 3-8　隆徳殿　スエン (桁行) の番付

写真 3-9　隆徳殿　チェン (梁行) の番付

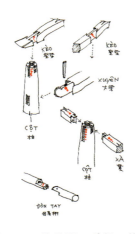

図 3-31　隆徳殿　番付の位置

写真 3-10　隆徳殿　枕木の番付

写真 3-7　隆徳殿　1E柱「イ右且哉」(左)
　　　　　　　　　2B柱「右ㄚ決左」(右)

写真 3-11　隆徳殿　棟柱の番付 (仕口面に刻書)

本論第1部　阮朝・フエ王宮・隆徳殿の修復

写真3-12　隆徳殿　小梁の番付（上面に刻書）

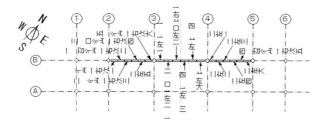

図3-32　隆徳殿　扉の番付

ところで隆徳殿の組立工程（図3-33参照）をみると、①3通り・4通りの身舎柱・庇柱を大梁および大貫で連結する（③図参照）。②3通り・4通りの身舎柱・庇柱をケオで連結し、合掌に組む（⑥図参照）。③B通り、E通りの頭貫・飛貫で桁行を連結する（⑦図参照）。④C通り・D通りの庇柱をケオで身舎柱に繋ぎ、2通り・5通りに頭貫・飛貫を入れて、C通り・D通りの連結を行う（⑧図参照）。⑤隅庇柱を建て、庇柱筋を頭貫・飛貫で固める（⑨図参照）。⑥裳階柱と庇柱をケオで連結し、頭貫・飛貫で固める（⑩図参照）。⑦隅身舎柱と隅庇柱を隅ケオで連結し、最後に隅庇柱と隅裳階柱を連結して、架構が完成する（⑫図参照）。

番付の背後にある間と庇の空間概念（構造形式）を考えると、まず身舎柱・庇柱の内転びに従いながら、3通り・4通りの身舎・庇の空間を固め、次にC通り・D通りの庇の空間を固め、身舎・庇隅柱の伸びと転びに従いながら隅ケオを取り付けたのちに庇まわりを頭貫・飛貫で固める。そして裳階まわりの間と庇の裳階柱の中柱と隅脇柱の伸びと転びに従いながらケオで固め、さらに裳階隅柱の伸びと転びに従いながら隅ケオを取り付け、最後に頭貫・飛貫で連結して裳階まわりの空間を固めると考えられる[注17]。つまり柱の伸びと転びおよびケオの勾配は、柱にケオを輪薙ぎ込むことによって決定され、さらに柱・ケオを頭貫・飛貫によって連結することで空間が形成される。すなわち宮殿建築の組立工程は構造形式と不可分の関係にあるが、1間2庇裳階付（方1間の身舎のまわりに庇と裳階が取り付く）という構造形式が上記のような組立工

程を規定していると考えられる。

柱・ケオ・貫の接合部分を番付指定することによって、混乱することなく合理的な架構の組立が可能であり、番付の性格上当然のことではあるが、組立を考慮したうえで番付が刻まれているとの指摘がある[注18]が、番付は加工した部材を組み立てるときに、混乱することなく正規の位置にもってくるために付けるものであり、そこから組立工程を推測することは困難である。その意味において、番付は組立工程を示唆するものではない。一方で、「一」「扰」「决」「且哉」などラインによる番付指定は、背後に柱－ケオ構造を示唆するものであり、番付が構造形式と密接な関係をもっていることを物語っている。

つまり宮殿建築における番付の特質は、組立工程によって規定されるのではなく、本質的には構造形式によって規定されていると考えることができる[注19]。

3-2-4.5　小結

以上の考察をまとめると次のようになる。

1) 隆徳殿には、柱・ケオ（登梁）・頭貫・飛貫・スエン（桁行大貫）・チェン（梁行大梁）・枕木・束柱・小梁・母屋桁・扉に番付が発見された。
2) 番付に字喃（チュウノム）が用いられ、一部の母屋桁に墨書が見られたが、ほとんどの番付が刻書であった。
3) 番付文字の中で、「丷」「亻」「左」「右」「一」「扰」「回」「决」「中」「次」「艹」はこれまで報告されていたが、「買」「且哉」「左辺」は新しい発見であった。
4) 番付方法は、建物の中心に対して、「丷」「亻」／「左」「右」に分け、軒桁筋は平側に「買」、妻側に「回」が使われ、柱・ケオ筋は、梁行平側が「一」、桁行妻側が「扰」または「回」、隅行が「决」、隅脇が「且哉」で指定されている。
5) 隆徳殿の番付の特質は、組立工程によって規定されるのではなく、本質的には構造形式によって規定されている。

参考文献

1) 重枝　豊, 片桐正夫, 川端修司, 福田省三：フエの宮廷建築の平面表記について, ヴェトナム・フエの明命帝陵の総合調査その1, 日本建築学会大会学術講演梗概集, F-2, pp.487-488, 1996
2) 川端修司, 片桐正夫, 重枝　豊, 福田省三：フエの宮廷建築の建築番付について, ヴェトナム・フエの明命帝陵の総合調査その2, 日本建築学会大会学術講演梗概集, F-2, pp.489-490, 1996
3) 重枝　豊, 片桐正夫, 平谷彰英, 大山亜紀子：右従祀木軸部における番付構成について, ヴィエトナム・フエの明命帝陵の創造調査その10, 日本建築学会大会学術講演梗概集,

第3章　隆徳殿の調査研究

　　F-2, pp.177-178, 1998
4) Tôn Thành Chi-Phan Thanh Hải, Hệ thống ký tự trên cấu kiện gỗ của kiến trúc cung đình Huế, *Tạp chí Thông tin Khoa học và Công nghệ, số 1(27)*, So Khoa hoc, Cong nghe va Moi truong Thua Thien Hue, Hue, pp.51-59, 2000
5) Lê Vĩnh An-Nguyễn Thị Thúy Vi, Công nghệ chế tác nhà Rường truyền thống Huế Phần Ⅲ: Một số khái niệm và yhuật ngữ cơ bản, *Tạp chí Nghiên c'u'u và Phát triển, số 4(38)*, So Khoa hoc, Cong nghe va Moi truong Thua Thien Hue, Hue, pp.13-38, 2000.3
6) 重枝　豊：ベトナム・フエの保存修復の経緯，現状，問題点，ベトナム・フエにおける明命帝陵修復支援事業について，「第6回国際文化財保存修復研究会報告書」東京国立文化財研究所国際文化財保存修復協力センター編，pp.13-38，2003.3所収
7) 林　英昭，中川武，中沢信一郎，坂本忠規，レ・ヴィン・アン：隆安殿について（Ⅲ），ヴィエトナム・フエ阮朝帝宮の復原的研究（その93），日本建築学会大会学術講演梗概集，F-2, pp.557-558, 2004
8) 林　英昭，中川武，中沢信一郎，レ・ヴィン・アン「伝統家屋の設計技術（Ⅵ）部材番付について，ヴィエトナム・フエ阮朝王宮の復原的研究（その12）」日本建築学会大会学術講演梗概集，F-2, pp.281-282, 2006
9) 佐々木昌孝，白井裕泰，中川武：隆徳殿の部材番付について，阮朝・太廟・隆徳殿の修復計画（その6），日本建築学会大会学術講演梗概集，F-2, pp.179-180, 2007
10) 佐々木昌孝，白井裕泰，中川武：隆徳殿の部材番付について（頭貫・飛貫），阮朝・太廟・隆徳殿の修復計画（その12），日本建築学会大会学術講演梗概集，F-2, pp.129-130, 2008
11) 佐々木昌孝「第3章　番付調査」白井裕泰編：阮朝・太廟・隆徳殿の修復計画，ヴィエトナムの文化遺産（建造物）の保存に関する技術移転の確立と国際効力－2007年度活動報告書－，私家版，ものつくり大学白井裕泰研究室，pp.18-23, 2009.3，所収
12) 佐々木昌孝，白井裕泰，中川武：隆徳殿の部材番付について（その他の部材），阮朝・太廟・隆徳殿の修復計画（その19），日本建築学会大会学術講演梗概集，F-1, pp.31-32, 2009
13) 林　英昭，中川武，レ・ヴィン・アン：ベトナム中部地域の伝統木造建築の部材番付，日本建築学会計画系論文集，No. 643, pp.2017-2114, 2009.9
14) 白井裕泰，中川武：阮朝フエ王宮における隆徳殿の寸法計画について，日本建築学会計画系論文集，No. 643, pp.2101-2106, 2009.9
15) 白井裕泰，中川武：阮朝フエ王宮における隆徳殿の建築技法について，日本建築学会計画系論文集，No. 649, pp.737-744, 2010.3
16) 白井裕泰，中川武：阮朝フエ王宮における隆徳殿の当初材について，日本建築学会計画系論文集，No. 671, pp.149-155, 2012.1

注
1) 隆徳殿の修復事業は，平成17-20年度日本学術振興会科学研究費（基盤研究A）「阮朝・太廟・隆徳殿の修復計画－ヴィエトナムの文化遺産（建造物）の保存に関する技術移転の確立と国際協力－」（研究代表者・ものつくり大学教授白井裕泰）によって実施された。
2) 参考文献2)～8) 参照。
3) 参考文献13) 参照。
4) 筆者を含め記録者が，解体時の番付調査においてわかる範囲でそのまま記録したが，文献9)～12) 発表後，ベトナム漢字の専門家であるファン・タン・ハイ博士（現HMCC所長）をはじめとする関係者で再度検討した結果，誤読と判断し，本論文のように訂正した。
5) 参考文献3)において，「中江」（柱と柱の間を示す）という文字が報告されているが，その省略と考えられる。
6) 「上西母屋②中下」は解体番付であり，「上屋西側母屋桁②通り中2段下」を指している。
7) 参考文献6) 参照。
8) 参考文献16) 参照。
9) ①②の刻書銘の解読にあたって，早稲田大学の木谷建太氏にご協力をいただいた。
10) 参考文献9)において発表した時点では新発見であった。その後，参考文献13)において文字の意味が新たに解釈された。また参考文献3)により，「左辺」は明命帝陵左従祀の番付「左配」と同じ意味であることがわかる。
11)、15) 参考文献13) による。
12) 参考文献3) によると，川端氏は「「第2線前」は入口の軒先（Hien）にあたることから，この列柱の「Gian」間の柱は，「Cột Hiên」（骨軒，コット・ヒン）と呼ばれる。同様に「第2線後」の「Gian」間の柱列は壁付き（Thành）であることからコット・タンと呼ばれる」と指摘している。このように軒桁筋に特別な呼称があることが窺われる。
13) 林氏は，参考文献13)において，「且哉」について参考意見をのべ，いずれも推測の域を出ない段階であるとして，現在のところ字義や読みが確定できないとしている。
14) 参考文献3) 参照。
15) 参考文献2) 参照。
16) 参考文献1) 参照。
17) 柱の伸び・転びについては参考文献15) 参照。
18) 参考文献13)において，林氏はフエ・クァンナムの伝統家屋，フエの宮殿建築に共通する中部の伝統木造建築の部材番付方法の特質について，以下のように述べている。「中部の部材番付は，柱とケオの架構形式に準じた「間－厦（扒－決）」方式をそのおおきな特徴とする。これは柱とケオの仕口が地組みによって仕合わせられる必要があること，また梁行架構組ボーヴィとその部分によって建築の全体が成立していることを主な原因として，生産工程に準じて整備された方法であり，「柱－ケオ組」の組み合わせで空間を加工するという建築構造上の理念がその番付方法にも現れたものである。結果として，番付図を介せず，部材相互の相対的な位置によって部材を把握することが可能であり，平面図として番付図を前提とする方法よりも，建築形式や生産工程に準じた，素朴で自然な手法であると位置付けられる。同時に，これは建築形式や生産工程が限定された範囲で合理的である方法である。」
19) 番付構成は，前後左右が原則となっているが，図3-33は，No.⑦にみられるように，まず身舎・庇の柱・ケオの梁行方向（前後）を組立て，後にNo.⑧にみるように桁行方向（左右）を組立ていることがわかる。裳階の柱・ケオも同様に組立てている。番付からこの組立工程を読み取ることはできないが，間・庇による空間構成，すなわち構造形式が番付に反映していることは明らかである。

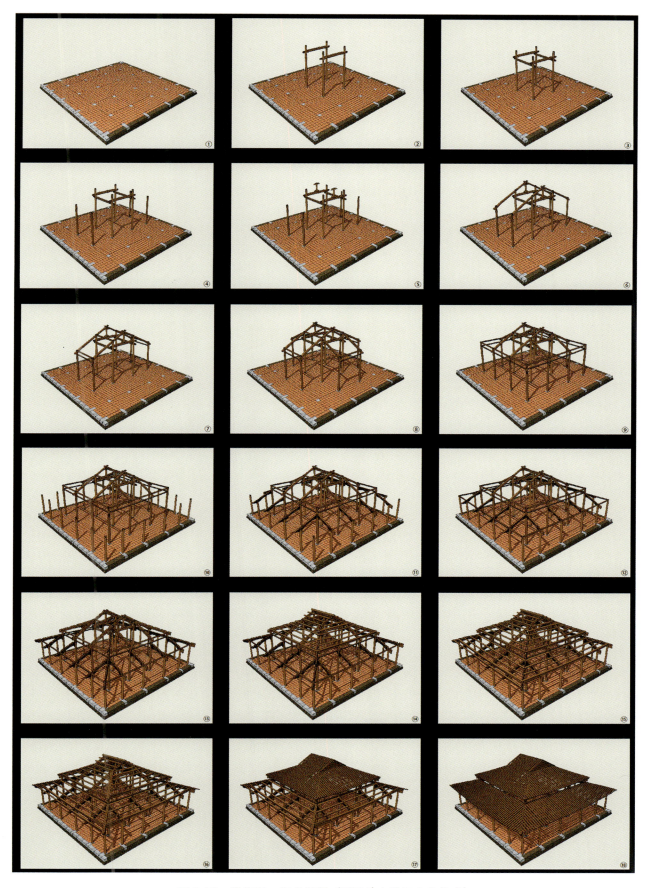

図 3-33　隆徳殿　組立工程（栗子岳大氏により作成）

3-2-5 部材仕口

ここでは、2005・平成17年度から2008・平成20年度にかけて行われた阮朝フエ王宮における隆徳殿の修復事業[注1]の過程で明らかにされた隆徳殿の仕口[注2]について報告し、その特質を考察するものである。

ベトナム・フエにおける木造建築の仕口については、先行研究として、高木直人（1998、1999）、HOÀNG HỮU ÂN（2003）、佐々木昌孝（2007）、NGUYỄEN THI THÚY VI（2010）、栗子岳大（2010）などの論文がある。

これらの先行研究を踏まえて、ここにおいて隆徳殿における仕口の特質を明らかにすることは、阮朝宮殿建築の初源的な建築技法を論ずる上で、極めて有意義であると考える。

3-2-5.1 仕口の類型と変化
(1) 仕口の類型

高木（1998）は、ベトナム・フエにおける木造架構接合部の整理・分類を行い、それをもとに木造架構の力学的特性について考察を試みている[注3]。

調査対象は顕臨閣（1822年建立）、世廟（1822年建立）、住宅（1970年代建立、フエ遺跡保存センター所有）であり、これらの木造架構接合部は、モンブオン（mộng buông）とモンタット（mộng thật）の2種類に分類され[注4]（図3-34参照）、前者は接合部が引張力に対して自由であり、後者は抵抗するものを意味している。

モンブオンに属する仕口として、隅柱（コット）に掛けられる隅登梁（ケオ）上部の仕口（b1）や柱に掛けられる飛貫（サー・リエン・バー）の仕口[注5]（b2）があるが、ほとんどは母屋桁（ドン・タイ）や垂木（ルイ）の継手仕口（b3〜b6）、扉（クオン・ド・クア）框の仕口（b7、b8）であり、構造的に引張力に対して抵抗をあまり求めない部材である。

モンタットに属する仕口をみると、ベトナム・フエの木造建築が軸組架構によって空間が形成されていることから、母屋桁・垂木（これらは釘によって取り付けられる）を除けば、ほとんどの組手仕口が引張力に対して抵抗できるものとなっていることがわかる。

この図3-34より仕口表をまとめたものが表3-6である。この表をみると、正殿身舎梁行中央棟木下にある枕木（コン・ドイ）・棟束（チュ・ドイ）・小梁（アプ・クワ）、ケオを受ける持送り（コン・ボ）およびケオに取り付く母屋受け（バオ）の仕口が明記されていないが、その他の仕口はほとんど記載されている。また柱・ケオ・貫・梁の組手仕口が1-2種類であるのに対して、母屋桁の継手仕口として7種類（b3、b4、b5、b6、t4、t5、t10）を記載している点が特徴的である。

ところで梁行方向が柱と大梁（チェン）、柱とケオ、ケオ相互（頂部）というように多くの接合部が柄差鼻栓止めおよび輪薙ぎ込み込栓止めによって緊結されているのに対して、桁行方向は柱と頭貫（サー・ダウ・コット）・飛貫・大貫（スエン）のみが蟻落しで緊結されるか、あるいは飛貫は柱に柄差されている[注6]だけである。すなわち木造架構の構造力学的特性をみると、桁行方向の引張力に対する強度は、梁行方向のそれに比べて弱いことがわかる[注7]。

(2) 仕口の変化

高木（1999）は、肇廟（1804年建立）、太和殿（1805年建立）、嘉隆帝陵明成殿（1820年建立）、顕臨閣（1822年建立）、明命帝陵崇恩殿（1843年建立）、明命帝陵明楼（1843年建立）、同右従祀（1843年建立）、同右配殿（1843年建立）、興廟（1845年建立、1950年移築）、嗣徳帝陵温謙殿（1867年建立）の10棟の遺構を分析対象とし、仕口における接合技法の変化を考察した[注8]。

嘉隆帝期（1802-1819）では、まず大規模建造物である太和殿をみてみると、梁行では正殿ケオ拝み部に込栓を用いて緊結している。桁行では垂れ下がりに対応する技法[注9]をとるとともに、前殿では桁を込栓で柱・束に緊結し、正殿ではすべての貫を柱に蟻落しで緊結することで軸部を固めている。これに対して、同時期の小規模建造物をみると、たとえば肇廟は前殿において裳階角桁を除く桁相互の接合部で太和殿と同等の仕口（相欠き込栓止めまたは相欠き目違柄差込栓止め）で固められ、また明成殿は正殿ケオ拝み部で同様に、輪薙込み込栓止めで固められているが、他の接合部の仕口において、太和殿よりも若干簡易な接合技法が用いられている[注10]。

明命帝期（1819〜1840）の遺構である顕臨閣と世廟は、顕臨閣が太和殿と同様であるのに対して、世廟は桁の接合技法に違いがみられる。世廟の裳階の仕口[注11]は、その技法が主要な正殿・前殿で用いられないことから、太和殿や顕臨閣よりも柱間間隔が若干小さい[注12]遺構として、簡易な仕口（相欠き扇目違柄差釘止め）として用いられたと考えられる。

紹治帝期（1840〜1847）になると、肇廟とほぼ同じ柱間間隔をもつ崇恩殿に太和殿と同様の接合技法が用いられる。また小規模建造物である興廟は、接合部において太和殿よりも簡便な仕口（桁の目違柄差継、ケオ拝み部の柄差）が用いられている。柱間間隔からすると興廟と同程度の明命帝陵明楼は、母屋桁において世廟と同等の仕口（丸桁に相欠き目違柄差、角桁に相欠き扇目違柄差釘止め）が用いられ、太和殿と同様に蟻落しの貫で固められ、柱元を礎石に柄差にしている。これは柱間間隔の割には高い軸部に備えたものであり、明命帝期の大規模楼閣である顕臨閣でも用いら

れなかった仕口である。また明命帝陵右従祀では柱元は礎石に突付けにしており、この時代にも規模に対して接合技法を変えている可能性が考えられる。

　このように、宮殿建築は規模によって接合技法を変えた可能性があること、時代を下るにつれて大規模建造物に用いられる接合技法が、小規模建造物にも用いられ、さらに紹治帝期には新しい接合技法（明楼の柱元を礎石に柄差や興廟のケオ拝み部を柄差込栓止め）が用いられることが明らかになった。

3-2-5.2　NGUYỄN THI THUÝ VI による仕口事例

　NGUYỄN THI THUÝ VI は、『THUẬT NGỮ KIẾN TRÚC TRUYỀN THỐNG NHÀ RƯỜNG HUẾ』（伝統建築の用語　フエ住宅）の第2章各架構形式において、仕口の事例として図3-35のように紹介している[注13]。

　これによると①柱とケオの仕口（挿図1・2）、②柱と頭貫の仕口（挿図3）、③柱と飛貫の仕口（挿図4・5）、④柱と大梁の仕口（挿図6）、⑤柱と大貫の仕口（挿図7）、⑥ケオ拝み部の仕口（挿図8〜10）、⑦母屋桁の継手（挿図11）、⑧垂木と垂木受けの仕口（挿図12）、⑨その他の仕口（挿図13〜16）というように記載されている。

　またこれらの仕口を表にまとめると表3-6のようになる。この表によると、高木による仕口図と同様に身舎梁行中央棟木下にある枕木・棟束・小梁、登梁を受ける持送り、登梁に取り付く母屋受けおよび垂木継手の仕口が表現されていないが、その他の仕口はほとんどが記載されている。特にケオ拝み部の仕口を3種類あげているのは特徴的である。

　仕口の形態は、ほとんど共通しているが、表3-6におけるケオ拝み部の「輪薙ぎ込み込栓止め」の仕口は、NGUYỄN による仕口図にはみられなかった。また柱と大貫の取り合わせは、高木による仕口図では「柄差蟻落し」（t8）である[注14]が、NGUYỄN による仕口図では「柄差鼻栓止め」となっている。

　このように住宅系の仕口（NGUYỄN による仕口）は、若干宮殿系の仕口（高木による仕口）と異なる点が見られるものの、ほぼ共通した仕口の接合技法であるといえる。

3-2-5.3　隆徳殿の仕口

　栗子（2010）は、隆徳殿に用いられた木造架構接合部のすべての仕口を考察し、仕口分類を明らかにしている[注15]。これによると隆徳殿に用いられていた仕口は、モンブオンが9種類、モンタットが5種類であったことがわかる。

　各仕口は「①庇・裳階柱の頂部で登梁の下部を輪薙ぎ込みで受ける。下屋端間・脇間と上屋の妻側中間のケオ上部、飛貫を受ける柱上部は柄差蟻落し。柱頂部に頭貫を蟻落し。身舎柱に大梁・大貫を柄差鼻栓止め。上屋隅ケオ上部が身舎柱に突付け、持送りで支えられる。柱と礎石は突付け。②ケオ頂部は、輪薙ぎ込み込栓止め。③枕木は大梁に太柄差。④棟束は枕木に平柄差。⑤小梁は棟束に輪薙ぎ込み、ケオに目違柄差。⑥母屋桁は相欠き継、相欠き目違柄差または蟻柄差継。母屋桁隅は大留。⑦垂木は突付け継、相欠き目違柄差継。」となっていた。ただし柱に飛貫が柄差（表3-6- №7）、母屋桁の相欠き継（表3-6- №24）、垂木突付け継（表3-6- №32）は、成泰期の仕口と判断した[注2]。これらの仕口を表にまとめると表3-6のようになる。また図に表すと図3-36のようになる。

　隆徳殿の仕口をみると、高木および NGUYỄN が作成した仕口図にはない、身舎梁行中央棟木下にある枕木・棟束・小梁、登梁を受ける持送り、登梁に取り付く母屋受けの仕口があり、阮朝期木造建造物における仕口がほとんど網羅されていることが特徴的である。

3-2-5.4　仕口の分類

　仕口を接合方法によって分類すると、「差す」「落とす」「合わす」の三つの基本形に分けることができる[注16]。また基本形を組み合わせた「差し落とす」「合わせ差す」「合わせ落とす」の三つの複合形の接合方法がある。隆徳殿に使用された14種類の仕口を接合方法によって分類すると以下のようになる。ただし隆徳殿の仕口には「合わせ落とす」接合方法はみられなかった。

A−1．基本形（ベトナム）
  1)「差す」：柄差、目違柄差、太柄差、柄差（込栓止め）、柄差（鼻栓止め）
  2)「落とす」：輪薙ぎ込み、輪薙ぎ込み（込栓止め）、蟻落し
  3)「合わす」：突付け、相欠き、大留

B−1．複合形（ベトナム）
  1)「差し落とす」：柄差蟻落し
  2)「合わせ差す」：相欠き目違柄差、相欠き扇目違柄差（釘止め）

　一方、日本における木造建築の仕口の基本形[注17]を接合方法によって分類すると以下のようになる。ただし基本形にある（　）内は合成形である。

A−2．基本形（日本）
  1)「差す」：目違い、竿、柄、大入れ、貫通し、三枚組、車知、栓、楔、契、（鴫、抱仕込、地獄柄）
  2)「落とす」：蟻、鎌、輪薙込み、（両目違い鎌）
  3)「合わす」：突付け、殺ぎ、留め、相欠き、略鎌、欠込み、渡り腮、腰掛

B−2．複合形[注18]（日本）
  1)「差し落とす」：下げ鎌、雇い柄、寄蟻、篠蟻、掴

第3章　隆徳殿の調査研究

2)「合わせ差す」：追掛大栓継、(隠) 金輪継、尻挟継、(箱目違) 竿車知継、宮島継、箱台持継、隅留枘差、上端留、箱留、車知留、雛留、稲子差、み蟻、込栓鎌

3)「合わせ落とす」：腰掛蟻継、腰掛鎌継、芒継、台持継、台輪留、大入蟻掛、兜蟻掛、捻組、竿引独鈷、四方差

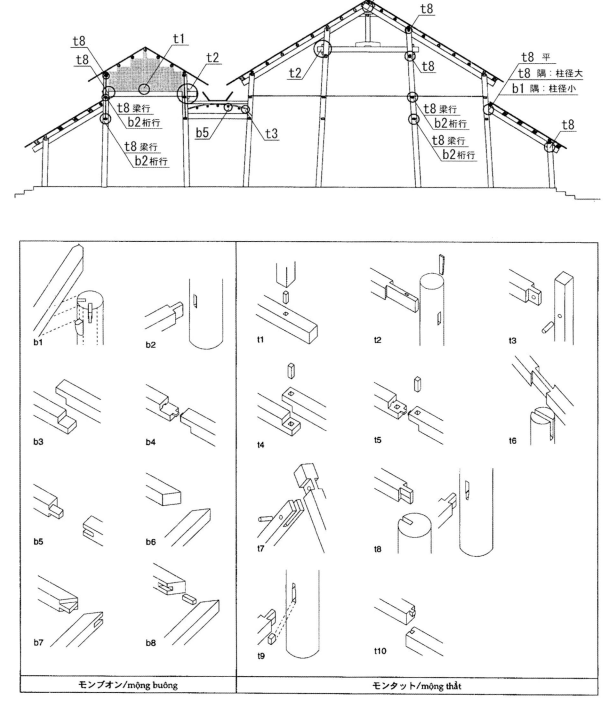

図3-34　仕口図（高木直人氏により作成）

隆徳殿と日本における木造建築の仕口を比較すると、第1に日本における仕口の種類が多種多様であること、第2に仕口の中で日本においては継手が発達していること、第3にベトナムにおける仕口の中で「枘差蟻落し」は日本にみられない特有のものであることが指摘される。

日本の仕口が多種多様であり、継手が発達している理由は、日本に木造建築技術が、中国より招来された6世紀以来、約1500年の木造建築の伝統があること、その伝統の中で育まれた木造建築における構造および造作技術が高度に発達して複雑化したこと、規模の大きな木造建築において長尺の部材が必要となって継手が発達したことなどがあげられる。

これに対してベトナム・フエの仕口は少種類であり、継手がみられる部材は母屋桁および垂木に限定され、柱・梁・貫などの主要部材に継手が用いられていない。その理由として、ベトナム・フエの木造建築が19世紀以来、約200年の伝統しかなく[注19]、しかもベトナム戦争以後の約50年は木造建築技術の停滞期であったこと、そのため阮朝期木造建築の柱・ケオ組を基本とした構造形式にほとんど変化がなく、また柱が格子状に配置されることで軸組（梁・貫）に長尺の部材を必要とせず継手が発達しなかったことが指摘される。

3-2-5.5　隆徳殿仕口の特質

隆徳殿の木造架構をみると、梁行方向の間（ジャン）空間は、身舎柱・庇柱にケオが輪薙ぎ込まれ、前後ケオの拝み部が輪薙ぎ込み込栓止めで緊結され、さらに下屋前後の裳階柱に輪薙ぎ込まれたケオで補強され、強固な軸組が形成されている。桁行方向の庇（チャイ）空間は、上屋が庇柱にケオが、さらに下屋が裳階柱にケオがそれぞれ輪薙ぎ込まれ、梁行方向よりは若干弱いが、強固な軸組が形成されている[注20]。

柱・ケオ組は、身舎で梁行方向の大梁と桁行方向の大貫の枘差込栓止めで固められ、さらに庇・裳階まわりは頭貫・飛貫が柱に蟻落しされて連結され、軸組を構造的に安定するように固められている。

このように隆徳殿における仕口の特質は、阮朝初期において、小規模建造物であるにもかかわらず太和殿の仕口とほぼ同等の接合技法を持っていることである。すなわち最も強度が要請される柱・ケオ組およびケオ拝み部に垂直の加重に対して強度をもつ輪薙ぎ込みが、また水平力に対して強度が要請される柱・ケオ組を連結する身舎部分の大梁・大貫には枘差鼻栓止め、庇・裳階部分の飛貫・頭貫には蟻落しが用いられていることであるといえよう。

この構造的特質は、基本的にベトナム・フエにおける木造宮殿建築に共通するものであり、ベトナムの風土的特性と密接な関連性をもっていると考えられる。すなわち、ベトナムにおいてはほとんど地震がなく、建造物にかかる負荷は、時々襲来する台風による水平力と瓦葺き屋根の加重による垂直力に限定される。大風の水平力に対しては、両側面および背面の三面に強靭な煉瓦壁を設けることによって、また大規模建造物は、前殿と正殿を別棟にする分棟造りとして屋根の大きさを小さく抑えることによって大風の影響を減じている。瓦葺き屋根による垂直力に対しては、身舎空間のまわりに庇空間・裳階空間を巡らせ、かつ柱を内転びにすることによって構造的に強固にし、さらに空間を構成する部材の接合部に、例えば柱・ケオ組およびケオ拝み部に輪薙ぎ込み、大梁・大貫に枘差鼻栓止め、頭貫・飛貫に蟻落しの仕口を用いることで、水平力および垂直力に対して軸組の強度を保証しているといえよう。

3-2-5.6　小結

以上の考察をまとめると以下のようになる。

1) ベトナム・フエにおける木造架構接合部は、引張力に対して自由なモンブオンと引張力に対して抵抗するモンタットの二種類に分類される。

2) 木造架構の構造的特性をみると、桁行方向の引張力に対する強度は、梁行方向のそれに比べて弱いことが指摘される。

3) フエの阮朝宮殿建築は、規模によって接合技法を変えた可能性があり、時代を下るにつれて大規模建造物に用いられる仕口が小規模建造物にも用いられる傾向がみられ、さらに新しい仕口が用いられるようになったと考えることができる。

4) 隆徳殿における仕口の特質は、水平力および垂直力に対して強度が要請される部材の接合方法として、柱・ケオ組およびケオ拝み部に輪薙ぎ込みが、また柱・ケオ組を連結する身舎部分の大梁・大貫には枘差鼻栓止め、庇・裳階部分の飛貫・頭貫には蟻落しが用いられていることであるといえよう。すなわちベトナム・フエにおける木造建築における仕口は、瓦葺き屋根の加重による垂直力および大風による水平力に対して有効に働くように考えられた合理的な接合技法であることを示しているといえよう。

第3章　隆徳殿の調査研究

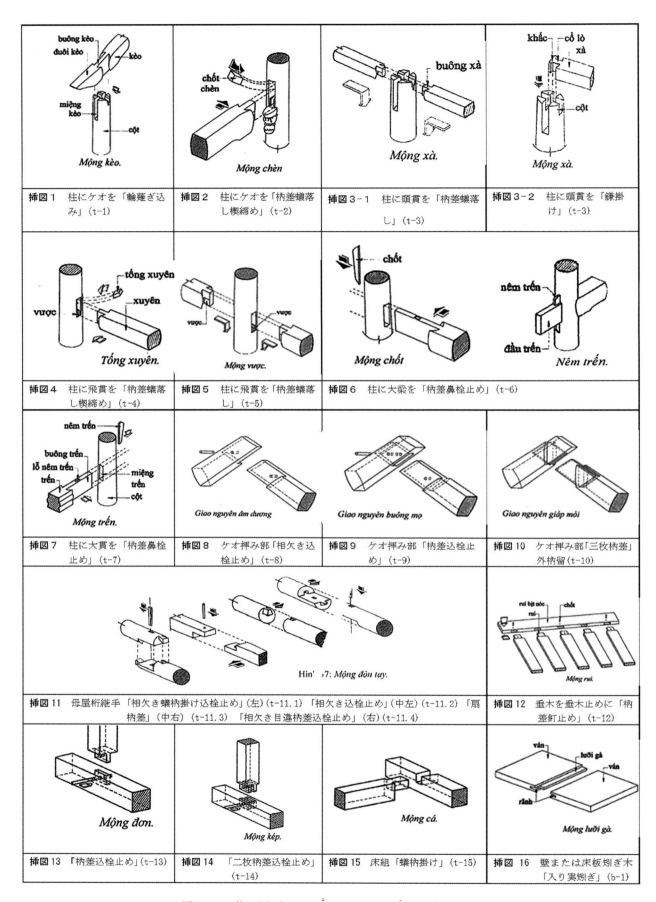

図 3-35　仕口図（NGUYỄN THI THUÝ VI 氏による）

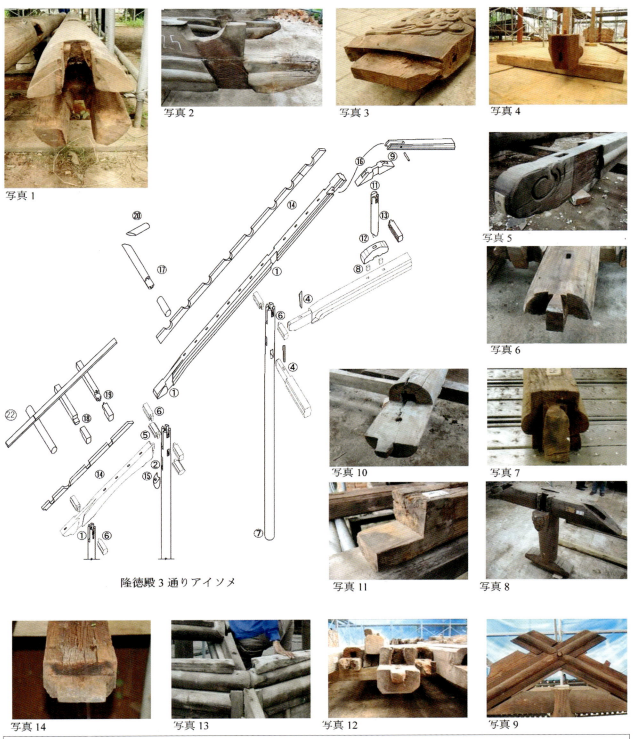

図 3-36　隆徳殿の仕口（栗子岳大氏により作成）

第3章　隆徳殿の調査研究

表3-6　隆徳殿　仕口表

No.	組合せ				仕口（組手・継手）						関係
					高木氏による	分類	NGUYÊN氏による	分類	隆徳殿	分類	
1	柱	Cột	登梁	Kèo	突付け	b1			突付け	b-3	
2					輪薙ぎ込み	t6	輪薙ぎ込み	t-1	輪薙ぎ込み	t-1	
3							枘差蟻落し楔締め	t-2	枘差蟻落し	t-2	
4			大梁	Trến	枘差鼻栓止め	t2	枘差鼻栓止め	t-6	枘差鼻栓止め	t-4	
5			大貫	Xuyên	枘差蟻落し	t8	枘差鼻栓止め	t-7	枘差鼻栓止め	t-4	
6			飛貫	Xà liên ba	枘差	b2	枘差蟻落し	t-5	枘差蟻落し	t-5	
7							枘差蟻落し楔締め	t-4	枘差	b-5	
8			頭貫	Xà đầu cột	蟻落し	t8	蟻落し	t-3	蟻落し	t-6	
9							鎌首枘落し				
10			腕木	Bẩy hiên	送り蟻楔止め	t9					異種
11			持送り	Con bọ					突付け釘止め	t-15	
12			礎石	Đa tán					突付け	b-7	
13	大梁	Trến	枕木	Con đội	太枘差	t1			太枘差	b-8	
14	小梁	Áp quả	登梁	Kèo					目違枘差	b-9	
15			棟束	Trụ đội					輪薙ぎ込み	t-11	
16	棟束	Trụ đội	枕木	Con đội					平枘差	b-12	
17			頭貫	Xà đầu cột					蟻落し	t-13	
18	垂木受け材	Vankien	垂木	Rui	枘差込栓止め	t3	枘差込栓止め	t-12	枘差込栓止め		
19			母屋受け	Bao					太枘差	b-14	
20			持送り	Con bọ					太枘差	b-15	
21	登梁	Kèo	登梁	Kèo			相欠き込栓止め	t-8			
22							枘差込栓止め	t-9			
23					輪薙ぎ込み込栓止め	t7	三枚枘差	t-10	輪薙ぎ込み込栓止め	t-16	
24	母屋桁	Đòn tay	母屋桁	Đòn tay	相欠き	b3			相欠き	b-18	同種
25					相欠き目違枘	b4	扇枘	b-11·3	相欠き扇枘差釘止め	t-19	
26					大留	b6			大留	b-20	
27					大留雇い枘差	b8					
28					相欠き込栓止め	t4	相欠き込栓止め	t-11·2			
29					相欠き目違枘込栓止め	t5	相欠き目違枘差込栓止め	t-11·4	相欠き目違枘差釘止め	t-17	
30					蟻枘掛け	t10	相欠き蟻枘掛け	t-11·1			
31	垂木	Rui	垂木	Rui	扇枘差	b5			相欠き目違枘差	b-22	
32									突付け	b-21	
33	扉	Cánh cửa	框	Khuôn đo cửa	大留三枚組	b7			大留三枚組	b-23	
34	壁板	Ván vách	壁板	Ván vách			入り実矧ぎ	b-16			
35	角材	Gỗ quyết	角材	Gỗ quyết			平枘差込栓止め	t-13			異種
36	角材	Gỗ quyết	角材	Gỗ quyết			二枚枘差込栓止め	t-14			
37	角材	Gỗ quyết	角材	Gỗ quyết			蟻枘掛け	t-15			

表注1）分類記号 t はモンブオン、b はモンタット
　　2）網掛けした隆徳殿仕口は、1901年（成泰12年）のもの（根拠は参考文献9)参照）

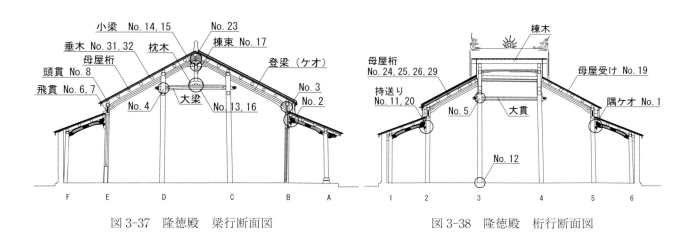

図3-37　隆徳殿　梁行断面図　　　　　　　　図3-38　隆徳殿　桁行断面図

参考文献

1) 高木直人，中川武，西本真一，中沢信一郎，白井裕泰，高野恵子，土屋武，佐々木太済，小樽哲央，柳下敦彦，山内健太，山岸直子，川島彩：木造架構接合部について，ヴィエトナム／フエ・阮朝王宮の復原的研究（その16），日本建築学会大会学術講演梗概集，F-1, pp.167-168, 1998
2) 高木直人，中川武，西本真一，中沢信一郎，土屋武，坂本忠規，白井裕泰，高野恵子：仕口・継手について，ヴィエトナム／フエ・阮朝王宮の復原的研究（その26），日本建築学会大会学術講演梗概集，F-1, pp.173-174, 1999
3) HOÀNG HỮU ẤN: HƯỚNG DẪN TU BỔ NHÀ Ở TRUYỀN THỐNG, 2003
4) 佐々木昌孝，慎鏞宜，栗子岳大：「仕口調査」，阮朝・太廟・隆徳殿の修復計画，ヴィエトナムの文化遺産（建造物）の保存に関する技術移転の確立と国際協力－2007年度活動報告－，ものつくり大学建築遺産研究室版，pp.38-44, 所収
5) NGUYỄN THI THUÝ VI, VŨ HỮU MINH, LÊ VĨNH AN, NGUYỄN THANH TOÀN, PHAN TYUẬN Ý: THUẬT NGỮ KIẾN TRÚC TRUYỀN THỐNG NHÀ RƯỜNG HUẾ, 2010
6) 栗子岳大，白井裕泰，中川武：隆徳殿の仕口について，阮朝・太廟・隆徳殿の修復計画（その22），日本建築学会大会学術講演梗概集，F-1, pp.603-604, 2010
7) 白井裕泰，中川武：阮朝フエ王宮における隆徳殿の寸法計画について，日本建築学会計画系論文集，No.643, pp.2101-2106, 2009.9
8) 白井裕泰，中川武：阮朝フエ王宮における隆徳殿の建築技法について，日本建築学会計画系論文集，No.649, pp.737-744, 2010.3
9) 白井裕泰，中川武：阮朝フエ王宮における隆徳殿の当初材について，日本建築学会計画系論文集，No.671, pp.149-155, 2012.1
10) 白井裕泰，佐々木昌孝，中川武：阮朝フエ王宮における隆徳殿の番付について，日本建築学会計画系論文集，No.696, pp.517-524, 2014.2
11) 清水一，和風木造のジョイント，カラムNo.12, 1964.10
12) 内田祥哉，在来構法の研究－木造の継手仕口について－，財団法人住宅総合研究財団，1993.8

注

1) 隆徳殿の修復事業は，平成17-20年度日本学術振興会科学研究費（基盤研究A）「阮朝・太廟・隆徳殿の修復計画－ヴィエトナムの文化遺産（建造物）の保存に関する技術移転の確立と国際協力－」（研究代表者・ものつくり大学教授白井裕泰）によって実施された。
2) 一般的には「継手・仕口」と呼称しているが，ここでは「継手」を「継手仕口」，「仕口」を「組手仕口」とし，両者を総称して「仕口」としている。
3) 参考文献1)参照。
4) HMCCのレ・ヴィン・アン氏のご教示による。
5) 肇廟正殿庇飛貫、顕臨閣飛貫・裳階内法貫、明命帝陵右配殿裳階内法貫、嗣徳帝陵温謙殿裳階内法貫に柄差が確認されている。
6) 参考文献2)参照。
7) 2006年度および2010年度に行われた隆徳殿の実物大構造実験（2tで2本の身舎柱を南方向（梁行）と西方向（桁行）に引っ張る）によって、梁行方向より桁行方向が構造的に弱いことが実証された。
8) 参考文献2)参照。
9) 飛貫と頭貫の間に欄間板壁を設けている。
10) 肇廟および明成殿の前殿の桁は、目違柄差継で接合され、柱・束の上に支承されるのみで、特に緊結されていない。
11) 太和殿の裳階角桁および正殿丸桁に相欠き目違柄差、前殿丸桁に相欠き込栓止めが用いられるのに対して、世廟丸桁の接合部には相欠き目違柄差を用いるが、角桁には相欠き扇目違柄差釘止めを用いる。
12) 桁行中央間が、太和殿13尺、顕臨閣11尺（梁行は11.8尺）に対して、世廟は10.7尺である。
13) 参考文献5)参照。著者の許可を得て挿図を本論文に転載した。
14) 身舎桁行両端の柱と大貫の仕口は、柄差鼻栓止めと考えられる。
15) 参考文献6)参照。仕口の位置は、図4・5参照。
16) 清水一は、参考文献11)によると、接合部の形による分類として①突付、殺ぎなどの突付系、②相欠き、略鎌のような大略の形がL型のL型系、③目違い、柄、蟻などの突出した形の凸型系に分けている。また内田祥哉は、参考文献12)によると、接合形態による分類としてI・L・T・X型の4つに分けている。
17) 参考文献12)参照。
18) 参考文献12)では合成形となっている。
19) ベトナム北部の木造建築との関係は別途考察の必要がある。
20) 間（ジャン）－庇（チャイ）空間については参考文献10)を参照。

第3章　隆徳殿の調査研究

第3節　細部意匠の分析

3-3-1　ドゥイ・ケオの彫刻絵様構成

3-3-1.1　はじめに

ここでは2005・平成17年に行った隆徳殿現状調査の一環として裳階部に見られるドゥイ・ケオ絵様彫刻の状況調査から、フエ・阮朝建築遺構群の細部意匠に関する調査を参照しつつ、絵様構成に関する考察を行うものである。

3-3-1.2　絵様彫刻をもつドゥイ・ケオの部位

隆徳殿は身舎－庇－裳階（または孫庇）の架構形式を持つ、五間×五間の方形平面である。ほぼ東南に面して正面がとられているが、ここでは各部材の面を示すのに便宜的に正面をS（south）とする記号を用いた。

ケオは身舎部に4本と裳階部に20本見られるが、このうち、ドゥイ・ケオに浮彫状の絵様彫刻が確認できたのは、裳階部正面（A通）の6本である。ただし、隅の1AはE（east）面・6AはW（west）面の片側面のみに、それ以外の4本のドゥイ・ケオは両側面に絵様彫刻があり、合計10点となる。

3-3-1.3　隆徳殿ドゥイ・ケオの絵様構成

隆徳殿ドゥイ・ケオ彫刻の絵様は、フエ・阮朝建築遺構群の細部意匠に関する調査で明らかになったドゥイ・ケオ絵様構成の無地を除く5分類（3-3-3.3の（1）参照）のうち、「渦紋型」に属する。これを他の分類型と比較し、以下の5点の絵様に大きく分類した。（ただし、各部分の名称はすべて仮称）

(a) 元渦…柱元から大きく巻き上がる渦。中心の渦を取り巻くように下部に稜線が施される。(c)の3つの渦から出る若葉の先端が元渦の下に隠れる場合（a-1）と、長く伸びて元渦の上に乗る場合（a-2）がある。明命帝陵・紹治帝陵遺構等に見られる「渦龍型」と共通する。

(b) 両渦紋…大きな左右対称の渦状の絵様。上部の渦中央部は全体的にむくり面となる。下に伸びるヒレ状の小渦が上の渦の下に隠れる場合（b-1）と上に乗る場合（b-2）とがある。また、下の両小渦の間に逆半月形の幕がかかるものがあり、これを上記の2タイプを細分化して（b-1*）と（b-2*）とする。「渦紋型」に固有の絵様である。

(c) 嘴紋…柱元付近の突出部に施され、3つの渦紋と若葉紋の組み合わせからなる。下部に配置された2つの渦間の凹みと一番前に出る小渦の尖端がケオ木鼻下面の繰型と一体化する。一番下元の渦からは若葉が出る。一番上に尾の伸びた渦雲がつく。3つの渦はほぼトライアングル型に近く近接して配置されるもの（c-1）が多いが、上部の渦がより上方に移動するもの（c-2）もある。「渦紋型」の他「渦龍型」「龍唐草型」にもほぼ同一位置に見られる絵様で、渦の数や若葉の出方等にヴァリエーションも多い。

(d) 先端渦紋…先端鼻部の小渦とそこから柱元に向かって伸びる渦がつく。渦から下に若葉状紋が出る場合（d-1）と渦だけの場合（d-2）とがある。先端の小渦しかないもの等ヴァリエーションも多いが、他の4つの分類型に共通する。

(e) 縁取…側面最下部に廻らされる下面繰型と一体化した縁取り。(c)の渦から出て、嘴の尖端で(d)の渦と繋がる。この縁取は内側に反面を持つ彫込みを加えることで強調されているもの（e-1）と、彫込み線の無いもの（e-2）がある。(c)を挟んで柱元まで続くものや(d)の上に回って絵様全体を囲むもの彫込みの線が浅く内側に細く施されるものなど多くのヴァリエーションがあるが、他の4つの分類型にも共通する。

以上より、隆徳殿ドゥイ・ケオ彫刻絵様構成において、他の分類型に見られない固有の絵様は(b)の「両渦紋」であり、「渦龍型」の中心的絵様と考えられる「龍頭」にあたるドゥイ・ケオ中心部に配置されることから、「両渦紋」自体が「龍頭」に匹敵する中心的絵様である可能性がある。その性格をより明確にするために、既往研究では「渦紋型」としてきたドゥイ・ケオ側面絵様構成を本研究では以後「両渦紋型」と改称する。

3-3-1.4　絵様構成要素ごとに見た隆徳殿の各ドゥイ・ケオ

隆徳殿の10点のドゥイ・ケオ側面絵様の特色をそれぞれ（a）～（e）の構成要素ごとに一覧する。絵様毎の特色がW・E両面で一致するドゥイ・ケオは4Aのみである。ここでは仮に4Aを基準として各ドゥイ・ケオを比較する。

両面合わせて最も多い6つの相違点をもつ3Aドゥイ・ケオは4Aよりも全体が長く、W面鼻先には(e)のさらに先に無地の部分が残るなど、全体の成形段階ですでに相違がある。5Aは計4点のうちE面に3点と相違点が集中する。下部繰型には抉りが無いため、繰型と(c)の絵様と一致しておらず、やはり成形段階での相違が見られる。

2Aは3Aに次いで計5点と相違点が多いが、(b)に幕がつく、(d)の若葉状紋が無いなど各絵様要素の解釈の相違だといえる。EW両面の相違点が1点と少ない。

隅に位置する1Aは、全体が長くなる他(a)(e)の縁を強調する彫込線の省略等、絵様全体に簡略な印

象がある。しかし、同じく隅の 6A にはこうした省略は見られない。

　以上、各絵様構成要素レベルでみた場合、隆徳殿裳階部の 6 本のドゥイ・ケオはどれひとつとして同じものが無く、異なっている状況もまちまちである。その要因は仮説として、①それぞれのケオ木鼻彫刻が同時期に彫られたものではない、②いくつかのケオは転用等の形で用いられた、③修理の際に雨で損傷した部分・腐食した部分等を削り取ったり埋め木したりと数次にわたって手を加えている、④同時期に制作されているが制作主体が異なる、などが考えられるが、現時点では特定できない。

3-3-1.5　小結

　隆徳殿と同じ「両渦紋型」ドゥイ・ケオ絵様彫刻を有する遺構は、史料から伝えられる創建年代が嘉隆期と明命初期に集中している。それらの遺構は、嘉隆帝陵明成殿を除き、すべて王宮内にあり、絵様彫刻ドゥイ・ケオを持つ 17 棟のうち 12 棟を占めることから「両渦紋型」は王宮内遺構の主流をなす型だといえる。

　この「両渦紋型」を特色づける「両渦紋」自体の意味を明らかにしていくこと、最も絵様構成要素上の共通点が多く、明命帝陵・紹治帝陵に用いられる「渦龍型」の中心的絵様であると思われる「龍頭」と「両渦紋」の関係を検討していくことが、阮朝初期におけるドゥイ・ケオ彫刻絵様の基本的な性格を分析する手がかりになると思われる。

　また、隆徳殿の 6 本のドゥイ・ケオの状況比較からは、部材交換を伴うような修理の際にも元の彫刻を模刻するなど、以前の絵様をある程度引き継いできた可能性も十分考えられるため、現存遺構の建造年や各部材が作られた時期を考察するには、明成殿や一部に両渦紋型ドゥイ・ケオを持つ興祖廟と五鳳楼のような例外的な遺構をも含めた各遺構の精査・比較研究が必要である。

3-3-2　裳階部ケオの彫刻絵様構成

3-3-2.1　はじめに

　ここでは 2007・2008（平成 19・20）年に行った隆徳殿修復研究調査の一環として採取した拓本・写真から得られた隆徳殿裳階部のケオ本体の彫刻絵様の構成と、部材状況から、部分的な部材交換が行われた可能性について示唆するものである。

3-3-2.2　裳階部ケオにおける絵様彫刻の部位

　隆徳殿裳階部には、東西南北正面の平に 4 本ずつと隅の 4 本を併せて合計 20 本のケオがある。南正面のケオは、両側面にドゥイ・ケオ 1 点およびケオ本体下端・中央・上端の 3 点の合計 4 点の絵様彫刻と、ケオ本体下面に 3 点の絵様彫刻を持つ。東・西・北面のケオは、ドゥイ・ケオに絵様彫刻を持たず、ケオ本体側面と下面に南正面ケオと同じく各 3 点の絵様彫刻を持つ。隅のケオは、本体両側面に下端・中央 2 点・上端の 4 点と下面に 3 点の絵様彫刻を持つ。南東・南西に伸びる隅のケオは、南に面した片側だけにドゥイ・ケオ絵様彫刻を持つ。

3-3-2.3　ケオ側面および下面の絵様彫刻構成

　側面彫刻の絵様は平部のケオの場合、下端に（a）唐草紋から上に向かって口を開ける小さな竜頭がつくもの、中央に（b）2 つの輪から成る唐草紋から小竜頭がつくもの、上端に（c）牙とたてがみ様葉紋をもつ大きな獅子頭がつくのが基本構成である。

　隅部のケオに関しては、上下端は平部と同じ絵様だが、中央の絵様には大別して、中下（d）輪の中に小竜頭が入るものと、中上（e）輪の外に小竜頭がつくものの 2 種類があるが、例外的に 6A5B ケオ南面は中上・中下ともに（d）、5E6F ケオ北面は中上・中下ともに（e）で構成されている。

　ケオ下面で最も優勢なのは、上下端の（f）束ねられた唐草紋と、中央部の（g）花紋とその両側に点対称に配置される唐草紋による構成である。上下端は同じ絵様が対称に配置されるものが最も多い。

3-3-2.4　解体修理による裳階部ケオの状態

　解体修理によって、ケオ本体上部の桁受け材がケオと一体成形しているものがあることが分かった（図 3-45）。また庇柱との接合部の状態にも少なくとも 3 段階程度の差異が認められる。成形方法・接合部状態・絵様構成から見て、少なくとも 5E6F ケオは後に交換された材である可能性が高い。

3-3-2.5　小結

　『大南一統志』・『欽定大南會典事例』には、隆徳殿に関して、1804 年創建、1832 年改名（左方堂から隆徳殿へ）、同年修理工事（屋根の葺き替え含む。黄瑠璃瓦使用）、1900 年「重修」となっている。全体をみると、1830 年前後は、屋根・瓦に関する修理の記録が多く、1842・43 年には、「新式瓦」を用いた改修工事が太祖廟・肇祖廟・興祖廟で行われている。成泰年間には 1891 年太和殿、太祖廟（成泰年間）、1899 年・1900 年勤政殿・左廡・右廡・隆徳殿に「重修」が行われている。

　20 世紀に入ってからの修理状況は不明だが、19 世紀の修理記録から推定すれば、1 〜 2 回程度屋根葺き替えを含む規模の修理が行われてきた可能性もあり、

第3章 隆徳殿の調査研究

隆徳殿は現存遺構の建造以降、少なくとも1回は一部の裳階部ケオの部材交換を行ったと考えられる。今後の課題として、ケオ彫刻各絵様についての詳細分析が必要である。

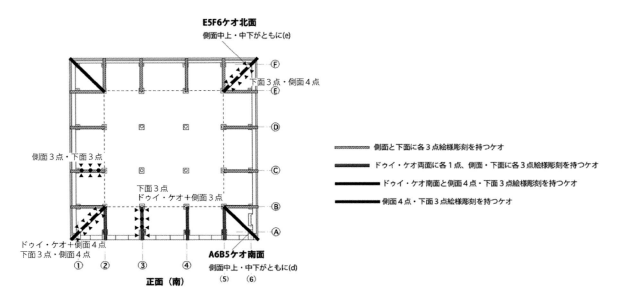

図 3-39　隆徳殿　裳階部ケオの絵様彫刻分布状況

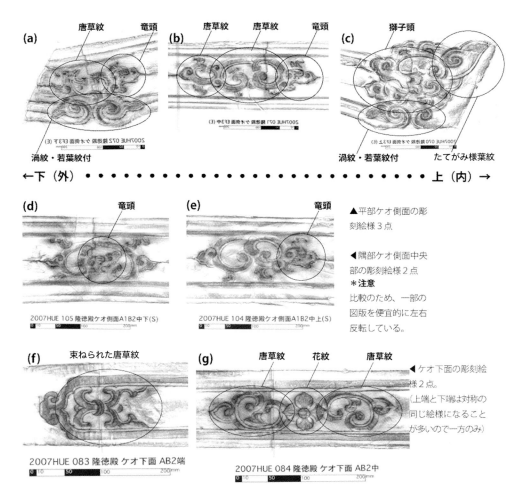

図 3-40　隆徳殿　裳階部ケオの彫刻絵様構成

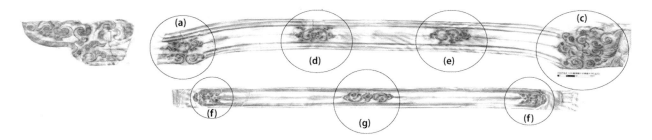

図 3-41　隆徳殿　1A2B ケオのドゥイ・ケオ南面、ケオ本体側面南面および下面拓本

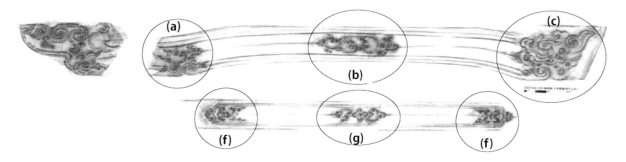

図 3-42　隆徳殿　4A4B ケオのドゥイ・ケオ東面、ケオ本体側面東面および下面拓本

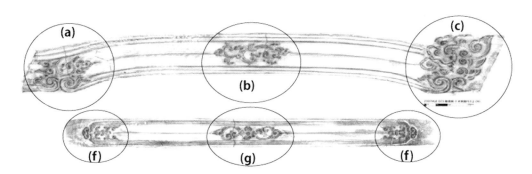

図 3-43　隆徳殿　3E3F ケオのドゥイ・ケオ西面、ケオ本体側面西面および下面拓本

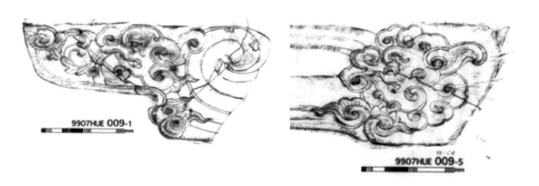

図 3-44　明命帝陵崇恩殿　ドゥイ・ケオの竜頭とケオ上端の獅子頭絵様比較

図 3-40 注：ケオ上端部の絵様は竜頭と見ることもできるが、牙とたてがみを持つので、これを他の竜頭と区別するために、ここではあえて獅子頭と仮称しておく。牙を持つ竜頭は、明命帝陵崇恩殿・碑亭・明楼などのドゥイ・ケオにもあるが、その後頭部の若葉紋は、ケオ上端に見られるたてがみ様葉紋とは異なる。

図 3-45　隆徳殿　裳階部ケオの庇柱接合部状態・成形方法の差異

3-3-3　フエ阮朝木造建築におけるドゥイ・ケオ絵様について

3-3-3.1　はじめに

ベトナム・フエにおける阮朝木造建築は、1993・平成5年ユネスコ世界遺産に登録された「フエの建造物群」の主要な構成遺産である。これまで早稲田大学中川武研究室は、1996・平成8年以来、京城、帝陵に現存する木造建築遺構群に関する調査を実施し、配置計画研究、寸法計画研究、細部意匠研究、文献研究など様々な視点から遺構群の分析を通して研究成果を発表してきた。

ここでは、細部意匠研究の1つとして登梁木鼻（ドゥイ・ケオ）絵様について考察を行う。フエにおける阮朝木造建築の遺構群は、創建以来、幾度も修理が行われ、また再建されたものもある。その経緯に関して、文献研究だけでは明らかにすることができず、建築史的見地から、遺構の建立年代を確定する必要がある。そこで、細部意匠の様式変遷を考察することによって、建立年代を確定するという方法論を前提に、ドゥイ・ケオ絵様の変遷について考察を試みるものである。

現存する遺構群に関するこれまでの調査によって、各遺構にはその時々の破損状況に応じて、解体修理、半解体修理、屋根替え修理、部分修理（塗装修理を含む）などの修理が繰り返し行われてきたことがわかっている。したがって現存遺構と創建建物の状況が異なっている可能性が極めて高く、同一遺構内に当初材と後補材が混在していると考えられる[注1]。

しかしながら、阮朝木造建築群の主体となる遺構の基本的な架構形式は、一部の例外はある[注2]が、基本的には創建当初の形式を踏襲していると考えられる。

現存遺構の創建年代および修理については、『欽定大南会典事例』（1851）、『大南寔録』（1844-1910）、『大南一統志』（1909）などの文献史料から、建立年代および修理経緯はある程度把握することができるが、完全なる把握は困難であるといえよう。

3-3-3.2　研究方法

本研究では、阮朝木造建築遺構を対象として取り上げ、その細部意匠の様式的変遷を明らかにする。細部意匠の中で、ドゥイ・ケオに注目し、その拓本資料を作成し、現存する遺構におけるドゥイ・ケオの絵様情報を整理し、絵様の分類を行う[注3]。次に、阮朝木造建築の創建年代および修理に関する情報を、前記三文献から抽出し、整理する[注4]。さらに現存遺構におけるドゥイ・ケオ絵様が、創建当時の様式をもっていると仮定し、分類された絵様の変遷を明らかにする。ここで現存遺構におけるドゥイ・ケオ絵様が創建当時の様式をもっているという仮定が成立するかどうかを明らかにする必要があるが、知見できる範囲内であるが、これまでの修理を見ると、ケオを取り替えると

き、旧ケオ両面のドゥイ・ケオ絵様を剥ぎ取って新材に張り付けたり、旧ドゥイ・ケオ絵様に倣って新ドゥイ・ケオ絵様を彫刻していることから、この方法が従来の修理においても踏襲されてきた可能性が高く、この仮定が成立すると考えることができる。

3-3-3.3　先行研究

ベトナム・フエにおける阮朝木造建築の細部意匠については、先行研究として、一之瀬裕行（2000、2001、2002）、川嶋彩（2000）、六反田千恵（2000-02、2006-10、2012・13）などの論文があり[注5]、これらの先行研究を踏まえて、六反田は早稲田大学博士論文『フエ・阮朝建築遺構群の細部意匠研究』（2014 年 2 月）をまとめた。

(1) 前期（2000-2002）の細部意匠研究

一之瀬（2000）は「フエ・阮朝建築遺構群の細部意匠研究1」で研究方法と問題を整理し、川嶋（2000）は「フエ・阮朝建築遺構群の細部意匠研究2」で現存木造遺構のドゥイ・ケオ彫刻絵様の分類を行った。これらの研究が本論文のベースになっている。

川嶋（2000）は、対象としたドゥイ・ケオ絵様を次の5種（ただしここでは絵様のない無地型を除いている）に分類した。

① 渦紋型：立体的な元渦、中央に両渦紋を配するもの。また柱元下方に渦紋を設け、外形をこれに合わせた繰型とする。先端にも渦紋を施す。その他に渦紋を基調として若葉を付加する意匠を施すが、その形状は一定しない。
遺構例：左廡、右廡、太和殿、隆徳殿、肇祖廟、世祖廟、土公祀、顕臨閣、興祖廟（左右裳階）、寿寧殿、北闕台（方屋）、明成殿

② 渦龍型：立体的な元渦、中央に先端を向く龍頭を配するもの。龍頭は頭髪、鼻、瞳など具体的な形状を持つ。その他は①と共通する。
遺構例：興祖廟（前裳階）、五鳳楼（下層）、明命帝陵崇恩殿・顕徳門（初層）・碑亭・明楼（初層）、紹治帝陵表徳殿・鴻澤門・碑亭[注6]

③ 唐草型：元渦を用いず、唐草紋を主体とするもの。柱元下方の繰型、先端渦紋は①と類似する。
遺構例：長愉榭、隆安殿、明徴閣（国子監）、明命帝陵明楼（上層）・顕徳門（上層）、太平御覧書楼（上層）、同慶帝陵凝禧殿後殿・宮門

④ 龍唐草型：③と類似するが、中央に柱元を向く小龍頭を配するもの。瞳、鼻など具象的な形状を持つが、②の龍頭とは形状が異なる。
遺構例：太平御覧書楼（初層）、延寿宮正殿、嗣徳帝陵和謙殿・良謙殿・謙宮門・鳴謙堂・愈謙榭・沖謙榭、建福帝陵執謙堂、育徳帝陵隆恩殿、同慶帝陵凝禧殿前殿

⑤ 龍雷型：柱元方を向く小龍頭を直線的な雷紋、唐草紋を組み合わせるもの。小龍頭は④と類似する。
遺構例：五鳳楼（上層）

また川嶋は文献史料による遺構の創建年代を根拠として、5分類の成立時期を以下のように整理した。

① 渦紋型：嘉隆元（1842）から明命年間（1820-40）初頭、すなわち19世紀初頭の創建遺構のほとんどがこの型に属する。ただし王宮内の延寿宮寿寧殿のみが嗣徳（1847-83）初年創建と遅れる。

② 渦龍型：この型に属するものは、総て明命年間初頭から紹治年間（1841-47）を経て、嗣徳年間初頭の19世紀中期の創建遺構である。

③ 唐草型：早いもので明命年間、遅いもので成泰年間（1889-1907）初頭の比較的長い期間（19世紀前半～末期）に分散する。

④ 龍唐草型：嗣徳年間初頭から成泰年間初頭の19世紀後半の創建遺構に限られる。

⑤ 龍雷型：明命14（1833）創建の五鳳楼上層のみに見られる。

このように19世紀初頭に①渦紋型、19世紀中期に②渦龍型、19世紀中期～末期に③唐草型および④龍唐草型が用いられたと考えられる。⑤龍雷型は明命期のものであるが、啓定帝陵遺構や紫禁城の仁聲八表殿など啓定年間（1916～25）の創建になる遺構に類似した意匠が見られることから、王朝末期（20世紀前半）の意匠である可能性が高いと指摘している[注7]。

また六反田（2000）は「フエ・阮朝建築遺構群の細部意匠研究3」で五鳳楼初層のドゥイ・ケオ彫刻絵様の分類を行い、ドゥイ・ケオに施された彫刻意匠が多様性を持っていることを指摘した。他の遺構におけるドゥイ・ケオ絵様が遺構内において同一性を持っていることから、五鳳楼のドゥイ・ケオ絵様の特異性を明らかにした。さらに一之瀬（2001）は「フエ・阮朝建築遺構群の細部意匠研究5」で肇祖廟における木部彫刻部位の特徴を明らかにし、六反田（2001）は「フエ・阮朝建築遺構群の細部意匠研究6」でドゥイ・ケオ絵様の部分である元渦紋（頭部渦文）形状を分類した。また一之瀬（2002）は「フエ・阮朝建築遺構群の細部意匠研究7」でケオの形状と彫刻について分析し、5つのタイプに分類し、ケオ彫刻がより多くの人が通り、より人の目に触れる部位に多くの彫刻を施すという傾向を指摘し、架構部位によってその彫刻形式が使い分けられ、彫刻によって遺構の格式を表現していることを明らかにした。六反田（2002）は「フエ・阮朝建築遺構群の細部意匠研究8」で大梁木鼻（ダウ・チェン）の意匠形態による分析を行い、タイプ1

第3章　隆徳殿の調査研究

（線刻／浮彫）、タイプ2、タイプ3（線刻／浮彫）、タイプ4の計6種に分類した。

タイプ1：後方（柱元）上部から下向きの曲線の先端に上向きの渦紋が取り付き、上向き渦紋の後方若葉を持つもの。

タイプ2：後方上部からの下向きの渦紋と前方上部からの下向きの渦紋が交差するもの。

タイプ3：前方上部からの下向き渦紋とこれに付随する若葉や小渦、葉紋などで構成される。

タイプ4：後方上部から渦紋と前方上部からの渦紋が接し、これに付随する若葉、小渦、葉紋などがみられる。

（2）後期（2006-2014）の細部意匠研究

前期の細部意匠研究以後、六反田は2006～12にかけて継続的に細部意匠研究を行い、それまでの研究成果を踏まえて、早稲田大学博士論文『フエ・阮朝建築遺構群の細部意匠に関する研究』（2014年2月）をまとめた。この論文において特に注目される点は、第1に阮朝建築遺構群の造営過程を文献史料およびフエ遺跡保存センター（HMCC）からのヒアリングによって明らかにしたこと、第2に重梁の彫刻絵様構成を分類し、その変遷を明らかにしたことである。

以上の先行研究を踏まえて、ここではドゥイ・ケオ絵様の変遷過程を再考し、様式編年を明らかにする。

（3）現存遺構の創建年代と修理経緯

阮朝木造建築遺構におけるドゥイ・ケオ絵様の制作年代を明らかにするため、現存遺構の創建年代と修理経緯を漢喃史料である『大南寔録』『欽定大南會典事例』『大南一統志』の三文献史料により明らかにする。これをまとめたものが表3-7である[注8]。

ただし現状太祖廟は、1947年に焼失し、それ以後に再建されたものであることから、現存遺構群から除外する。同様に清明楼は1998～2000年に再建されたことが判明しているので除外する。さらにドゥイ・ケオ絵様のない遺構も除外する。したがってここで対象とする遺構は、京城・皇城内の五鳳楼、太和殿、隆徳殿、肇祖廟、顕臨閣、世祖廟、土公祀、興祖廟、右廡、左廡、太平御覧書楼、延寿宮正殿、長愉榭、寿寧殿、京城・皇城外の隆安殿、明徴閣、皇帝陵の嘉隆帝陵明成殿、明命帝陵碑亭・顕徳門・崇恩殿・明楼、紹治帝陵碑亭・鴻澤門・表徳殿、嗣徳帝陵憶謙榭・沖謙榭・謙宮門・和謙殿・鳴謙堂・良謙殿、建福帝陵執謙殿、育徳帝陵隆恩殿、同慶帝陵宮門・凝禧殿であり、現存する阮朝木造建築遺構63棟のうち、京城・皇城内14棟、京城・皇城外2棟、皇帝陵18棟の合計34棟である。

現存遺構の建立年代を、文献史料およびHMCCからのヒアリングをもとに推定すると、表3-7において着色した欄の年代になる。

表3-7　フエ阮朝木造建築遺構の創建年代と修理経緯

50

3-3-3.5 ドゥイ・ケオ絵様の分類
(1) ケオ木鼻の部位名称

川嶋（2000）は、ケオ木鼻の部位名称として「先端、中央、柱元、柱元下」を用いているが、ここでは「鼻先、顔、頭、顎」という名称を用いる。また顔下の繰形を「口」と呼ぶことにする（図 3-47 内図 2 参照）。

(2) 絵様の種類

川嶋（2000）は、ドゥイ・ケオ絵様を「①渦紋型、②渦龍型、③唐草型、④龍唐草型、⑤龍雷型」と分類しているが、ここでは「A 両渦文型、B 龍頭吐水唐草文型、C 小龍頭渦唐草文型、D 渦唐草文型」の 4 つに分類した。この分類の名称は、主にケオ木鼻の顔部の様式から名付けたものである。ドゥイ・ケオ絵様の分類を 5 つから 4 つにしたのは、龍雷型を「C' 小龍頭渦唐草雷文型」と呼ぶことができ、遺構例としては五鳳楼上層のドゥイ・ケオ絵様に限定され、「C 小龍頭渦唐草文型」の変形と考えることができるので、C タイプに含めたからである（図 3-48 内図 6 参照）。「両渦文型」は、すでに六反田（2006）が「両渦紋型」と呼称している[注9]。また五鳳楼初層の「両渦文型」は、両渦文の一部が若葉化していることから「A' 変形両渦文型」とした。ところで A タイプの絵様を用いる遺構のうち、嘉隆帝陵明成殿のみが帝陵内の建物であり、それ以外はすべて皇城内の建物であるが、これは A タイプの絵様が嘉隆期初頭から明命期初頭に限定されて制作されたこと、明命帝陵以降の皇城外および帝陵内の建物が B・C・D タイプの絵様を用いて紹治期以降に建立されたことなどによるものと考えられる。

3-3-3.6 ドゥイ・ケオ絵様の変遷

表 3-7 のフエ阮朝木造建築遺構の建立年代を参考にして、ドゥイ・ケオ絵様の変遷をまとめたものが図 3-47・48 である。

A タイプ：両渦文型のドゥイ・ケオ絵様は、嘉隆帝期初頭から明命帝期（1804-1821）初頭に属し、唯一延寿宮寿寧殿のドゥイ・ケオ絵様だけが嗣徳 2 年（1848）である。寿寧殿が延寿宮の前身である長寿宮が建立された時期と同じであるとすれば、嘉隆 3 年（1804）に建立された可能性がある[注10]。ところで明成殿重梁の彫刻絵様は、座龍（龍が正面を向き、両足を踏ん張って座っている姿）が龍頭から水を吐き（龍頭吐水）、龍頭下の両側に小龍頭が配置されている構図となっていて龍頭の額に両渦文がある。このことから推測すれば、両渦文は座龍（図 3-46 参照）を象徴していると考えられる[注11]。

また両渦文の額をみると、嘉隆 3 年（1804）に建立された肇祖廟・隆徳殿・寿寧殿には三葉の前髪がなく、嘉隆 4 年（1805）以降の太和殿をはじめとするすべての遺構に三葉の前髪がついている。

B タイプ：龍頭吐水唐草文型のドゥイ・ケオ絵様は、紹治 1 年（1841）に建立された明命帝陵崇恩殿・碑亭・顕徳門・明楼に用いられ、嗣徳 1 年（1847）に建立された紹治帝陵の建物の中で表徳殿だけがこのタイプの絵様を用いている。また興祖廟は 1951 年に移築したものである[注12]が、前身建物の建立年代は不明である。しかしドゥイ・ケオ絵様が B タイプであることから、建立年代は 19 世紀中ごろと推定される。

C タイプ：小龍頭渦唐草文型のドゥイ・ケオ絵様は、嗣徳帝期から成泰帝期にかけて（1847 ～ 1900）長く、かつ紹治帝陵碑亭・鴻澤門、延寿宮正殿、嗣徳帝陵和謙殿・良謙殿・愈謙榭・沖謙榭・謙宮門（以上嗣徳帝期）、太平御覧書楼、同慶帝陵凝禧殿（以上同慶帝期）、同慶帝陵宮門上層、育徳帝陵隆恩殿（以上成泰帝期）など多くの建物に用いられた。なお C' タイプ：小龍頭渦唐草雷文型のドゥイ・ケオ絵様は、五鳳楼上層にのみ見られることから、五鳳楼の再建年代である明命 14 年（1833）のものではなく、1900 年以降のものと考えられる。

D タイプ：渦唐草文型のドゥイ・ケオ絵様は、C タイプと同じ時期に用いられたと考えられる。例えば嗣徳 2 年（1848）に建立された延寿宮正殿が C タイプ：小龍頭渦唐草文型のドゥイ・ケオ絵様、同時期に建立された長愉榭が D タイプ：渦唐草文型のドゥイ・ケオ絵様を用いている。同様に、嗣徳 17 年（1863）に建立された嗣徳帝陵和謙殿が C タイプ、同時期に建立された嗣徳帝陵鳴謙堂が D タイプを用いている。また同慶 3 年（1887）に建立された同慶帝陵凝禧殿前殿が C タイプ、同凝禧殿後殿[注13]が D タイプを用いている。さらに成泰 11 年（1899）に建立された同慶帝陵宮門上層が C タイプ、宮門下層が D タイプを用いている。このことから、C タイプのほうが D タイプより格式が高い空間に用いられる傾向がみられる[注14]。

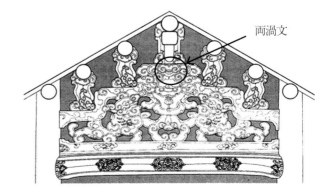

図 3-46　明成殿重梁[注15]（座龍を渦文で表現したもの）

第3章　隆徳殿の調査研究

　以上の考察から、ドゥイ・ケオ絵様の変遷を概観すれば、Aタイプ：両渦文型→Bタイプ：龍頭吐水唐草文型→Cタイプ：小龍頭渦唐草文型およびDタイプ：渦唐草文型→C'タイプ：小龍頭渦唐草雷文型となる（図3-48内図6参照）。

　またドゥイ・ケオの繰形をみると、獣形木鼻から繰形木鼻へと変化した（図3-47内図5参照）と考えられる[注16]。繰形木鼻の初出は、紹治5年（1845）に制作された隆安殿または明徽閣のドゥイ・ケオである[注17]。

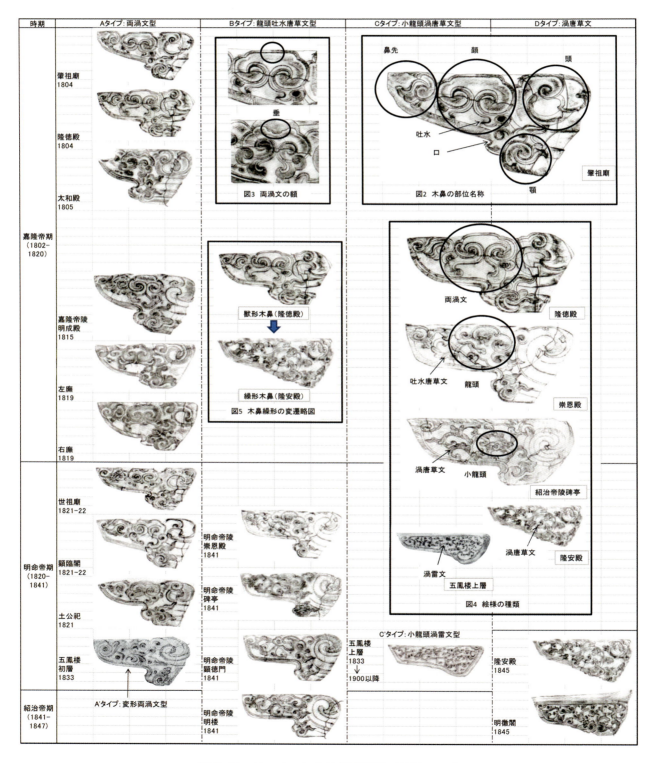

図3-47　ドゥイ・ケオ絵様変遷図（1802-1847）

3-3-3.7 ドゥイ・ケオ絵様による建立年代の判定

ここでは、文献史料およびHMCCからの聞き取りをもとに、現存する阮朝木造建築の建立年代を想定し、それに基づいてドゥイ・ケオ絵様の変遷を明らかにした。その結果、いくつかの遺構の建立年代に疑問が生じたので、ドゥイ・ケオ絵様の様式編年から判断して、新たに遺構の建立年代を推定した。

(1) Aタイプに属する遺構の建立年代

寿寧殿：寿寧殿の建立年代は、文献史料から嗣徳2年（1848）と推定されたが、そのドゥイ・ケオ絵様の特徴は、嘉隆初頭を下らないことを示している。したがって寿寧殿は、延寿宮の初代目名称である長寿宮が建立された嘉隆2年（1804）と同時期に建立されたものと考えられる。

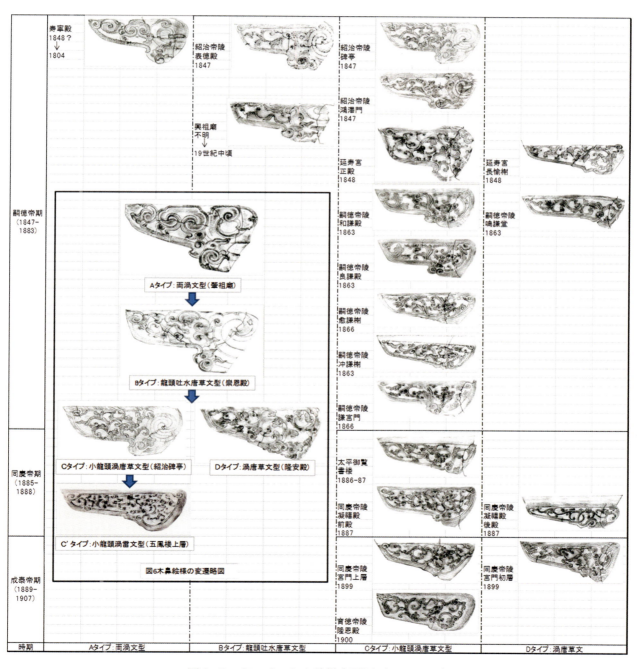

図3-48　ドゥイ・ケオ絵様変遷図（1847-1927）

五鳳楼：五鳳楼の建立年代は、文献史料から明命14年（1833）と推定されたが、主楼閣上層のドゥイ・ケオ絵様の特徴は、成泰期以降の特徴を示している。五鳳楼は嘉隆5年（1806）に創建され、明命14年（1833）に再建され、成泰年間（1889-1907）および啓定5～7年（1921～23）に修理されたことが文献史料からわかっている。また20世紀初頭に撮影された写真では、主楼閣だけを残して左右の翼楼閣が破壊された状態が記録されている。さらに主楼閣上層部分が台風によって大破したとも伝えられている。ユネスコ・ワーキンググループの報告書（1993年）によると、啓定5～7年の修理が解体修理であったことがわかっている[注18]。五鳳楼は、主楼閣初層のドゥイ・ケオがタイプBの絵様[注19]を用い、一部にタイプA'の絵様（I5・I12）が用いられていることから判断して、明命14年の再建時に創建建物の部材（タイプA'のドゥイ・ケオ）を一部に再用して新築し、成泰年間に台風によって失われた翼楼閣を再建し、さらに台風によって主楼閣を失ったので、啓定5～7年（1921～23）に解体修理を行い、その際、主楼閣の上層に新しいC'タイプのドゥイ・ケオ絵様を用いたと考えられる。

(2) Bタイプに属する遺構の建立年代

興祖廟：興祖廟は、文献史料によると、嘉隆3年（1804）に皇考廟（前身建物）が創建され、明命2年（1821）に再建され、明命10年（1829）、紹治2年（1842）および嗣徳31年（1877）に屋根修理が行われ、1947年に戦火により焼失した。1951年瑞輝皇后が金龍地区の離宮・金龍社轉を興祖廟として移築した[注20]が、金龍社轉の建立年代は不明であった。しかし現遺構のドゥイ・ケオ絵様が、Bタイプの特徴を示していることから、紹治期（19世紀中ごろ）に建立されたものと考えられる。ところで金龍地区に延福長公主祀が現存するが、この建物は、紹治帝が結婚する長女のために1846年に建てた住宅である。離宮・金龍社轉は延福長公主祀と同時期に紹治帝によって建立されたものと推定される。

(3) C'タイプに属する遺構の建立年代

五鳳楼：現在の五鳳楼は、前記したように、明命14年（1833）に再建され、成泰年間（1889-1907）および啓定5～7年（1921～23）に修理されたことが文献史料より明らかになっている。五鳳楼上層のドゥイ・ケオ絵様は、20世紀初頭以降の特徴をしめしていることから、啓定5～7年（1921～23）の解体修理のとき新たに制作されたものと考えられる。

3-3-3.8 おわりに

以上の考察をまとめると以下のようになる。

1) 阮朝木造建築遺構におけるドゥイ・ケオ絵様の制作年代を明らかにするため、現存遺構34棟の創建年代と修理経緯を漢喃史料である『大南寔録』『欽定大南會典事例』『大南一統志』の三文献史料およびHMCCからの聞き取りにより明らかにした。

2) 阮朝木造建築遺構におけるドゥイ・ケオ絵様の様式を「A両渦文型、B龍頭吐水唐草文型、C小龍頭渦唐草文型、D渦唐草文型」の4つに分類した。五鳳楼上層のドゥイ・ケオ絵様は、「C小龍頭渦唐草文型」の変形と考え、「C'小龍頭渦唐草雷文型」とし、Cタイプに含めた。

3) ドゥイ・ケオ絵様の変遷を概観すれば、Aタイプ：両渦文型→Bタイプ：龍頭吐水唐草文型→Cタイプ：小龍頭渦唐草文型およびDタイプ：渦唐草文型→C'タイプ：小龍頭渦唐草雷文型となる。

4) ドゥイ・ケオ絵様の様式編年から判断して、新たに遺構の建立年代を推定した結果、寿寧殿は嘉隆3年（1804）に、五鳳楼主楼閣上層は啓定5～7年（1921～23）に、興祖廟は紹治期（19世紀中ごろ）にそれぞれ建立されたと考えることができる。

参考文献

1) 一之瀬裕行，中川武，西本真一，中沢信一郎，土屋武，坂本忠規，白井裕泰，六反田千恵，高野恵子，川嶋彩：フエ・阮朝建築遺構群の細部意匠研究1・研究方法と問題点，ヴィエトナム／フエ・阮朝王宮の復原的研究（その36），日本建築学会大会学術講演梗概集，F-2，pp.287-288，2000.9

2) 川嶋彩，中川武，西本真一，中沢信一郎，土屋武，坂本忠規，白井裕泰，六反田千恵，高野恵子，一之瀬裕行：フエ・阮朝建築遺構群の細部意匠研究2・現存木造遺構のドゥイ・ケオ彫刻絵様分類，ヴィエトナム／フエ・阮朝王宮の復原的研究（その37），日本建築学会大会学術講演梗概集，F-2，pp.289-290，2000.9

3) 六反田千恵，中川武，西本真一，中沢信一郎，土屋武，坂本忠規，白井裕泰，高野恵子，川嶋彩，一之瀬裕行：フエ・阮朝建築遺構群の細部意匠研究3・五鳳楼初層のドゥイ・ケオ彫刻絵様分類，ヴィエトナム／フエ・阮朝王宮の復原的研究（その38），日本建築学会大会学術講演梗概集，F-2，pp.291-292，2000.9

4) 一之瀬裕行，中川武，西本真一，中沢信一郎，土屋武，坂本忠規，白井裕泰，六反田千恵，高野恵子：フエ・阮朝建築遺構群の細部意匠研究5・肇祖廟における木部彫刻部位とその特徴，ヴィエトナム／フエ・阮朝王宮の復原的研究（その46），日本建築学会大会学術講演梗概集，F-2，pp.171-172，2001.9

5) 六反田千恵，中川武，西本真一，中沢信一郎，土屋武，坂本忠規，白井裕泰，高野恵子：フエ・阮朝建築遺構群の細部意匠研究6・元渦紋形状の分類，ヴィエトナム／フエ・阮朝王宮の復原的研究（その47），日本建築学会大会学術講演梗概集，F-2，pp.173-174，2001.9

6) 一之瀬裕行，中川武，白井裕泰，中沢信一郎，土屋武，坂本忠規，六反田千恵，高野恵子：フエ・阮朝建築遺構群の細部

7) 坂本忠規，中川武，白井裕泰，中沢信一郎，土屋武：阮朝漢喃史料における建築の記述，ヴィエトナム／フエ・阮朝王宮の復原的研究（その53），日本建築学会関東支部研究報告集II，pp.533-536，2002.3
8) 高野恵子：細部意匠研究による編年考察の可能性，ベトナム伝統住居の体系的研究－所在調査と意匠技法の編年－総論第5章，昭和女子大学国際文化研究所紀要7，pp.31-35，2002.3
9) 六反田千恵，高野恵子，齋藤潮美，中川武，中沢信一郎，土屋武，坂本忠規，白井裕泰：フエ・阮朝建築遺構群の細部意匠研究8・意匠形状による大梁（ダウ・チェン）の分類，ヴィエトナム／フエ・阮朝王宮の復原的研究（その61），日本建築学会大会学術講演梗概集，F-2，pp.671-672，2002.9
10) 六反田千恵：隆徳殿ドゥイ・ケオ彫刻絵様構成について，グエン朝・太廟・隆徳殿の修復計画（その2），日本建築学会大会学術講演梗概集，F-2，pp.285-286，2006.9
11) 六反田千恵，白井裕泰，中川武：両渦紋ドゥイ・ケオ彫刻の先端渦紋の分類について，阮朝・太廟・隆徳殿の修復計画（その8），日本建築学会大会学術講演梗概集，F-2，pp.183-184，2007.9
12) 六反田千恵，白井裕泰，中川武：両渦紋ドゥイ・ケオ彫刻の先端渦紋の分類について2，阮朝・太廟・隆徳殿の修復計画（その14），日本建築学会大会学術講演梗概集，F-2，pp.131-132，2008.9
13) 六反田千恵，白井裕泰，中川武：隆徳殿裳階部ケオの彫刻絵様構成について，阮朝・太廟・隆徳殿の修復計画（その20），日本建築学会大会学術講演梗概集，F-2，pp.33-34，2009.9
14) 六反田千恵，中川武，林英昭，木谷建太：ドゥイ・ケオのプロポーションについて，ヴィエトナム・フエ阮朝王宮の復原的研究（その151），日本建築学会関東支部研究報告集II，pp.657-660，2010.3
15) 六反田千恵，中川武，林英昭，木谷建太：勤正殿の前檐ケオ・身舎大梁・ヴィ・ジャ・トゥの彫刻絵様について，ヴィエトナム・フエ阮朝王宮の復原的研究（その155），日本建築学会大会学術講演梗概集，F-2，pp.607-608，2010.9
16) 白井裕泰，中川武：阮朝フエ王宮における隆徳殿の当初材について，日本建築学会計画系論文集，No.671，pp.149-155，2012.1
17) 六反田千恵，中川武：勤正殿承霤部の彫刻絵様について，ヴィエトナム・フエ阮朝王宮の復原的研究（その168），日本建築学会大会学術講演梗概集，F-2，pp.469-470，2012.9
18) 六反田千恵，中川武，林英昭，木谷建太：明命帝陵に関する史料記述比較その2，ヴィエトナム・フエ阮朝王宮の復原的研究（その173），日本建築学会関東支部研究報告集II，pp.-，2013.3
19) 六反田千恵，中川武：連棟型遺構「承霤」彫刻絵様分類，ヴィエトナム・フエ阮朝王宮の復原的研究（その177），日本建築学会大会学術講演梗概集，F-2，pp.591-592，2013.8
20) 六反田千恵，中川武：フエ阮朝建築遺構群における建築形式の分類，現存遺構と『欽定大南會典事例』における記述の比較考察，日本建築学会計画系論文集，No.688，1409-1414，2013.6
21) 六反田千恵：フエ・阮朝建築遺構群の細部意匠研究，早稲田大学博士論文，私家版，2014.2

注

1) 参考文献16)によると，ものつくり大学が行った2005-2010年の解体修理によって，隆徳殿は嘉隆3年（1804）に創建され，明命13年（1832）に屋根修理，成泰12年（1900）に半解体修理が行われ，構造形式の変更はないが，現遺構には当初材と後補材が混在していることが明らかにされた。
2) 参考文献20)によると，興祖廟，延寿宮正殿，凝禧殿は規模を変更した可能性が認められる。
3) 参考文献2)参照。
4) 富澤明は，『大南寔録』，『欽定大南会典事例』，『大南一統志』から造営に関連する記述を抽出し，『阮朝王宮及び皇帝陵の建築群の造営に関する文献的研究』（早稲田大学修士論文，2011）にまとめた。さらに六反田千恵は，『古都フエの建築』（ファン・トン・アン著，1992年）およびHMCCにおけるヒアリングから造営に関連する事柄を抽出し，富澤論文を加えて遺構ごとに整理し，参考文献21)にまとめた。
5) 参考文献1)－6)，9)－15)，17)，19)参照。
6) 鴻澤門・碑亭のドゥイ・ケオ彫刻絵様は，龍が変形しているが渦龍型としている。
7) 参考文献2)参照。
8) 参考文献21)を参考に再構成した。
9) 参考文献10)参照。
10) 寿寧殿は，少なくとも建立当初の木鼻絵様を残している可能性がある。
11) 参考文献8)参照。
12) 「富樫洋之，中川武，西本真一，中沢信一郎，白井裕泰，高野恵子，土屋武，石原彩子，佐々木太清，柳下敦彦：興廟の構造形式と平面計画における単位長，ヴィエトナム／フエ・阮朝王宮の復原的研究（その10），日本建築学会大会学術講演梗概集F-2，pp.473-474，1997.9」を参照。
13) 同慶帝陵の完成は，息子の啓定帝の時代とされ，後殿の建立年代はこれより降る可能性がある。
14) 隆安殿（1908年移築），明徽閣（1902年移築），延寿宮長愉榭，嗣徳帝陵鳴謙堂，同慶帝陵凝禧殿後殿・宮門（啓定帝期?）が啓定帝期（1916-25年）以降に移築または大規模修理されたことが明らかになれば，Dタイプは20世紀初期の絵様と考えることができる。
15) 図7は，参考文献21)より転載した。
16) 獣形木鼻は「口」を持つが，繰形木鼻は「口」がなくなっている。
17) 明徽閣は1902年に，隆安殿は1908年に移築されているので，両者のドゥイ・ケオ木鼻は移築時のものである可能性がある。もしもそうであるならば，繰形木鼻の初出は延寿宮長愉榭（1848年）ということになる。
18)・20) 参考文献21)参照。
19) 五鳳楼初層ドゥイ・ケオ木鼻（タイプB）の絵様を図7に示す。

図7　五鳳楼初層　ドゥイ・ケオ木鼻（タイプB）

第4節　構造分析

3-4-1　外壁・柱・登梁（ケオ）の劣化状況
3-4-1.1　研究の背景と目的

隆徳殿は、ベトナム・フエ阮（グエン）朝時代1804年に建設された未修復の木造建築物であり、2005・平成17年度より4年間で修復する計画である。ここでは解体時に実態調査を行った外壁および柱の劣化状況について報告する[注1]。

3-4-1.2　隆徳殿の概要

図3-49に隆徳殿の平・断面図を示す。隆徳殿は、身舎－庇－裳階の架構形式を有し、桁行方向12.56m、梁行方向12.66m（5間×5間）の平屋建築物である。

3-4-1.3　調査日および調査方法

外壁調査は2006・平成18年8月17日および2007・平成19年3月11、12日、柱の劣化調査は同年3月19、20日に実施した。ケオの劣化状況調査は同年3月19～21日に実施した。外壁・柱およびケオの劣化状況は目視による。また、柱では部材の長さ、直径、含水率を計測した。含水率の測定には、高周波式水分計（kett HM-520／住・木センター認定99-001）を用い、ケオの鼻、中間部、尻の3点を計測した。また、材積を算出するためにケオの断面寸法と長さを実測した。

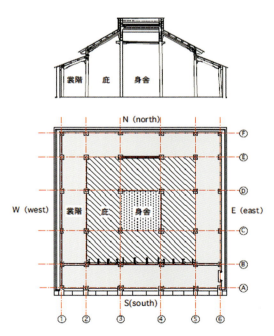

図3-49　隆徳殿　平面・断面図

3-4-1.4　外壁の劣化状況について

写真3-13は隆徳殿の西面および北面、写真3-14は西北のコーナー部分とその詳細である。隆徳殿の外壁は煉瓦積み＋漆喰仕上げで、屋根は素焼きの瓦を重ねており、軒先には雨樋が無く雨水は軒先全体から外壁面に流れ落ちる。軒先は経年による建物の歪みにより、不陸が生じているため、雨水が集中する箇所の漆喰には黒かびや白かびが生じている（写真3-13）。また、コーナー部分には漆喰に亀裂が生じ、煉瓦積みの煉瓦が崩れかけている。これは、外壁がケオ（登梁）の端部を支え、屋根荷重の一部を負担しているため、隆徳殿の架構全体の歪みの影響により、当該部分に過大な荷重が作用したものと推定できる（写真3-14）。

写真3-13　隆徳殿　外壁の劣化状況（西北面）

写真3-14　隆徳殿　西北面コーナー部分の劣化状況

3-4-1.5　柱の劣化状況について

表3-8は図3-49の番付に従い、隆徳殿の各部位に位置する裳階柱、庇柱および身舎柱の各柱について劣化調査した結果の一覧表である。表中の劣化長さは1本の柱に生じていた蟻害または腐朽の柱縦方向の長さの全長であり、幅および深さは計測していない。したがって劣化が柱の表層部のみでも材深部まででも劣化量としては同量と見なすものとした。劣化率は次式により求めた。

劣化率（％）＝当該柱の劣化量／当該柱の材積×100

また、柱の含水率は高周波式水分計（kett HM-520／住・木センター認定99-001）を用い、柱の柱頭、中

間、柱脚の3点を計測した平均値である。表3-8より、
　①劣化率の平均値は、軒先に近い裳階柱と庇柱が45％程度に対し、軒先から離れた身舎柱が20％と低いことから、劣化要因として雨水の影響が高い。
　②各部材毎の含水率の平均値は15〜17%で大きな差が無いが、個々の柱では11％〜21％までバラツキが見られる。含水率と劣化率に関連性はない。

図3-50は表3-8に示す劣化率を東西方向の各通り毎に並べたものであり、特に柱頭の劣化が著しい柱について○印で示した。図3-50より、
　①A通りの柱は屋外だが、劣化率はばらついている。
　②外壁内面に接触しているF通り、1通りおよび6通りの劣化率もばらついているが、各通りとも6本中3本の柱頭の劣化が著しい。
　③劣化率と柱頭の著しい劣化状況に関連性はない。

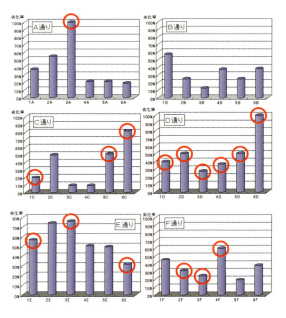

図3-50　隆徳殿　各通り毎の柱の劣化率グラフ

表3-8　隆徳殿　柱劣化調査一覧表

部材名称	番付	柱の径(mm)	長さ(mm)	材積(m³)	劣化長さ(mm)	劣化量(m³)	劣化率(%)	平均含水率(%)
裳階柱	1A	208	2,685	0.091	1,000	0.034	37%	13.7%
裳階柱	2A	212	2,393	0.084	1,300	0.046	54%	15.7%
裳階柱	3A	212	2,365	0.083	2,365	0.083	100%	14.7%
裳階柱	4A	212	2,337	0.082	500	0.018	21%	13.5%
裳階柱	5A	202	2,358	0.076	500	0.016	21%	11.8%
裳階柱	6A	208	2,628	0.089	500	0.017	19%	13.3%
裳階柱	1B	195	2,635	0.079	1,500	0.045	57%	17.2%
裳階柱	6B	208	2,612	0.089	1,000	0.034	38%	16.5%
裳階柱	1C	194	2,562	0.076	500	0.015	20%	16.5%
裳階柱	6C	200	2,453	0.077	2,000	0.063	82%	17.5%
裳階柱	1D	196	2,543	0.077	1,000	0.030	39%	15.8%
裳階柱	6D	200	2,527	0.079	2,527	0.079	100%	15.5%
裳階柱	1E	191	2,650	0.076	1,500	0.043	57%	15.2%
裳階柱	6E	186	2,560	0.070	800	0.022	31%	16.2%
裳階柱	1F	210	2,658	0.092	1,200	0.042	45%	17.2%
裳階柱	2F	184	2,584	0.069	800	0.021	31%	13.8%
裳階柱	3F	198	2,470	0.076	600	0.018	24%	17.3%
裳階柱	4F	191	2,500	0.072	1,500	0.043	60%	15.%
裳階柱	5F	194	2,620	0.077	500	0.015	19%	15.3%
裳階柱	6F	190	2,647	0.075	1,000	0.028	38%	16.3%
平均値		200	2,539	0.079	1,130	0.036	45%	15.4%
庇柱	2B	200	4,060	0.127	1,000	0.031	25%	15.%
庇柱	3B	215	4,025	0.146	500	0.018	12%	15.7%
庇柱	4B	208	4,010	0.136	1,500	0.051	37%	16.2%
庇柱	5B	210	4,052	0.140	1,000	0.035	25%	18.3%
庇柱	2C	214	4,025	0.145	2,000	0.072	50%	21.3%
庇柱	5C	225	3,932	0.156	2,000	0.079	51%	13.2%
庇柱	2D	212	3,980	0.140	2,000	0.071	50%	16.5%
庇柱	5D	212	3,965	0.140	2,000	0.071	50%	15.3%
庇柱	2E	210	4,057	0.140	3,000	0.104	74%	16.2%
庇柱	3E	212	3,955	0.140	3,000	0.106	76%	16.2%
庇柱	4E	215	3,970	0.144	2,000	0.073	50%	14.2%
庇柱	5E	212	4,060	0.143	2,000	0.071	49%	16.%
平均値		212	4,008	0.142	1,833	0.065	46%	16.2%
身舎柱	3C	224	5,548	0.219	500	0.020	9%	17.7%
身舎柱	4C	225	5,546	0.220	500	0.020	9%	17.2%
身舎柱	3D	215	5,554	0.202	1,500	0.054	27%	17.8%
身舎柱	4D	215	5,520	0.200	2,000	0.073	36%	17.8%
平均値		220	5,542	0.210	1,125	0.042	20%	17.6%

3-4-1.6　登梁（ケオ）の劣化状況

ケオの番付は、番付の通りに沿って架かるケオと隅棟に架かるケオで分け、それぞれに01〜32まで通し番号を付けた。番付の例として、裳階のケオの番付を示す。

ケオの樹種は、リム（鉄木の一種）である。計測した含水率15％前後時の密度（容積重）は0.7〜0.8であった。写真3-15にケオの劣化状況を示す。写真上はケオの鼻、写真中は尻、写真下はケオと母屋受けの合わせ部である。図3-52に濃色で示しているケオは、劣化が生じていたものである。図3-52より、部位では屋根の上屋にあたる庇部分のケオが12本中11本、下屋にあたる裳階部分のケオは20本中5本に劣化が見られた。

方向では、東面のケオの劣化本数が最も多く、北面、南面、西面の順に減少している。庇のケオの鼻は外部に突出しているため、雨水の影響による劣化が大きいが、シロアリの食害も見られた。

ケオには母屋を受ける母屋受けがダボにより取り付けられている。この母屋受けとダボは全て腐朽しており、それがケオとの合わせ面にまで及んでいるものと考えられる。

図3-51は表3-9に示すケオの劣化率の棒グラフである。表3-9および図3-51より、
　①裳階のケオはC5-6を除いて劣化率100%か0%であることから、一旦劣化すればケオ全体に広がっている。
　②庇ではほとんどのケオが劣化しているが、ケオ1本あたりの平均劣化率は約25%と裳階に比べ低い値である。
　③築後200年近く経過していること、含水率の平均

第3章 隆徳殿の調査研究

値が15%前後であることなどから、ケオの含水率はほぼ平衡状態であるものと推定できる。ゆえに修復後も含水率は大きく変化せずに安定するものと思われる。

表3-9 隆徳殿 登梁（ケオ）の劣化調査結果表

部材番号	登梁（ケオ）の方向と部位		番付	登梁の幅(mm)	登梁の成(mm)	長さ(mm)	材積(m³)	劣化長さ(mm)	劣化量(m³)	劣化率(%)	平均含水率(%)
01	南	裳階	2/A-B	260	120	2,565	0.080	0	0.000	0%	14.5%
02	南	裳階	3/A-B	240	130	2,620	0.082	2,620	0.082	100%	18.5%
03	南	裳階	4/A-B	235	125	2,585	0.076	0	0.000	0%	16.0%
04	南	裳階	5/A-B	260	120	2,610	0.081	0	0.000	0%	15.5%
平均値				249	124	2,595	0.080	655	0.020	25%	16.1%
05	東	裳階	B/5-6	290	150	2,540	0.110	0	0.000	0%	14.0%
06	東	裳階	C/5-6	230	130	2,520	0.075	1,000	0.030	40%	14.5%
07	東	裳階	D/5-6	250	130	2,550	0.083	2,550	0.083	100%	13.0%
08	東	裳階	E/5-6	280	135	2,510	0.095	0	0.000	0%	13.5%
平均値				263	136	2,530	0.091	888	0.028	35%	13.7%
09	北	裳階	5/E-F	270	130	2,460	0.086	2,460	0.086	100%	16.0%
10	北	裳階	4/E-F	260	135	2,500	0.088	2,500	0.088	100%	11.5%
11	北	裳階	3/E-F	270	105	2,440	0.069	0	0.000	0%	13.0%
12	北	裳階	2/E-F	270	135	2,485	0.091	0	0.000	0%	15.5%
平均値				268	126	2,471	0.083	1,240	0.044	50%	14.0%
13	西	裳階	E/1-2	280	135	2,480	0.094	0	0.000	0%	14.5%
14	西	裳階	D/1-2	270	125	2,550	0.086	0	0.000	0%	15.5%
15	西	裳階	C/1-2	270	135	2,460	0.090	0	0.000	0%	16.5%
16	西	裳階	B/1-2	270	135	2,520	0.092	0	0.000	0%	13.5%
平均値				273	133	2,503	0.090	0	0.000	0%	15.0%
17	南西	裳階・隅	1A-2B	245	120	3,395	0.100	0	0.000	0%	14.5%
18	南東	裳階・隅	6A-5B	270	140	3,530	0.133	1,500	0.057	42%	12.5%
19	北東	裳階・隅	6F-5E	360	150	3,390	0.183	0	0.000	0%	15.0%
20	北西	裳階・隅	1F-2E	270	165	3,345	0.149	0	0.000	0%	16.0%
平均値				286	144	3,415	0.141	375	0.014	11%	14.5%
21	南	庇〜身舎	3/B-C'	195	180	5,635	0.198	1,200	0.042	21%	15.7%
22	南	庇〜身舎	4/B-C'	190	181	5,700	0.196	500	0.017	9%	17.7%
23	北	庇〜身舎	4/C'-E	195	165	5,575	0.179	500	0.016	9%	17.2%
24	北	庇〜身舎	3/C'-E	190	160	5,670	0.172	1,500	0.046	26%	16.7%
平均値				193	172	5,645	0.186	925	0.030	16%	16.8%
25	東	庇	C/4-5	180	165	3,620	0.108	1,000	0.030	28%	14.2%
26	東	庇	D/4-5	175	160	3,565	0.100	2,000	0.056	56%	15.3%
27	西	庇	D/2-3	210	160	3,550	0.119	1,000	0.034	28%	15.0%
28	西	庇	C/2-3	200	140	3,565	0.100	500	0.014	14%	13.8%
平均値				191	156	3,575	0.107	1,125	0.033	31%	14.6%
29	南西	庇・隅	2B-3C	210	165	4,620	0.160	0	0.000	0%	13.7%
30	南東	庇・隅	5B-4C	220	160	4,605	0.162	1,000	0.035	22%	14.7%
31	北東	庇・隅	5E-4D	175	160	4,620	0.129	500	0.014	11%	14.5%
32	北西	庇・隅	2E-3D	175	165	4,580	0.132	2,000	0.058	44%	15.5%
平均値				190	162	4,602	0.141	1,167	0.036	25%	14.9%

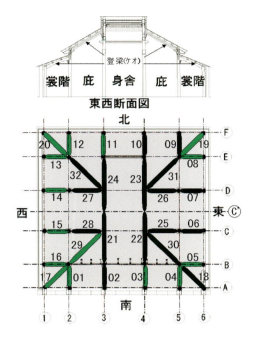

図3-52 隆徳殿 断面図・登梁（ケオ）伏図

写真3-15 隆徳殿 ケオの劣化状況
例1：2通りの柱2A-2B間に架かるケオ→2A-B（01番）
例2：南西隅の柱1A-2B間に架かるケオ→1A-2B（17番）

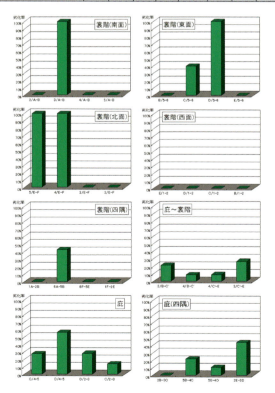

図3-51 隆徳殿 各部位・方向のケオの劣化率グラフ

注
1) 小野泰、白井裕泰、中川武：隆徳殿の劣化状況調査－外壁・柱の劣化状況－阮朝・太廟・隆徳殿の修復計画（その9）、日本建築学会大会学術講演梗概集、C-1、pp.389-390、2007.8

3-4-2 1/4構造模型および実物載荷実験
3-4-2.1 はじめに

ベトナム中部、フエに所在する阮朝宮殿建築の一つである隆徳殿について、1/4構造模型および実物の身舎柱間に対して、載荷重量が変化した際における軸組の挙動を把握するために載荷実験をおこなった。

3-4-2.2 1/4模型載荷実験
(1) 試験体概要

試験体概要を図 3-53 および写真 3-16 に示す。各部材寸法は、2000・平成 12 年度早稲田大学、2003・平成 15 年度ものつくり大学および 2004・平成 16 年度東京大学の実測調査結果に基づいて決定した。ただし、各部材の形状は各々の構造的性能を明確にするため、接合部の接触面積を重視した長方形断面とし、装飾要素を省略し、使用樹種は今後の修復事情を前提として、すべて Kiền kiền[注1]（ラオス産材）とした。

試験体は、ベトナム人大工より現地で作製後、日本に運搬され、日本人大工により組み立てられた。載荷のため、母屋桁の上には模型の構造材を拘束しない程度に桟を設けた。なお、柱脚は現状に即して礎石に直置きとし、礎盤にわずかに落とし込まれている A 通りのみ、柱脚を固定した。

(2) 実験概要

隆徳殿の屋根瓦は、南面および西面の身舎庇が素焼陰陽瓦、東面および北面の身舎庇ならびに裳階が素焼平瓦である。これらの瓦の単位面積当たりの重量に関するデータには幅がある[注2]が、実験に当たっては下限値を採用し、素焼陰陽瓦で 140kg/㎡、素焼平瓦では 80kg/㎡ とした。

試験体のスケールが 1/4 であることから、まず、建物自体の縮尺を考慮した体積比重量（実際の重量の 1/64）である 400kg を載荷した後、積載荷重を増やして鉛直部材に作用する軸力を考慮した面積比重量（実際の重量の 1/16）である 1600kg を載荷した。ただし、体積比重量による載荷では載荷量が少ないので、陰陽瓦と平瓦の区別なく等分布荷重とし、面積比重量による載荷では、実状に従った。

(3) 実験結果

各柱での計測結果を図 3-54 に示す。桁行方向で側柱が後方に倒れる一方、梁行方向では、柱が全体的に逆ハの字に倒れた。

4-2-3 実物載荷実験
(1) 実験概要

実験概要を図 3-55 に示す。隆徳殿の素焼瓦は、雨季には吸水して乾季の重量の 1.5 ～ 1.6 倍になる[注2]ことから、建物の実測調査結果をもとに、屋根瓦吸水時の増分として、5.0kN を棟木に 2 点で載荷し、約 18 時間放置した。その後、変位計の読み取り値を増すため、載荷荷重を 7.0kN に増やして約 19 時間放置した。次に、柱の挙動を可能な限り検出するために、載荷荷重を 8.8kN に増した上で、3 通り側の 1 点で吊載荷した。計測は梁間構面の身舎柱に対して行なった。

(2) 実験結果

各柱での計測結果を図 3-56 に示す。なお、計測中の温湿度変化は、温度が 28.3 ～ 33.0℃、湿度が 59 ～ 76% であった。2 点載荷の場合、柱はハの字に倒れるが、1 点載荷の場合、荷重の偏りのため、両柱とも前方に倒れた。

3-4-2.4 小結

隆徳殿の 1/4 構造模型および実物の身舎柱間に対して、載荷実験を行い、荷重変化による柱の挙動を把握した。

注

1) 「ヴィエトナム・フエ阮朝宮殿建築の構造性能接合部の静的加力実験　阮朝・太廟・隆徳殿の修復計画（その 4）」山口亜由美ほか『日本建築学会大会学術講演梗概集 C-1 分冊』p.p.523-524、1998 年
2) "THE VIBRATIONAL CHARACTERISTICS OF THE ROYAL BUILDINGS IN HUE, VIETNAM" Ayumi YAMAGUCHI, etc., The 6th International Symposium on Architectural Interchanges in Asia, Proceedings Volume II, pp.1148-1153

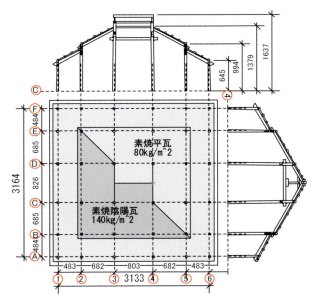

図 3-53　隆徳殿　1/4 構造模型試験体概要図（単位：mm）

第3章 隆徳殿の調査研究

写真3-16　隆徳殿　1/4構造模型試験体概要写真
左上：構造模型　右上：桟の付加　左下：体積比重量の載荷　右下：面積比重量の載荷

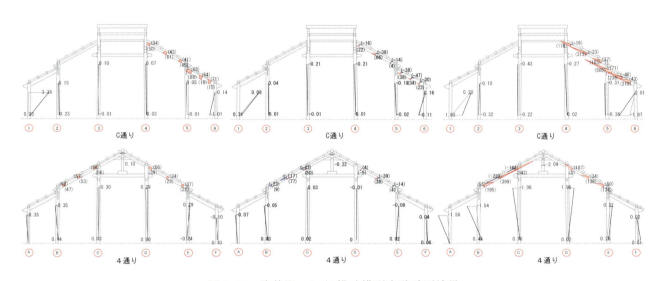

図3-54　隆徳殿　1/4構造模型実験計測結果
変位mm、（ ）内応力度N/cm²　左：載荷前　中：体積比載荷後　右：面積比載荷後

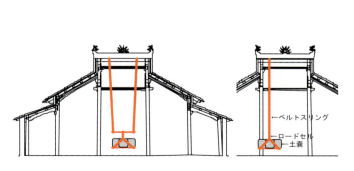

図3-55　隆徳殿　実物載荷実験概要図
左：2点載荷　右：1点載荷

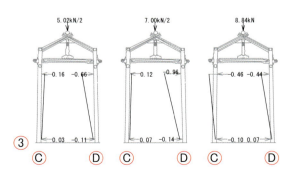

図3-56　隆徳殿　実物載荷実験計測結果
柱内計測器間距離3800mm

60

3-4-3 接合部の静的加力実験
3-4-3.1 はじめに

阮朝宮殿建築の隆徳殿について、実物大接合部の静的加力実験をおこなった。また、これに先駆けて、宮殿建築に用いられている木材について材料試験をおこなった。

3-4-3.2 材料試験
(1) 宮殿建築に用いられる木材

現在、宮殿建築に用いられている樹種は 11 種を数えるが、その内、*Erythrophloeum fordii Oliv.*（マメ科、ベトナム語名：Lim Xanh、漢語名：鉄木、以下 Lim）と *Hopea pierrei Hance*（フタバガキ科、ベトナム語名：Kiền Kiền、漢語名：梓木、以下 Kien）の 2 樹種が全体の約 80% を占めるとされている[注1]。かつて宮殿建築では Lim が多く用いられていたが、現在では Lim が不足し高価であるため、修復に際しては Kien が代替材として用いられている。

(2) 試験体および試験概要

Lim と Kien について材料試験をおこなった。試験項目は、縦圧縮、横圧縮、部分圧縮、曲げ、柾目面せん断の 5 項目とした。現地で入手した供試材（Lim は約 100 年前の古材、Kien は新材）から、JIS 規格試験に則った試験体（断面は 1 辺 2cm を基準とする）を各 8 体作製した。加力方法および荷重速度はともに JIS 規格試験に則った。試験時の気乾比重および含水率はそれぞれ、Lim で 0.83、10.3%、Kien で 0.76、10.5% であった。

(3) 試験結果

各項目の試験結果を表 3-10 に示す。各々の値はヒノキの 2 倍程度、シラカシと同程度かやや大きい値[注2]を示すことがわかった。Lim の曲げ強度が低いのは古材であったため、半数の試験体が脆性的破壊をしたことによる。このような破壊をしなかった試験体のみの曲げ強度は平均で 139.4MPa であった。

表 3-10 隆徳殿　材料試験の結果
σ：強度、E：ヤング率、τ：せん断強度

樹種	σc (MPa)	Ec (GPa)	$\sigma c90$ (MPa)	$Ec90$ (GPa)	σep (MPa)	σb (MPa)	Eb (GPa)	τ (MPa)
Lim	88.7	17.7	12.1	1.4	13.9	94.7	15.5	15.1
Kien	76.6	18.9	13.7	1.4	15.0	141.7	13.6	18.7

添字：c：縦圧縮、c90：横圧縮、ep：部分圧縮比例限度、b：曲げ

3-4-3.3 接合部実験
(1) 試験体概要

宮殿建築の架構にみられる接合部の種類[注3]はおおよそ表 3-11 に集約される。本研究では、その中でも使用頻度の高い 6 種類の接合部について各々 3 体の試験体を作製し、静的加力実験をおこなった。試験体は現地大工が Kien を用いて作製し、日本に輸送後、実験に供せられた。試験体寸法は、近々、修復工事が計画されている隆徳殿における接合部の実寸[注4]に準じた。実験時の各試験体の含水率は 8.8〜9.4% であった。

表 3-11　宮殿建築の接合部

仕口形態		突き付け	ほぞ			
				留め	輪薙ぎ込み	蟻落し [腰掛]
二次部材	なし	(礎石-柱脚) (柱-貫) 柱-束	(柱-隅登梁)	(身舎登梁同士)	柱頭-登梁 束-小梁[CH]	柱-貫、頭貫 柱-裳階登梁 [CD] 束-束頭貫
	栓	込栓		(身舎登梁同士)	身舎登梁同士[KK]	柱-腕木 [CX]
		楔				(柱-貫)
		鼻栓	柱-虹梁 [CT]			
	だぼ		柱-頬杖 連結型登梁			
	釘		柱-頬杖			

( ) 内は稀な例、[ ] 内は本研究における試験体名

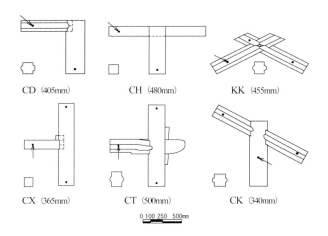

図 3-57　隆徳殿　試験体形状
( ) 内は接合部中心から加力点までの距離
・は実験時のピン留め位置、↑は加力方向

(2) 実験概要

加力方向および接合部の中心から加力点までの距離を図 3-58 に示す。試験体は図 3-57 に示すように CD、CH は 2 点、そのほかは 3 点で治具にピン留めし、正負交番の静的加力実験をおこなった。加力点での変位によって制御した加力サイクルは、変形角

（rad）で±1/300、±1/200、±1/150、±1/120、±1/100、±1/75、±1/60、±1/45、±1/30、±1/25、±1/20、±1/15、±1/10、±1/5とした。

(3) 実験結果および考察

被加力部材の回転角をもとに描いた M-θ 曲線を図3-59 に示す。いずれの場合もスリップ型の復元力特性を示した。CD、CH および CX ではいずれも剛性が低下しても接合部の弛緩により変形が続き、抵抗力が失われるような決定的な破壊には至らなかった。CT は加力点で、CK は登梁仕口で割損し、KK では込み栓の変形により抵抗力が徐々に低下したものの部材相互のめり込み以外に目立った損傷はなかった。M-θ 曲線より求めた各試験体の回転剛性およびめり込み理論式[注5]から得られた理論値（各部材を矩形として計算した）を表3-12 に示す。CD、CX のような腰掛蟻落しによる接合では実験値が理論値より著しく低いが、これは仕口加工が困難で、実際の部材間の接触面積が理論値より低いためと考えられる。このことは、仕口形状が単純で緊結し易い CT では実験値が理論値と近いことからも指摘できる。KK においては、込み栓の効果が反映されていないため、理論値が低い値を示した。

3-4-3.4 小結

ベトナムの宮殿建築について、材料試験および接合部実験をおこなった。宮殿建築に使用されている樹種の強度はいずれも高い値を示すことがわかった。接合部実験より得られた M-θ 曲線はスリップ型の復元力特性を示した。これより得られた回転剛性を理論値と比較すると、腰掛蟻落しによる接合では、加工精度の問題から理論式より求まる剛性が期待できない傾向があることがわかった。

表3-12　隆徳殿　各試験体の回転剛性（kN・m/rad）

	CD	CH	CX	CT	CK	KK
実験値(+)	21	702	336	1762	317	516
実験値(-)	94	258	83	1723	3197	4168
理論値	1216	1268	1346	2013	3582	1196

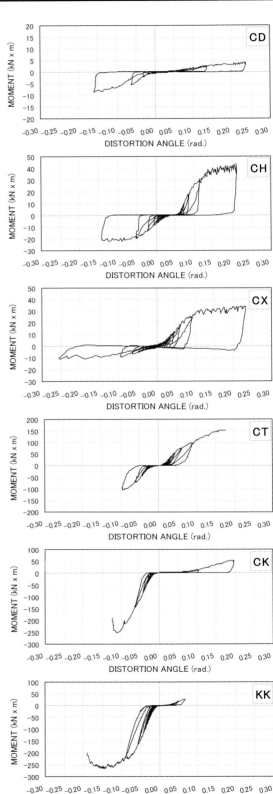

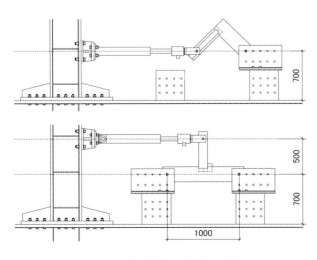

図3-58　隆徳殿　実験概要図　　　図3-59　隆徳殿　M-θ曲線

注

1) SO SÁNH KIỂM CHỨNG CƯỜNG ĐỘ, TỶ LỆ CO RÚT GỖ NGUYÊN GỐC VÀ GỖ PHỤC HỒI THAY THẾ TRONG DI TÍCH HUẾ, Đoàn Công Điền・Đỗ Hữu Triết・Phùng Hữu Quý, p.p.63-72
2) 『木材工業ハンドブック』森林総合研究所、丸善、2004年第4版
3) 「木造架構接合部について ヴィエトナム・フエ・阮朝王宮の復原的研究（その16）」高木直人ほか『日本建築学会大会学術講演梗概集F-2分冊』p.p.167-168、1998年
「仕口・継手について ヴィエトナム・フエ・阮朝王宮の復原的研究（その26）」高木直人ほか『同』p.p.173-174、1999年
4) 「隆徳殿における反りについて ヴィエトナム・フエ阮朝王宮の復原的研究（その94）」白井裕泰ほか『同』p.p.559-560、2004年「隆徳殿の柱内転びについて ヴィエトナム・フエ阮朝王宮の復原的研究（その108）」白井裕泰ほか『同』p.p.463-464、2005
5) 『木材のめり込み理論とその応用－靭性に期待した木質ラーメン接合部の耐震設計法に関する研究』稲山正弘、東京大学博士論文、1991年

3-4-4　水平加力実験

3-4-4.1　研究の背景と目的

隆徳殿は、ベトナム阮朝時代（1802～1945年）の1804年に建造された木造建築物であり、1993年にユネスコ世界文化遺産として登録されている。

当建築物は、2005・平成17年度より4年間で解体し復原する計画であるため、事前調査として修復前の隆徳殿の構造性能を把握することが本実験の目的である。

3-4-4.2　隆徳殿の概要

図3-60に隆徳殿の平・断面図を示す。隆徳殿は、身舎－庇－裳階の架構形式を有し、桁行方向12.56m、梁行方向12.66m（5間×5間）の平屋建築物である。隆徳殿は経年による建物の損傷が著しく、その現況については、2003・平成15年から白井他により現状調査が行われている[注1]。

3-4-4.3　実験方法

水平加力実験は、準備期間も含め2005・平成17年8月17日～24日、南北方向2回、東西方向1回の計3回行った。

図3-60に実験方法、写真3-17に試験状況を示す。水平加力の加力点は、隆徳殿の身舎の柱（3D，4D，4C）の高さ3.7mの位置とし、反力として屋外に設置した2t車とワイヤー等で連結し、ハンドプーラーにより加力した。

加力方向は、南北方向（加力点柱3D・4D）と東西方向（加力点柱4C・4D）の2方向とし、1方向単調増大加力とした。修復する建物であるため、柱の転倒変形角が1/200radまたは水平荷重20kNまでの加力に留めることとした。なお、実験終了後、荷重を除荷した時点の柱の残留変形はそのままとし次の加力を行った。荷重の計測にはロードセル（容量20kN）を用いた。

転倒変形角を計測する柱は、加力方向と平行に並ぶ一列の柱とした（図3-60平面図中の○囲の柱）。加力方向と転倒変位を計測した柱の番付は次のとおりである。

加力方向：南北方向1回目（8/20）－
　　　　　3F，4E，3D，3C，3B，3A
加力方向：東西方向1回目（8/22）－
　　　　　5D，4D，4C，3D，2D，1D
加力方向：南北方向2回目（8/24）－
　　　　　3E，3D，4D，3C，3B，3A

変位計の取付位置は、身舎の柱は基壇から200mmと4,000mm、庇の柱は200mmと2,100mm、裳階の柱は400mmと2,100mmとした（図3-60平・断面図中の太い矢印）。

3-4-4.4　実験結果

表3-13に最大荷重時の柱の転倒変位及び転倒変形角を示す。表中の最大荷重は反力である2t車の後部が浮き上がり加力不能になった時点の荷重である。

柱の転倒変形角（rad）は次式を用いて算出した。
転倒変形角＝（柱頭変位－柱脚変位）／測定間距離

表3-14に除荷時の柱の残留変位、残留変形角及び残留率を示す。残留率（％）は次式を用いて算出した。

残留率＝（除荷時の柱の転倒変形角／最大荷重時の
　　　　柱の転倒変形角）×100

図3-61に加力方向別に各柱の荷重－変形角の近似線形を示す。各柱の転倒変形角の傾向を分かり易く示すために、変形角曲線の1次線形を用いてグラフの原点（0,0）を通る近似線形とした。

写真3-17　隆徳殿　試験状況（南北方向加力）

3-4-4.5　実験結果の考察

実験結果は反力の問題から何れの加力方向においても目標とした転倒変形角1/200radまたは最大荷重20kNに及ばなかった。表3-13より最大荷重及び最

第3章　隆徳殿の調査研究

大転倒変形角は東西方向加力の4C柱（10.75kN, 1/1014rad 柱頭4.08mm, 柱脚0.34mm）、表3-14より除荷後の最大残留変形角は南北方向2回目加力の3C柱（1/7753rad. 柱頭0.52mm, 柱脚0.03mm）であった。故に今回の実験は弾性域内のごく初期段階の柱の転倒変形角を把握したことになる。各方向加力で計測した隆徳殿の一列の柱について考察を示す。

(1) 方向各柱の転倒変形角等について

表3-13最大荷重時の各柱の転倒変形角を大きい順に並べたものである。表3-14及び図3-61より、各柱の転倒変形角は、加力点柱を境にして、ワイヤー側の柱の転倒変形角が反対側の柱の転倒変形角より大きい傾向であった。裳階の柱（3A, 3F, 1D）を除くと、加力点柱の転倒変形角が最も大きく、加力点柱から離れた柱ほど転倒変形角が小さくなることから、身舎の柱（加力点柱）＞身舎の柱＞庇の柱の順となる。裳階の柱（3A, 3F, 1D）の転倒変形角は、3A（壁無）＞1D（壁付）＞3F（壁付）の順となり、柱に壁が密着している1D, 3Fの柱の転倒変形角は壁の影響があると推定できる。

(2) 各方向各柱の残留変形等について

表3-14に荷重除荷後の各柱の残留変形角を大きい順に並べたものである。表3-14より、身舎の加力点柱（4C, 3D, 4D）の残留変形角は大きくなる傾向があるが、庇、裳階の各柱の残留変形角はばらついている。裳階の柱（3A, 3F, 1D）の残留変形と壁の有・無の関係は加力方向で異なった。

(3) 反力について

王宮内の制約上、重機を運び込めず2t車とした。南北方向（1回目）で2t車の後部が浮き上がったため、東西・南北方向（2回目）では2t車の荷台及びシャーシ部分に約800kg分の砂袋を積み、ワイヤーを鋼製の頬杖で支え、2t車に作用する反力を地面へ分散させる等の補強を行った。

3-4-4.6　小結

築後200年が経過した隆徳殿について水平加力実験を行い、各方向一列の柱について弾性域内のごく初期段階における身舎、庇、裳階の柱の転倒変形の傾向を把握した。隆徳殿の各柱は内転びがあり、基檀の不同沈下や建物の損傷等が、身舎、庇、裳階の各柱の転倒変形に影響していると思われる。

注

1) 白井裕泰・中川武他4名「隆徳殿における反りについて－ヴェトナム／フエ・阮朝王宮の復元的研究（その94）」日本建築学会大会梗概集 F-2, pp.559-560, 2004年、白井裕泰・中川武他2名「隆徳殿の柱内転びについて－ヴェトナム／フエ・阮朝王宮の復元的研究（その108）」日本建築学会大会梗概集 F-2, pp.463-464, 2005年

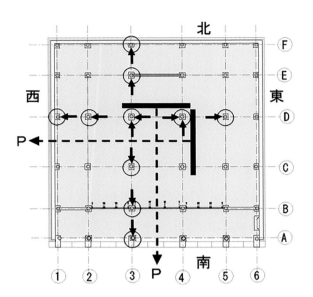

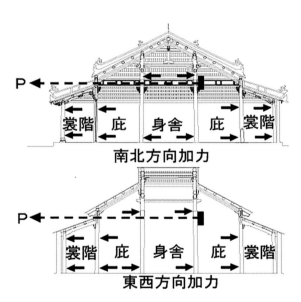

図3-60　隆徳殿　平・断面図及び試験方法図

表 3-13-1 隆徳殿　最大荷重時の各柱の転倒変位、転倒変形

南北方向(1回目)	最大荷重:7.43kN					
加力方向　←	A3	B3	C3	D3(加力)	E3	F3
柱頭残留(mm)	0.08	0.06	0.12	0.24	0.08	0.08
柱脚残留(mm)	0.02	0.01	0.02	0.02	0.01	0.01
残留変形角(rad.)	1/28533	1/37880	1/37990	1/17295	1/27229	1/27086
残留率(%)	12.00	14.29	10.20	12.94	21.21	22.58
東西方向	最大荷重:10.75kN					
加力方向　←	D1	D2	D3	C4(加力)	D4(加力)	D5
柱頭残留(mm)	0.02	0.16	0.24	0.48	0.52	0.20
柱脚残留(mm)	0.02	0.02	0.01	0.05	0.08	0.03
残留変形角(rad.)	0.00	1/13600	1/16496	1/8823	1/8627	1/11106
残留率(%)	0.00	36.84	10.18	11.50	13.92	36.96
南北方向(2回目)	最大荷重:9.45kN					
加力方向　←	A3	B3	C3	D3(加力)	D4(加力)	E3
柱頭残留(mm)	0.22	0.24	0.52	0.26	0.48	0.22
柱脚残留(mm)	0.01	0.04	0.03	0.04	0.02	0.02
残留変形角(rad.)	1/8157	1/8614	1/7753	1/17250	1/8087	1/9480
残留率(%)	23.60	34.38	35.77	9.40	17.60	35.09

表 3-14-1 隆徳殿　除荷時の各柱の残留変位、残留変形角、残留率

南北方向(1回目)	最大荷重:7.43kN					
加力方向　←	A3	B3	C3	D3(加力)	E3	F3
柱頭変位(mm)	0.52	0.36	1.00	1.88	0.34	0.32
柱脚変位(mm)	0.02	0.01	0.02	0.18	0.01	0.01
測定間距離(mm)	1,712	1,894	3,799	3,805	1,906	1,896
変形角(rad.)	1/3424	1/5411	1/3876	1/2238	1/5776	1/6116
東西方向	最大荷重:10.75kN					
加力方向　←	D1	D2	D3	C4(加力)	D4(加力)	D5
柱頭変位(mm)	0.58	0.42	2.38	4.08	3.56	0.50
柱脚変位(mm)	0.03	0.04	0.12	0.34	0.40	0.04
測定間距離(mm)	1,893	1,904	3,794	3,794	3,796	1,888
変形角(rad.)	1/3442	1/5011	1/1679	1/1014	1/1201	1/4104
南北方向(2回目)	最大荷重:9.45kN					
加力方向　←	A3	B3	C3	D3(加力)	D4(加力)	E3
柱頭変位(mm)	0.90	0.68	1.42	2.58	3.02	0.62
柱脚変位(mm)	0.01	0.04	0.05	0.24	0.35	0.05
測定間距離(mm)	1,713	1,895	3,799	3,795	3,801	1,896
変形角(rad.)	1/1925	1/2961	1/2773	1/1624	1/1423	1/3326

表 3-13-2 隆徳殿　最大荷重時の各柱の転倒変形角の順位

順位	南北方向1回目	東西方向	南北方向2回目
1	D3(1/2238rad./身・加)	C4(1/1014rad./身・加)	D4(1/1423rad./身・加)
2	A3(1/3424rad./裳・壁無)	D4(1/1201rad./身・加)	D3(1/1624rad./身)
3	C3(1/3876rad./身)	D3(1/1679rad./身舎)	A3(1/1925rad./裳・壁無)
4	B3(1/5411rad./庇)	D1(1/3443rad./裳・壁付)	C3(1/2773rad./身)
5	E3(1/5776rad./庇)	D5(1/4104rad./庇)	B3(1/2961rad./庇)
6	F3(1/6116rad./裳・壁有)	D2(1/5010rad./庇)	E3(1/3326rad./庇)

表 3-14-2 隆徳殿　除荷時の各柱の残留変形角の順位

順位	南北方向1回目	東西方向	南北方向2回目
1	D3(1/17295rad./身・加)	D4(1/8637rad./身・加)	C3(1/7753rad./身)
2	F3(1/27086rad./裳・壁有)	C4(1/8823rad./身・加)	D4(1/8087rad./身・加)
3	E3(1/27229rad./庇)	D5(1/11106rad./庇)	A3(1/8157rad./裳・壁無)
4	A3(1/28533rad./裳・壁無)	D2(1/13600rad./庇)	B3(1/8614rad./庇)
5	B3(1/37880rad./庇)	D3(1/16496rad./身)	E3(1/9480rad./庇)
6	C3(1/37990rad./身)	D1(0rad./裳・壁有)	D3(1/17250rad./身・加)

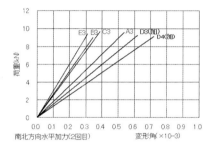
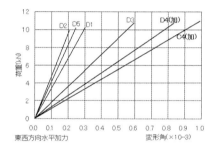
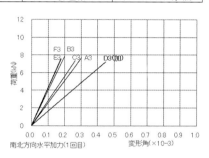

図 3-61　隆徳殿　各方向加力別の各柱の荷重－変形角近似線形

3-4-5　構造特性
3-4-5.1　はじめに

　隆徳殿は築後200年を経過した木造建造物であり、2005・平成17年8月～2009・平成21年8月にかけて解体修理を行った[注1]。これに関連して、常時微動測定および水平加力実験を、修理前の2003・平成15年8月（常時微動測定）、2005・平成17年8月（水平加力実験）、修理後の2010・平成22年8月（常時微動測定）、2011・平成23年3月（水平加力実験）に実施した。

　隆徳殿は、フエ王宮宮殿の中で、ベトナム戦争（1959～75年）後唯一修理が行われなかった建造物であり、創建当初の状態を残している可能性が高いと考えられ、これまでに隆徳殿の寸法計画、建築技法（柱の伸び・転び、番付、仕口）、当初材について考察を試みた[注2]。

　ここでは、2003・2005（平成15・17）年度と2010・平成22年度に行った水平加力実験および常時微動測定の結果より、修理前後の隆徳殿の構造性能の差異を明らかにした上で、構造特性について考察するものである。

3-4-5.2　柱・登梁（ケオ）の劣化状況[柱3]

　2007・平成19年3月に隆徳殿を解体した際、柱・ケオなどの劣化状況を調査した。劣化長さは、部材に生じていた蟻害または腐朽の部材縦方向の長さの全長であり、幅および深さは計測していない。すなわち劣化が部材の表層部のみでも部材深部まででも劣化量としては同量と見なすものとした。

　劣化率は次式により求めた。

　劣化率(%) ＝ 当該柱の劣化量／当該柱の材積×100

　また、柱の含水率は、高周波式水分計（kett HM-520／住・木センター認定99-001）を用い、部材の両端および中央部の3点を計測した平均値として求めた。

　柱およびケオの樹種は、リム（鉄木の一種）である。計測した含水率15％前後時の密度（容積重）は0.7～0.8であった。

第3章　隆徳殿の調査研究

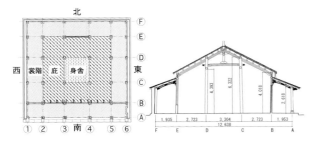

図 3-62　隆徳殿　平面図（左図）

図 3-63　隆徳殿　梁行断面図（右図）

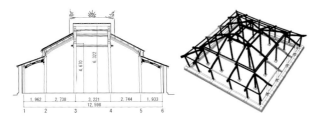

図 3-64　隆徳殿　桁行断面図（左図）

図 3-65　隆徳殿　架構図（右図）

(1) 柱の劣化状況

表 3-15 は、隆徳殿の裳階柱、庇柱および身舎柱の各柱について劣化調査した結果の一覧表である。また図 3-66 は表 3-15 に示す劣化率 60％を超えたものを●で示したものであり、特に柱頭の劣化が著しい柱について○印で示した。この表 3-15 および図 3-66 より以下の点が指摘される。

①劣化率の平均値は、軒先に近い裳階柱と庇柱が 45％程度に対し、軒先から離れた身舎柱が 20％と低いことから、劣化要因として雨水の影響が考えられる。

②各部材毎の含水率の平均値は 15 ～ 17％で大きな差が無いが、個々の柱では 11％～ 21％までバラツキが見られる。含水率と劣化率に関連性はない。

③ A 通りの柱は屋外だが、劣化率はばらついている。

④外壁内面に接触している F 通り、1 通りおよび 6 通りの劣化率もばらついているが、各通りとも 6 本中 3 本の柱頭の劣化が著しい。

⑤柱の劣化率と柱頭の著しい劣化状況に関連性はない。

(2) 登梁（ケオ）の劣化状況

表 3-16 は、隆徳殿の上屋および下屋のケオについて劣化調査をした結果の一覧表である。また図 3-67 は表 3-16 に示す劣化率 50％を超えたものを濃色で示したものである。

庇のケオの鼻は外部に突出しているため、雨水の影響による劣化が大きいが、シロアリの食害も見られた。ケオには母屋を受ける母屋受けが太柄により取り付けられている。この母屋受けと太柄は全て腐朽しており、それがケオとの合わせ面にまで及んでいるもの

表 3-15　隆徳殿　柱の劣化調査結果

部材名称	番付	柱の径 (mm)	長さ (mm)	材積 (m³)	劣化長さ (mm)	劣化量 (m³)	劣化率 (%)	平均含水率 (%)
裳階柱	1A	208	2,685	0.091	1,000	0.034	37%	13.7%
裳階柱	2A	212	2,393	0.084	1,300	0.046	54%	15.7%
裳階柱	3A	212	2,365	0.083	2,365	0.083	100%	14.7%
裳階柱	4A	212	2,337	0.082	500	0.018	21%	13.5%
裳階柱	5A	202	2,358	0.076	500	0.016	21%	11.8%
裳階柱	6A	208	2,628	0.089	500	0.017	19%	13.3%
裳階柱	1B	195	2,635	0.079	1,500	0.045	57%	17.2%
裳階柱	6B	208	2,612	0.089	1,000	0.034	38%	16.5%
裳階柱	1C	194	2,562	0.076	500	0.015	20%	16.5%
裳階柱	6C	200	2,453	0.077	2,000	0.063	82%	17.5%
裳階柱	1D	196	2,543	0.077	1,000	0.030	39%	15.8%
裳階柱	6D	200	2,527	0.079	2,527	0.079	100%	15.5%
裳階柱	1E	191	2,650	0.076	1,500	0.043	57%	15.2%
裳階柱	6E	186	2,560	0.070	800	0.022	31%	16.2%
裳階柱	1F	210	2,658	0.092	1,200	0.042	45%	17.2%
裳階柱	2F	184	2,584	0.069	800	0.021	31%	13.8%
裳階柱	3F	198	2,470	0.076	600	0.018	24%	17.3%
裳階柱	4F	191	2,500	0.072	1,500	0.043	60%	15.%
裳階柱	5F	194	2,620	0.077	500	0.015	19%	15.3%
裳階柱	6F	190	2,647	0.075	1,000	0.028	38%	16.3%
平均値		200	2,539	0.079	1,130	0.036	45%	15.4%
庇柱	2B	200	4,060	0.127	1,000	0.031	25%	15.%
庇柱	3B	215	4,025	0.146	500	0.018	12%	15.7%
庇柱	4B	208	4,010	0.136	1,500	0.051	37%	16.2%
庇柱	5B	201	4,052	0.140	1,000	0.035	25%	18.3%
庇柱	2C	214	4,025	0.145	2,000	0.072	50%	21.3%
庇柱	5C	225	3,932	0.156	2,000	0.079	51%	13.2%
庇柱	2D	212	3,980	0.140	2,000	0.071	50%	16.5%
庇柱	5D	212	3,965	0.140	2,000	0.071	50%	15.3%
庇柱	2E	210	4,057	0.140	3,000	0.104	74%	16.2%
庇柱	3E	212	3,955	0.140	3,000	0.106	76%	16.2%
庇柱	4E	215	3,970	0.144	2,000	0.073	50%	14.2%
庇柱	5E	212	4,060	0.143	2,000	0.071	49%	16.%
平均値		212	4,008	0.142	1,833	0.065	46%	16.2%
身舎柱	3C	224	5,548	0.219	500	0.020	9%	17.7%
身舎柱	4C	225	5,546	0.220	500	0.020	9%	17.2%
身舎柱	3D	215	5,554	0.202	1,500	0.054	27%	17.8%
身舎柱	4D	215	5,520	0.200	2,000	0.073	36%	17.8%
平均値		220	5,542	0.210	1,125	0.042	20%	17.6%

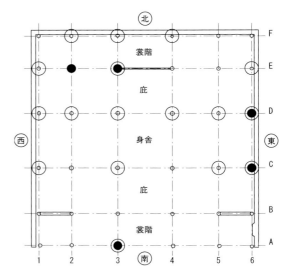

図 3-66　隆徳殿　柱の劣化状況図

と考えられる。表3-16および図3-67より、以下の点が指摘される。

① 屋根の上屋にあたる庇部分のケオが12本中11本、下屋にあたる裳階部分のケオは20本中5本に劣化が見られた。
② 東面のケオの劣化本数が最も多く、北面、南面、西面の順に減少している。
③ 裳階のケオは5-6Cを除いて劣化率100%か0%であることから、一旦劣化すればケオ全体に広がっている。
④ 庇ではほとんどのケオが劣化しているが、ケオ1本あたりの平均劣化率は約25%と裳階に比べ低い値である。
⑤ 築後200年近く経過していること、含水率の平均値が15%前後であることなどから、ケオの含水率はほぼ平衡状態であるものと推定できる。したがって修理後も含水率は大きく変化せず、安定するものと考えられる。

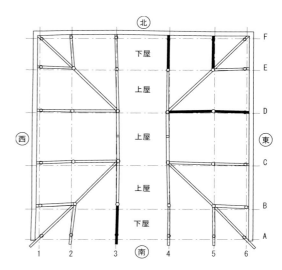

図 3-67 隆徳殿 ケオの劣化状況図

3-4-5.3 柱・ケオ・飛貫・頭貫の修理内容

隆徳殿の部材修理は、劣化調査を踏まえて2007・平成19年度に行われた。その時行われた柱・ケオ・飛貫・頭貫の修理内容は以下のとおりである。

(1) 柱の修理内容（図3-68参照）

劣化の甚だしかった3A柱・5C柱・6C柱・1D柱・3E柱・4F柱を取り替え、その他の柱は、破損の程度によって、柱下部または上部の修理を人口木材の使用または根継ぎ・接ぎ木・矧ぎ木・埋め木などの方法によって行った。

(2) ケオの修理内容（図3-69参照）

ケオの劣化状況は、それほど深刻なものはなく、取替材は1本もなかった。梁行方向のケオで修理したのは、上屋で3C'-Bケオ、4C'-Bケオ、3C'-Eケオ、下屋で3B-Aケオ、4E-Fケオ、5E-Fケオであった。桁行方向のケオで修理したのは、上屋で3-2Dケオ、4-5Cケオ、4-5Dケオ、下屋で5-6Dケオであった。隅行方向のケオで修理したのは、上屋の3D-2Eケオのみであった。

(3) 飛貫・頭貫の修理内容

飛貫・頭貫は、6C-D頭貫を取り替えたほかは、再用または修理を行った。修理は、ほとんどのものが柱に取り付く仕口の補修であった。修理した部材は、飛貫が3-4E材、4-5E材（12本中2本）、頭貫が、上屋で2-3B材、2-3E材、4-5E材、5D-E材（12本中4本）、下屋で1-2A材、2-3A材、3-4A材、1A-B材、1B-C材、1D-E材、1-2E材、2-3E材、4-5E材、5-6E材、6B-C材、6D-E材、6E-F材（20本中13本）であり、裳階頭貫の修理が多かった。

表3-16 隆徳殿 ケオの劣化調査結果

部材番号	登梁(ケオ)の方向と部位		番付	登梁の幅(mm)	登梁の成(mm)	長さ(mm)	材積(m³)	劣化長さ(mm)	劣化量(m³)	劣化率(%)	平均含水率(%)
01	南	裳階	2/A-B	260	120	2,565	0.080	0	0.000	0%	14.5%
02	南	裳階	3/A-B	240	130	2,620	0.082	2,620	0.082	100%	18.5%
03	南	裳階	4/A-B	235	125	2,585	0.076	0	0.000	0%	16.0%
04	南	裳階	5/A-B	260	120	2,610	0.081	0	0.000	0%	15.5%
平均値				249	124	2,595	0.080	655	0.020	25%	16.1%
05	東	裳階	B/5-6	290	150	2,540	0.110	0	0.000	0%	14.0%
06	東	裳階	C/5-6	230	130	2,520	0.075	1,000	0.030	40%	14.5%
07	東	裳階	D/5-6	250	130	2,550	0.083	2,550	0.083	100%	13.0%
08	東	裳階	E/5-6	280	135	2,510	0.095	0	0.000	0%	13.2%
平均値				263	136	2,530	0.091	888	0.028	35%	13.7%
09	北	裳階	5/E-F	270	130	2,460	0.086	2,460	0.086	100%	16.0%
10	北	裳階	4/E-F	260	135	2,500	0.088	2,500	0.088	100%	11.5%
11	北	裳階	3/E-F	270	105	2,440	0.069	0	0.000	0%	13.0%
12	北	裳階	2/E-F	270	135	2,485	0.091	0	0.000	0%	15.5%
平均値				268	126	2,471	0.083	1,240	0.044	50%	14.0%
13	西	裳階	E/1-2	280	135	2,480	0.094	0	0.000	0%	14.5%
14	西	裳階	D/1-2	270	125	2,550	0.086	0	0.000	0%	15.5%
15	西	裳階	C/1-2	270	130	2,460	0.090	0	0.000	0%	16.5%
16	西	裳階	B/1-2	270	135	2,520	0.092	0	0.000	0%	13.5%
平均値				273	133	2,503	0.090	0	0.000	0%	15.0%
17	南西	裳階・隅	1A-2B	245	120	3,395	0.100	0	0.000	0%	14.5%
18	南東	裳階・隅	6A-5B	270	140	3,530	0.133	1,500	0.057	42%	12.5%
19	北東	裳階・隅	6F-5E	360	150	3,390	0.183	0	0.000	0%	15.0%
20	北西	裳階・隅	1F-2E	270	165	3,345	0.149	0	0.000	0%	16.0%
平均値				286	144	3,415	0.141	375	0.014	11%	14.5%
21	南	庇〜身舎	3/B-C'	195	180	5,635	0.198	1,200	0.042	21%	15.7%
22	南	庇〜身舎	4/B-C'	190	181	5,700	0.196	500	0.017	9%	17.7%
23	北	庇〜身舎	4/C'-E	195	165	5,575	0.179	500	0.016	9%	17.2%
24	北	庇〜身舎	3/C'-E	190	160	5,670	0.172	1,500	0.046	26%	16.7%
平均値				193	172	5,645	0.186	925	0.030	16%	16.8%
25	東	庇	C/4-5	180	165	3,620	0.108	1,000	0.030	28%	14.2%
26	東	庇	D/4-5	175	160	3,565	0.100	2,000	0.056	56%	15.3%
27	西	庇	D/2-3	210	160	3,550	0.119	1,000	0.034	28%	15.0%
28	西	庇	C/2-3	200	140	3,565	0.100	500	0.014	14%	13.8%
平均値				191	156	3,575	0.107	1,125	0.033	31%	14.6%
29	南西	庇・隅	2B-3C	210	165	4,620	0.160	0	0.000	0%	13.7%
30	南東	庇・隅	5B-4C	220	160	4,605	0.162	1,000	0.035	22%	14.7%
31	北東	庇・隅	5E-4D	175	160	4,620	0.129	500	0.014	11%	14.5%
32	北西	庇・隅	2E-3D	175	165	4,580	0.132	2,000	0.058	44%	15.5%
平均値				190	162	4,602	0.141	1,167	0.036	25%	14.9%

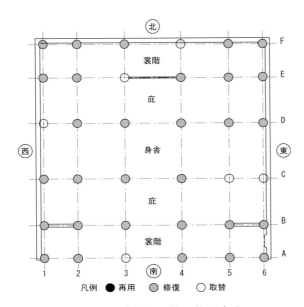

図 3-68　隆徳殿　柱の修理内容

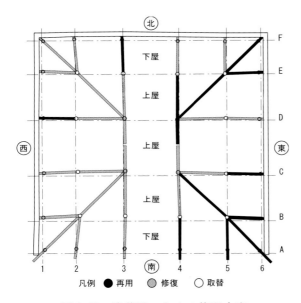

図 3-69　隆徳殿　ケオの修理内容

3-4-5.4　水平加力実験[注4)]

水平加力実験は、2005・平成17年は8月20日に南北方向加力（1回目）、8月22日に東西方向加力（1回目）、8月24日に南北方向加力（2回目）の計3回行った。2011・平成23年は2月28日に南北方向加力（1回目、2回目）、3月1日に東西方向加力（1回目、2回目）の計4回行った。図3-70に実験方法、写真3-18・19に試験状況を示す。

(1)　実験方法

水平加力の加力点は、隆徳殿の身舎の柱（3D,4D, 4C）の高さ3.7mの位置とし、2005年は、反力として屋外に設置した2t車とワイヤー等で連結し、ハンドプーラーにより加力した。2011・平成23年は、反力としたユニック車（重量2t）とスリングベルト及びワイヤーで連結して、ユニック車のアームで水平に引っ張った。

加力方向は、南北方向（加力点柱3D・4D）と東西方向（加力点柱4C・4D）の2方向とし、1方向単調増大加力とした。建造物への影響を考慮して、柱の転倒変形角が1/200radまたは水平荷重20kNまでの加力に留めることとした。なお、実験終了後、荷重を除荷した時点の柱の残留変形はそのままとし、次の加力を行った。荷重の計測にはロードセル（容量20kN）を用いた。

転倒変形角を計測する柱は、加力方向と平行に並ぶ一列の柱とした（図3-70平面図中の〇囲の柱）。加力方向と転倒変位を計測した柱の番付は次のとおりである。なお、太字の柱は加力点とした柱の番付である。

2005年：南北加力方向（1回目）；
　　　　3A, 3B, 3C, **3D**, 3E, 3F
　　　　東西加力方向（1回目）；
　　　　1D, 2D, 3D, **4D**, 4C, 5D
　　　　南北加力方向（2回目）；
　　　　3A, 3B, 3C, 3D, **4D**, 3E
2011年：南北加力方向（1・2回目）；
　　　　3A, 3B, 3C, **3D**, **4D**, 3E
　　　　東西加力方向（1・2回目）；
　　　　1D, 2D, 3D, **4D**, **4C**, 5D

変位計の取付位置は、2005年は身舎の柱は基檀から200mmと4,000mm、庇の柱は200mmと2,100mm、裳階の柱は400mmと2,100mmとした。ただし2011年は柱脚ではFL+200mm、柱頭では、身舎・庇柱はFL+3,300mm、裳階はFL+1,700mmとした。各柱の変位計の取り付け位置は、図3-70平・断面図中の太い矢印で示した。

荷重および変位の計測に使用した機器を以下に示す。

荷重計測：ロードセル（㈱東京測器；TLP-20KNB,
　　　　　容量20kN）
変位計測　柱頭：一般用変位計（㈱東京測器；SDP-
　　　　　100C, 容量100mm）
　　　　　柱脚：一般用変位計（㈱東京測器；SDP-
　　　　　50C, 容量50mm）

ロードセル及び変位計は、デジタルひずみ測定器（㈱東京測器；TDS-102）に接続し、デジタルひずみ測定器とノートパソコン（DELL, Windows XP）を、USBケーブルを用いて接続した。荷重及変位測定は、試験開始後2秒毎のインターバル計測とし、各計測値の取込には、ノートパソコンにインストールしている計測ソフト（東京測器；TDS-7130）を使用した。

(2)　実験結果

表3-17に実験結果を示す。柱の転倒変形角（rad）

及び除荷時の残留率（％）は次式を用いて算出した。

転倒変形角＝（柱頭変位－柱脚変位）／測定間距離
残留率＝（除荷時の柱の転倒変形角／最大荷重時の柱の転倒変形角）×100

また 10kN 時の変形角および FL+3m 位置の変位は各柱の荷重－近似線形の回帰式により算定した。

図 3-71 に修理前後の各柱の荷重－転倒変形角の近似線形を示す。各柱の転倒変形の傾向を分かり易く示すために、変形角曲線の 1 次線形を用いてグラフの原点（0,0）を通る近似線形とした。表・図中の 2011 は修理後の実験、2005 は修理前の実験の数値・グラフを示す。

(3) 考察
1) 最大荷重について
修理後の最大水平荷重は 10kN 前後で、反力であるユニック車の前部が浮き上がった。2005・平成 17 年時の実験では 2t トラックに砂袋を積載し、かつ荷重の一部を地盤面が負担するような措置を取って最大荷重 10kN を得たが、2011・平成 23 年時はユニック車の自重のみで目標とした水平荷重 10kN の反力を得ることができた。

2) 柱の転倒変形角について
表 3-17、図 3-71 より修理前後の柱の転倒変形は以下のとおりである。

① 10kN 時の各柱の転倒変形角は、庇柱・裳階柱において、2005・平成 17 年時より小さい傾向となった。
② 身舎・庇・裳階柱各部位の柱の転倒変形は、大きい順から、身舎柱（3D（加力），4D（加力），4C（加力））＞身舎柱（3C（非加力），3D（非加力））＞裳階柱（3A，1D）＞庇柱（3B，3E，2D，5D）となり、2005・平成 17 年時の実験結果と同様の傾向であった。
③ 修理後の庇・裳階柱と身舎非加力柱は、修理前に比べて明らかに変形角が小さく、10kN 時 FL+3m 位置では 0.49 ～ 1.56mm の変位減であった。したがって、庇・裳階柱は修理したことにより、水平力に対する自立的な抵抗力が増大した。
④ 修理後の身舎非加力柱（図 3-71 中の太い○で囲んだ 3D，3C 柱）は、南北方向加力の転倒変形角（3C）より、東西方向加力の転倒変形角（3D）の方が大きい。これは南北方向では棟木－身舎柱－庇柱を 1 本で結ぶ長大なケオがその空間の荷重伝達機構を一体化して変形を抑制しているが、東西方向は、庇柱－身舎柱間のケオ、身舎－身舎間の大梁（大貫）・棟木と 2 空間で荷重伝達機構が異なっているためで、その違いが変形角の差異に表れたものである。また、3D，3C の変形角は修理前（図 3-71 中の細い○で囲んだ 3D，3C）より小さい

ことからも修理の効果があったと考えられる。
⑤ 修理後の身舎の加力柱（3D，4D）は、僅かであるが修理前より変形角が大きくなり、10kN 時 FL+3m 位置では 0.03 ～ 0.47mm の変位増であった。これは、修理前後の柱と大梁（大貫）・ケオが接する仕口の剛性および仕口面の滑り抵抗の差異に起因するもの、または実験上の荷重の速度および水平に対する角度の差異等と推定される。だが、10kN 時で 0.5mm 弱の微少な変位（変形角 1／17000rad）の差が、構造耐力上において建物全体におよぼす影響はほとんどない。これは、一般に木造建築物の損傷限界といわれる変形角 1／120rad の 1／100 にも満たない変形である。

(4) 除荷時の柱の残留変形について
修理後では、除荷時の柱の残留変形角及び残留率も総じて修理前より小さくなった。また、除荷時の残留変形角が 0 の柱も修理前に比べて増えている。これも修理の効果によるものである。

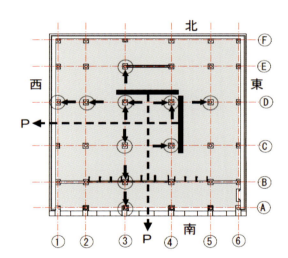

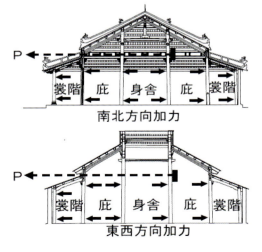

図 3-70　隆徳殿　実験方法図

第3章 隆徳殿の調査研究

写真3-18 隆徳殿 東西方向荷重状況

写真3-19 隆徳殿 荷重点（FL+3,700mm/4C柱、4D柱）

表3-17 隆徳殿 修理前後の各柱の最大荷重・変形角、除荷時の残留変形角・残留率および10kN時の変形角

加力方向/最大荷重		2011 南北方向（修復後1回目）/最大荷重：9.99kN						2011 東西方向（修復後1回目）/最大荷重：9.58kN					
柱番付		3A	3B	3C	3D(加力)	4D(加力)	3E	1D	2D	3D	4D(加力)	4C(加力)	5D
	最大荷重時変形角(rad)	1/16980	1/22114	1/5536	1/1392	1/1043	1/23854	1/16980	1/31030	1/3069	1/1442	1/1770	1/25850
除荷時	残留変形角(rad)	1/84900	0	1/155000	1/20693	1/8370	0	0	0	1/155000	1/15505	1/28164	1/155100
	残留率(%)	20.00	0.00	3.57	6.73	12.46	0.00	0.00	0.00	1.98	9.30	6.29	16.67
10kN時	変形角(rad)	1/12882	1/22060	1/5578	1/1429	1/1061	1/25259	1/16289	1/23036	1/2666	1/1268	1/1545	1/19810
	FL+3m位置の変位(mm)	0.23	0.14	0.54	2.10	2.83	0.12	0.18	0.13	1.13	2.37	1.94	0.15
加力方向/最大荷重		2011 南北方向（修復後2回目）/最大荷重：10.44kN						2011 東西方向（修復後2回目）/最大荷重：10.08kN					
柱番付		3A	3B	3C	3D(加力)	4D(加力)	3E	1D	2D	3D	4D(加力)	4C(加力)	5D
	最大荷重時変形角(rad)	1/21225	1/22114	1/5536	1/1411	1/1134	1/28191	1/14150	1/25858	1/2562	1/1207	1/1475	1/22157
除荷時	残留変形角(rad)	0	0	1/155000	1/23877	1/23823	1/310100	0	1/155150	1/310000	1/77525	1/103267	1/155100
	残留率(%)	0.00	0.00	3.57	5.91	4.76	9.09	0.00	16.67	0.83	1.56	1.43	14.29
10kN時	変形角(rad)	1/23906	1/23245	1/5517	1/1414	1/1137	1/33636	1/13770	1/26371	1/2620	1/1235	1/1490	1/23068
	FL+3m位置の変位(mm)	0.13	0.13	0.54	2.12	2.64	0.09	0.22	0.11	1.14	2.43	2.01	0.13
加力方向/最大荷重		2005 南北方向（修復前）/最大荷重：9.45kN						2005 東西方向（修復前）/最大荷重：10.75kN					
柱番付		3A	3B	3C	3D(加力)	4D(加力)	3E	1D	2D	3D	4D(加力)	4C(加力)	5D
	最大荷重時変形角(rad)	1/1925	1/2961	1/2773	1/1624	1/1423	1/3326	1/3442	1/5011	1/1679	1/1201	1/1014	1/4104
除荷時	残留変形角(rad)	1/8157	1/8614	1/7753	1/17250	1/8087	1/9480	0	1/13600	1/16496	1/8627	1/8823	1/11106
	残留率(%)	23.60	34.37	35.77	9.42	17.59	35.09	0.00	36.84	10.18	13.92	11.50	36.96
10kN時	変形角(rad)	1/1785	1/2637	1/2501	1/1492	1/1270	1/3021	1/3364	1/4850	1/1811	1/1283	1/1110	1/4161
	FL+3m位置の変位(mm)	1.68	1.14	1.20	2.01	2.36	0.99	0.89	0.62	1.66	2.34	2.70	0.72

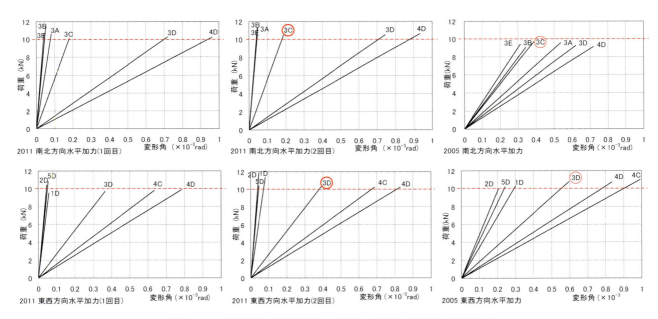

図3-71 隆徳殿 修理前後の各柱の荷重－変形角近似線形

(5) 外壁の影響について

図3-70に示すように、隆徳殿は南開口面を除く各面は、煉瓦を積み上げ、漆喰で仕上げた壁が設けられている。この外壁と隆徳殿の軸組およびケオを含む小屋組の各部材は、修理後は干渉しておらず、外壁は軸組・小屋組から独立した壁である。2011・平成23年の実験による最大荷重時の柱頂部およびケオ先端は、外壁に干渉するに至るまでの変形は生じていない。したがって、当該外壁の保有耐力が2011・平成23年の実験結果には影響していないといえる。

3-4-5.5 常時微動測定[注5]

(1) 測定概要

2010・平成22年8月17日に隆徳殿の常時微動測定および人力加振試験を行った。測定内容および測定緒言を表3-18、3-19に示す。常時微動測定は300秒（5分）、人力加振試験は60秒（1分）行った。人力加振試験は、固有振動数にあわせて人力で加振し、自由振動波形を得た。

配置計画は2通り行った（図3-72・73参照）。配置1は、建物の固有振動数および減衰定数を得ることを目的とし、基壇上と桁上でそれぞれX・Y・Z方向の計測を行った。配置2は、建物の捩れ等の平面的な振動モードを得ることを目的とし、基壇上、中央梁組の四辺にそれぞれX、Y方向を計測した。使用機材は、微動計（SPC-35・東京測振）・サーボ型速度計（VSE-15D・東京測振）6台とした。

表3-18 隆徳殿 常時微動測定

Channel	6	(CH)
Function	Vel.	(kine)
Sampling	200	(Hz)
H.P.F	0.1	(Hz)
Range	0.1	(kine)
Time	300	(s)
Data	60000	(Point/CH)

表3-19 隆徳殿 人力加振試験

Channel	6	(CH)
Function	Vel.	(kine)
	Disp.	(mm)
Sampling	200	(Hz)
H.P.F	0.1	(Hz)
Range	10	(kine)
	10	(mm)
Time	60	(s)
Data	12000	(Point/CH)

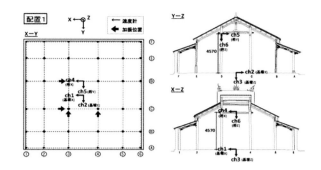

図3-72 隆徳殿 速度計設置位置（配置1）

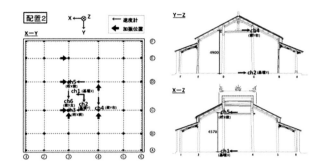

図3-73 隆徳殿 速度計設置位置（配置2）

(2) 常時微動測定の結果

常時微動測定によって得られた振動波形についてFFT解析を行い、アンサンブル平均による平滑化をして、基壇の振動波形を入力、各部の振動波形を出力として伝達関数を以下の方法で求めた。常時微動測定の多点同時記録において、任意の2点でのスペクトルをX、Yとする。このとき、Xを入力側、Yを出力側と考えたときの伝達関数Hxyを次式で定義する。

$$H_{xy} = \frac{E[X^* \cdot Y]}{E[X^* \cdot X]} = \frac{S_{xy}}{S_{xx}}$$

ここでE[ ]はアンサンブル平均、*は共役、S_{xy}はクロススペクトル、S_{xx}は入力側のパワースペクトルを表す。求めた伝達関数の卓越振動数に対する振動モードを求め、伝達関数と振動モードの比較により固有振動数を同定した。

求めた伝達関数をバンド幅0.146HzのParzen Windowによって平滑化したものが図3-74・図3-75である。卓越振動数は、配置1では3.687Hz・5.615Hz・8.13Hzであり、配置2では3.613Hz・5.444Hz・8.057Hzである。それぞれの卓越振動数に対する振動モードを求めると図3-76のようになる。伝達関数と振動モードの比較から固有振動数は、X方向1次並進3.6Hz、Y方向の1次並進5.4Hzである。8.1Hzの卓越振動数は、ねじれであると推測できる。

求めた1次固有振動数に対し、応答倍率曲線によるカーブフィットを行い、1次の減衰定数を求めたとこ

ろX方向は2.73%、Y方向は2.34%であった。なお、応答倍率Lを円振動数ω、減衰定数h、固有振動数ω₀を使って表すと次式のようになる。

$$L = \sqrt{\frac{1+4h^2\cdot(\omega/\omega_0)^2}{\{1-(\omega/\omega_0)^2\}^2+4h^2\cdot(\omega/\omega_0)^2}}$$

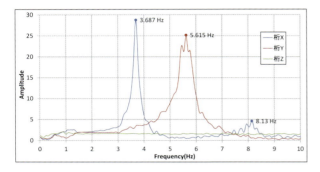

図3-74 隆徳殿 伝達関数（配置1・常時微動）

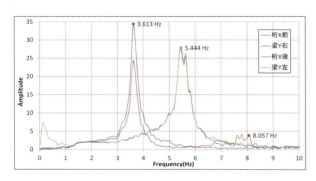

図3-75 隆徳殿 伝達関数（配置2・常時微動）

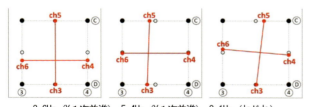

3.6Hz（X1次並進）、5.4Hz（Y1次並進）、8.1Hz（ねじれ）

図3-76 隆徳殿 常時微動による振動モード（← X, ↑ Y）

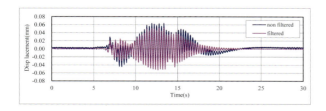

図3-77 隆徳殿 人力加振試験・時刻歴応答変位波形（X方向）

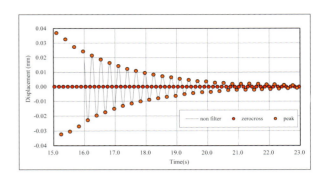

図3-78 隆徳殿 人力加振試験による自由振動波形（X方向）

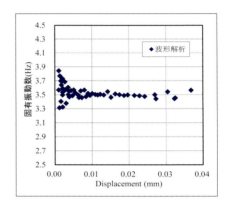

図3-79 隆徳殿 人力加振による固有振動数（X方向）と変位振幅の関係

(3) 人力加振試験の結果

人力加振試験により得られた応答変位波形（non filtered）と1-20Hzのバンドパスフィルターをかけた変位波形（filtered）を図3-77に示す。8〜14秒付近が人力加振をしている箇所であり、15秒以降が減衰自由振動波形となっている（図3-78）。隣り合う時間軸との交点間の時間差を半周期、その倍を固有周期とするとしたゼロクロス法により固有振動数を求めた。算出した固有振動数と対応する振幅との関係をプロットしたものを図3-79に示す。微小振幅時にはばらつきが大きいが（3.3〜3.9Hz）、振幅0.005mm以降は3.5Hz付近に収束していることがわかる（平均値は3.53Hz）。対数減衰率からもとめた減衰定数は2.25%であった。

(4) 考察

常時微動測定と人力加振試験から得られた固有振動数と減衰定数を表3-20に示す。常時微動測定から得られた1次固有振動数はX方向が3.61Hz、Y方向が5.44Hz、一次の減衰定数は、X方向が2.7%、Y方向が2.3%であった。人力加振試験から得られた固有振動数はX方向3.56Hzと微動時よりも変位が大きい分（最大約0.04mm）1.4%低下（長周期化）している。Y方向は固有振動数が5.44HzとX方向と比較して大

きいため、人力での加振は困難であり明確な減衰自由振動波形を得ることができなかった。自由振動波形から求めた対数減衰率は、X方向2.1％、Y方向3.4％であった。

隆徳殿は平面的に対称であるにも関わらず、X方向・Y方向で固有振動数が大きく異なっている点が特徴的である。Y方向は梁行方向であり、登梁を柱に落とし込んで架構を構成しているのに対し、X方向は個々のフレームを繋梁でつないでいるため、Y方向の剛性がX方向の剛性よりも高いと考えられる。

表3-20 隆徳殿 常時微動測定および人力加振試験結果

	固有振動数(Hz)		減衰定数(%)	
	X	Y	X	Y
常時微動	3.61	5.44	2.73	2.34
人力加振	3.56	-	2.11	3.43

3-4-5.6 修理前後の構造性能
(1) 水平加力実験からみた場合

修理前の最大変位および最大変形角は、南北方向加力のとき最大変位（4D柱）2.36mm、最大変形角（4D柱）1/1270rad、東西方向加力のとき最大変位（4C柱）2.7mm（4D柱では2.34mm）、最大変形角（4C柱）1/1110rad（4D柱では1/1283rad）であり、4D柱の変位を見ると、修理後のほうが南北方向は0.375mm、東西方向は0.06mmというようにわずかではあるが変位が大きくなっている。しかしながらその差は小さく、身舎の架構の強度が修理前後であまり変化しなかったことを示している。

一方、修理前後の裳階柱と庇柱の変位を比較してみると、南北方向加力時の柱の変位について、3A裳階柱の変位は修理前の1.68mmに対して修理後は0.18mm（平均値）、3B庇柱の変位は修理前の1.14mmに対して修理後は0.135mm（平均値）であった。また東西方向加力時の柱の変位について、1D裳階柱の変位は修理前の0.89mmに対して修理後は0.2mm（平均値）、2D庇柱の変位は修理前の0.62mmに対して修理後は0.12mmであった。

このように裳階柱と庇柱の変位をみると、南北方向・東西方向とも修理後のほうが、変位が少なかったことがわかる。このことは修理によって裳階・庇空間の本来の架構強度が回復されたことを裏付けているといえよう。

また修理前の裳階柱について南北方向と東西方向の加力による変位を比較すると、南北方向加力時の変位のほうが東西方向加力時の変位より大きいことがわかる。修理後の裳階柱の変位が南北方向と東西方向とあまり変わらないことを考慮すれば、修理後の下屋ケオを東西北面壁から遊離させたことの影響によるものと考えられる。

さらに修理後の庇柱の変位を比較すると、南北方向の変位のほうが東西方向の変位より少ないことがわかる。これは、南北方向（梁行）において、登梁を庇柱・身舎柱に輪薙ぎ込んで拝み部で叉首に組んで架構を構成しているのに対し、東西方向（桁行）において、登梁を庇柱に輪薙ぎ込んでいるものの、身舎柱に柄入れ蟻落しとしているだけであり、そのため南北方向の剛性が東西方向よりも高くなったと考えられる。

(2) 微動測定からみた場合

修理前（2003年）に行われた隆徳殿の微動測定の結果[注6]と修理後（2010年）の測定から得られた固有振動数を表3-21に示す。修理前後で、X方向（桁行）は3.4Hzから3.61Hzに、Y方向（梁行）は3.5Hzから5.44Hzに一次固有振動数が上昇している。これを等価剛性に換算すると、X：1.13倍、Y：2.42倍になる。修理により接合部の隙間等がなくなり、特に微動特性に影響する初期剛性の上昇につながったと考えられる。しかし、Y方向の剛性の上昇率は極めて大きい。Y方向は梁行方向であり、登梁を庇柱・身舎柱に輪薙ぎ込んで拝み部で叉首に組んで軸組を構成している。一方、X方向は登梁を庇柱に輪薙ぎ込んでいるものの、身舎柱には柄入れ蟻落しとするだけであるため、本来Y方向の剛性の方が高くなることは十分想定できる。すなわち、修理前は接合部等の弛緩により梁行方向（Y方向）本来の軸組としての剛性が、少なくとも初期剛性では発現していなかったところ、修理工事によって本来の剛性差が顕著に現れたと推定することができる。また修理後の固有振動数をみると、隆徳殿の柱・ケオ組は、梁行方向が桁行方向に対して1.5倍（X方向固有振動数5.44Hz／Y方向固有振動数3.61Hz）の剛性をもっているといえよう。

表3-21 隆徳殿 修理前後の固有振動数（単位：Hz）

	X	Y
修理前	3.4	3.5
修理後	3.61	5.44

3-4-5.7 小結

隆徳殿の修理前後に水平加力実験および常時微動測定を行った結果、以下の点が明らかになった。
1) 隆徳殿は、修理工事によって本来の剛性を回復することができた。
2) 隆徳殿の剛性は、南北方向が東西方向より1.5倍高いことが明らかになった。

3) 南北方向（梁行）と東西方向（桁行）の剛性の差異は、隆徳殿の構造特性によるものと考えられる。すなわち梁行が登梁を身舎柱・庇柱に輪薙ぎ込んで拝み部で叉首組としているのに対し、桁行が登梁下部を庇柱に輪薙ぎ込んでいるものの、上部は身舎柱に柄差蟻落しとしたことから剛性の差異が生じたといえよう。

参考文献

1) 小野泰：ヴィエトナム・フエ阮朝宮殿建築の構造特性－隆徳殿の水平加力実験－阮朝・太廟・隆徳殿の修復計画（その3），日本建築学会大会学術講演梗概集，C-1, pp.521-522, 2004.9
2) 山口亜由美，藤田香織，腰原幹雄，坂本功：ヴィエトナム・フエ阮朝宮殿建築の構造性能－接合部の静的加力実験－阮朝・太廟・隆徳殿の修復計画（その4），日本建築学会大会学術講演梗概集，C-1, pp.523-524, 2004.9
3) 小野泰，白井裕泰，中川武：隆徳殿の劣化状況調査－外壁・柱の劣化状況－阮朝・太廟・隆徳殿の修復計画（その9），日本建築学会大会学術講演梗概集，C-1, pp.389-390, 2007.8
4) Ayumi Yamaguchi, Mikio Koshihara and Isao Sakamoto: The Vibrational Characteristics of the Royal Buildings in Hue Vietnam, The 6th International Symposium on Architectural Interchanges in Asia, Proceedings Volume II, pp.1148-1153, 2006.
5) 山口亜由美，藤田香織，腰原幹雄，坂本功，白井裕泰，中川武：ヴィエトナム・フエ阮朝宮殿建築の構造性能－隆徳殿1/4構造模型および実物載荷実験－阮朝・太廟・隆徳殿の修復計画（その10），日本建築学会大会学術講演梗概集，C-1, pp.391-392, 2007.8
6) 小野泰，白井裕泰，中川武：隆徳殿の劣化状況調査－登梁（ケオ）の劣化状況－阮朝・太廟・隆徳殿の修復計画（その17），日本建築学会大会学術講演梗概集，C-1, pp.89-90, 2008.9
7) 小野泰，白井裕泰，中川武：修復後の隆徳殿の水平加力実験－阮朝・太廟・昭敬殿の復原計画（その3），日本建築学会大会学術講演梗概集，C-1, pp.387-388, 2011.8
8) 齋藤嘉一，朝光拓也，藤田香織，白井裕泰：常時微動測定による隆徳殿の振動特性調査－阮朝・太廟・昭敬殿の復原計画（その4），日本建築学会大会学術講演梗概集，C-1, pp.389-390, 2011.8
9) 白井裕泰，中川武：阮朝フエ王宮における隆徳殿の寸法計画について，日本建築学会計画系論文集，No.643, pp.2101-2106, 2009.9
10) 白井裕泰，中川武：阮朝フエ王宮における隆徳殿の建築技法について，日本建築学会計画系論文集，No.649, pp.737-744, 2010.3
11) 白井裕泰，中川武：阮朝フエ王宮における隆徳殿の当初材について，日本建築学会計画系論文集，No.671, pp.149-155, 2012.1
12) 白井裕泰，佐々木昌孝，中川武：阮朝フエ王宮における隆徳殿の番付について，日本建築学会計画系論文集，No.696, pp.517-524, 2014.2
13) 白井裕泰，佐々木昌孝，中川武：阮朝フエ王宮における隆徳殿の仕口について，日本建築学会計画系論文集，No.698, pp.1007-1014, 2014.4

注

1) 平成17-20年度文科省科学研究費補助（海外、基盤研究A）『阮朝・太廟・隆徳殿の修復計画　ヴィエトナムの文化遺産（建造物）の保存に関する技術移転の確立と国際協力』により実施された。
2) 参考文献9)〜13)参照。
3) 参考文献3)・6)参照。
4) 参考文献1)・7)参照。
5) 参考文献8)参照。
6) 参考文献4)参照。

3-4-6　地質調査

3-4-6.1　はじめに

隆徳殿の礎石には、もともと軟弱な地盤であることと、築後約200年間での少なくとも2回の床上浸水（壁に残された浸水の痕跡から確認）などにより不同沈下が見られる。その沈下量は、2003・平成15年の礎石レベルの実測調査より、東北隅の6F礎石が最も高く、その点を基準にすれば、西南隅の1A礎石で最大48mm低く、続いて西南部の2A礎石（-45mm）、3A礎石（-41mm）、西北部の3F礎石（-42mm）、1E礎石（-38mm）、東南部の6B礎石（-33mm）が低く、相対的に西南部および西北部の礎石が沈下していると報告されている。この不同沈下が隆徳殿の柱および躯体の傾きの大きな要因となっている。したがって、隆徳殿の修復には礎石を一定のレベルに戻すこと、およびそのレベルを長期にわたり維持させることが必要である。

今回の地質調査の目的は、礎石の補強方法を検討するためにボーリング調査を実施し、地質や地盤の耐力などを得ることにある。

3-4-6.2　地質調査の概要

①調査日　2006・平成18年8月21、22日
②調査方法　ボーリング調査
③調査位置　隆徳殿の北西角から北へ6m、西へ0.3mの位置（図3-80に示す●印）
④調査深さ　地表面から地下へ17.2m

3-4-6.3　地質調査の結果

調査結果を図3-81、表3-22に示す。図3-81より、当該地盤の深さ17.2mまでの地層は、4層で構成された砂質土であった。各層の厚さとN値及びN値から想定される長期の地耐力を表3-23に示す。

表3-22にものつくり大学が行った地質の分析結果を示す。これによると、ボーリングを行った地層全体の地質は、ほとんどが直径2mm以下の砂で構成された砂質土である。しかし、第1層には、他の層には含まれていないシルト及び粘土が混入されていた。これは隆徳殿の建設にあたり、建設地域内に盛土を行った

ものと推測できる。

第1層は、層厚2.4mであり、灰色がかった黄色の軟弱な層である。土質の構成は、砂質土48％、シルト37％、粘土15％である。自然状態での含水率は24.1％、長期の地耐力は33kN／㎡である。

第2層は、層厚2.8mであり、灰色がかった黄色の半ば安定した層である。土質の構成は、細礫0.2％を含む砂質土である。含水率は20.4％であり、長期の地耐力97kN／㎡である。

第3層は、層厚さ9.3mであり、灰色がかった貝混じりの青色の柔らかい層である。土質の構成は、細礫1.1％を含む砂質土である。含水率は25.5％であり、長期の地耐力80kN／㎡である。

第4層は、灰色がかった貝混じりの黒色の柔らかい層である。土質の構成は、細礫5.5％を含む84.5％が砂質土、シルト9.7％、粘土5.8％である。含水率は28.8％であり、N値は計測していない。

調査報告書では、下記のまとめが示されていた。
①地盤の状態は移動のために良好であり、隆徳殿の修復ができる。
②地層は4つの層を含み、各層の層厚は異なる。砂質土の支持力の限界は、約1.0～1.5kg／㎠と壊れやすい。

隆徳殿の修復計画にあたっては、基礎の沈下を起こさない方法が必要であり、重要である。

3-4-6.4 考察

地質調査より、各地層の土質の構成、含水率および長期の地耐力を把握することができた。地層の構成は4層からなっており、各層ともに砂質土であった。

地層の含水率は、下層へ行くほど高くなっており、砂質土の一般的な傾向を見せる。フエの気候は年間を通して雨季と乾季に分かれるが、雨期に入ると王宮内のほとんどの建物では、雨水が屋根の軒先から壁面を伝って建物の地盤面に流れて染み込むか、建物の回りの低い石畳に溜まっているかである。この地盤面の染み込む雨水により地盤が沈下し、礎石の不同沈下を誘導することが懸念される。これを予防するためには、隆徳殿の周囲に側溝などを設け、雨水の処理を適切に行うことが必要である。

地盤の長期の地耐力に関しては、第1層は盛土であることから、長期の地耐力は33kN／㎡と第2層以下の80～97kN／㎡と比較すると、約3割から4割程度の地耐力しか得られていない。

3-4-6.5 礎石の補強方法の提案

隆徳殿の柱脚に位置する礎石は、第1層に埋められており、第2層まで達してはいない。隆徳殿の建物荷重は210kNであり、この荷重が36本の柱を経由して礎石に伝わる。建物荷重を柱1本当たりに作用する荷重に換算すると約6kNであり、礎石の面積が0.14㎡であることから、礎石1個が受ける荷重は約42kN／㎡となる。

したがって、第1層の長期の地耐力33kN／㎡を上回ることから、現状の礎石の状態で隆徳殿を修復すると、経年により礎石の不同沈下が予想されるため、これを防ぐ手だてが必要となる。

軟弱地盤に対する補強方法には、以下の方法がある。

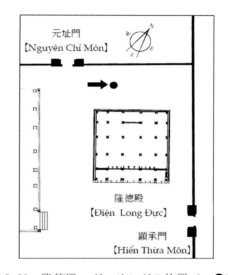

図3-80　隆徳殿　ボーリングの位置（→●印）

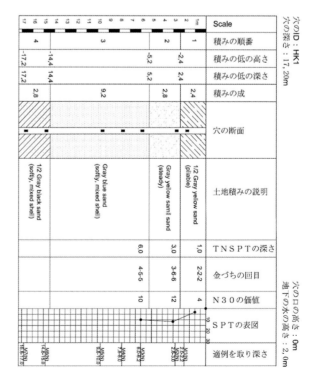

図3-81　隆徳殿　ボーリング調査による各地層の概要

表 3-22　隆徳殿　ボーリング調査による地質の分析表

NUMBER	TN NUMBER	SIGN	DEPTH (m)	COMPONENT OF GRAINS (%)												MECHANICAL AND PHYSICAL CHARACTERISTICS																
				pebble	grain of gravel			grain of soil					grain of dust		grain of clay	W	γw	γк	Δ	n%	e₀	G %	ATTEBERD LIMIT				Binding force C -kg/cm²	Angle of friction	a_{n-n+1} (cm²/kg) = p_{n-n+1}		Modulus of deformation E_{n-n+1} (kg/cm²)	
					coarse	medium	small	very coarse	coarse	medium	small	very small	coarse	very small									Liquid limit W_c%	Plastic limit W_p%	plasticity index I_p%	heavy-bodied B						
				DIAMETER OF GRAINS (MM)																												
				>20	20,0-10,0	10,0-5,0	5,0-2,0	2,0-1,0	1,0-0,5	0,5-0,25	0,25-0,1	0,1-0,05	0,05-0,01	0,01-0,005	<0,005														0-1,0	1,0-2,0	0-1,0	1,0-2,0
The first layer: Clayed sand with grey yellow flaccid soft state.																																
1	848	HK1M1	2,0-2,2					0,3	1,6	4,5	13,1	29,0	27,4	9,7	14,6	24,1	1,82	1,47	2,69	45,5	0,834	77,7	29,4	16,5	12,9	0,589	0,273	11°18'	0,155	0,034	11,8	49,5
The second layer: Little sand with grey yellow medium compacted structure																																
1	851	HK1M2	2,8-3,0				0,2	0,1	0,4	15,4	65,5	18,5				20,4	1,92	1,59	2,65	39,8	0,662	81,7					0,007	26°06'	0,081	0,021	20,4	76,1
The third layer: Medium sand with grey mixed shelly, loose compacted structure																																
3	852	HK1M3	6,0-6,2				0,9	16,7	29,8	11,4	35,4	8,8				25,4	1,87	1,49	2,65	43,7	0,777	86,6					0,003	25°38'	0,060	0,028	29,4	60,4
4	853	HK1M4	7,8-8,0				1,3	14,8	23,0	14,7	36,7	9,5				26,4	1,83	1,45	2,65	45,4	0,830	84,3					0,007	26°20'	0,060	0,021	30,8	84,1
5	849	HK1M5	9,8-10,0					1,8	33,6	33,5	25,5	5,7				24,8	1,85	1,48	2,65	44,1	0,788	83,4					0,007	26°33'	0,065	0,022	27,4	78,7
Medium Values:							1,1	11,1	28,8	19,9	32,5	8,0				25,5	1,85	1,47	2,65	44,4	0,798	84,8					0,006	26°10'	0,062	0,024	29,2	74,4
The fourth layer: Sandy clay with black mixed organic and shelly, loose compacted structure.																																
6	854	HK1M6	14,8-15,0				5,6	2,8	3,9	26,9	31,6	12,6	8,3	2,3	6,0	29,7	1,93	1,49	2,67	44,3	0,794	99,8	28,5	22,4	6,1	1,197	0,167	9°05'	0,083	0,051	21,5	33,6
7	850	HK1M7	16,8-17,0				5,4	2,6	3,1	29,9	34,4	10,5	5,8	2,8	5,5	27,8	1,91	1,49	2,67	44,0	0,787	94,4	28,1	23,4	4,7	0,936	0,173	8°31'	0,090	0,050	19,8	34,2
Medium Values:							5,5	2,7	3,5	28,4	33,0	11,6	7,1	2,6	5,8	28,8	1,92	1,49	2,67	44,1	0,790	97,1	28,3	22,9	5,4	1,066	0,170	8°48'	0,087	0,051	20,7	33,9

表 3-23　隆徳殿　各地層の長期の地耐力

地層	地盤面からの深さ(m)	各層の厚さ(m)	N値	長期の地耐力(kN/㎡)
第1層	GL～2.4	2.4	4	33
第2層	～5.2	2.8	12	97
第3層	～14.4	9.2	10	80
第4層	～17.2	2.8	—	—

①杭基礎：基礎からの荷重を良好な地盤面までに伝えるために設けられる柱状の構造物。杭の種類には、鉄筋コンクリート杭、プレテンション方式杭、鋼管杭がある。

②地中梁：独立基礎の不同沈下を防ぐために、各々の独立基礎を地中で繋ぐ鉄筋コンクリート製の梁。

③べた基礎：布基礎下部に鉄筋コンクリート製のスラブを設け建物の荷重をスラブ面で地盤に伝達させる構造。

④表層改良：セメント系固化材を軟弱地盤に散布して、原地盤の土と混合・攪拌・転圧を行い版状の固結体を造る。

⑤柱状改良工法：軟弱地盤の土にセメントミルク（セメント系固化材と水を混ぜたもの）を注入攪拌して、地中に柱状の改良杭をつくる工法。

⑥礎石の下に鉄筋コンクリート製の一体化したブロック（独立基礎）を設ける。

以上のうち、杭基礎、表層改良と独立基礎が礎石の補強に適すると思われる。

杭基礎を、各々の礎石の下に第２層まで届くまで設ける。これにより隆徳殿の礎石に作用する荷重が第１層に影響を与えず、第２層の長期の地耐力 97kN／㎡の地盤に到達するからである。

第１層の礎石周りについて表層改良を行う。建物荷重が礎石を通じて地中に及ぶ荷重は、応力の地中分散により礎石幅の２倍程度の深さでは約１／５にまで小さくなる。地表から 1m 程度の表層を改良すれば、改良地盤から第１層にかかる荷重は約 9kN／㎡となる。

独立基礎は、ブロックの大きさを１辺 50cm の立方体とすると、面積は 0.25 ㎡で、第１層にかかる荷重はブロックの自重と合わせても約 25kN／㎡となり、隆徳殿は長期に安定する。

第4章　隆徳殿の修復

第1節　工事方針

　隆徳殿の現状は甚だしく損傷している。この腐朽・破損がいかなる原因によって生じたものであるか、その原因を究明することによって修理方針を決定する。修理方法として、一般的に屋根替えなどの部分修理、軸組・小屋組を解体しない半解体修理、すべての部材を解体する全解体修理があるが、隆徳殿は甚だしく損傷しているので、全解体修理を行うこととした。全解体修理を行うことによって、この建物の欠陥を是正し、将来に永く保存維持できるように改善する。この建物の欠陥を明らかにするために、腐朽・破損調査、常時微動計測、実大加力実験、床材・壁材・屋根材の強度実験などを行う。また復原設計図作成および後世の改修を明らかにするため、実測調査、漆・彩色調査を行う。これらの調査を行うために、また解体のために足場・素屋根を仮設する。損傷が進行した状態での隆徳殿の剛性を評価するため、建物の常時微動および自由振動の減衰を測定する。得られた解析結果からデータの蓄積が十分にある日本の民家等の結果と照合し、必要な構造補強の程度を大まかに推定する。保存修復工事直前の隆徳殿について、実際に加力実験を行い、建物全体での変形性状を把握する。実験結果は平成17年度におこなう接合部の部分実験の結果と併せてモデル解析による構造性能評価に利用する。

　解体は、組立とは全く逆の順序で行われる。解体前にすべての部材に番付（固有番号）を付し、古材の管理を念頭に置きつつ正確に復原ができるようにする。それは、壁体→屋根瓦→小屋組→軸組→床の順に行う。解体した部材は再用材と廃棄材に分け、再用材は保存小屋を用意し整理・格納する。ただし、できる限り廃棄材を少なくするように努める。また廃棄材の一部は継ぎ手・矧ぎ木・埋め木など再用材の修理に用いる。個々の解体された部材は、各部寸法および仕口（接合部）調査を行うなど復原設計に有用な基礎資料を整理し、この建物の技法を明らかにする。また解体調査によって詳細なデータが得られるが、それによって修理前図面を修正し、より正確な修理前図面を作成し、復原設計の基本資料とする。

第2節　工事組織

　工事組織は、日本側組織とベトナム側組織のジョイントによって構成される。

　日本側の工事組織は以下の通りである。
工事管理責任者：
白井裕泰（ものつくり大学教授）
工事管理補助者：
慎　鏞宣・栗子　岳大（ものつくり大学・大学院生）
工事施工者：
土賀　清円・久富　雄治・椎名　聰・宮下　恵介（ものつくり大学・学生）高橋　定信（大工棟梁）・高橋和弘・高橋直弘（大工）

　ベトナム側の工事組織は以下の通りである。
工事管理責任者：
フン・フー（フエ遺跡保存センター所長）
工事管理者：
グェン・テ・ソン
工事施工者：
ヒェン（大工棟梁）、ヴィン（職長）バー、ヴィエット、カン、ミン、トゥン（職工）

第3節　工事期間

　隆徳殿修復の工事工程は以下の通りである。
接合部実験：2005年7月21日－8月8日
水平加力実験および常時微動測定：2005年8月17日－24日
地質調査：2006年8月21・22日
仮設工事：2006年8月－2007年3月
解体工事：2007年3月6日－18日
部材調査：2007年3月19日－24日
原寸図作成：2007年8月20日－23日
部材修理：2007年8月－2008年7月
基壇修理：2008年3月2月25日－3月25日
軸部組立：2008年8月－2009年3月
屋根葺き：2010年3月－7月

第4節　工事内容

4-4-1　仮設建設
4-4-1.1　はじめに

　第3次調査は2006・平成18年8月17日（火）から9月1日（土）まで行われたが、素屋根建設は、8月18日（金）から8月31日（木）まで行った。建設に従事したメンバーは、白井裕泰、高橋定信、宮下恵介、久富雄治であり、佐々木昌孝、慎鏞宣にも適宜手伝ってもらった。ただし高橋棟梁は8月26日（土）まで従事してもらい、日本に帰国した。

　また第4次調査は2007・平成19年2月26日（月）

から3月26日（月）まで行われた。2月27日（火）から3月5日（火）まで南側保存小屋・工作所・工員休憩所・監理事務所の建設を行った。これらの建設に従事したメンバーは、白井裕泰、高橋定信、高橋直弘、慎鏞宣、栗子岳大であった。なお南側保存小屋・工作所・工員休憩所はベトナムの工員によって建設された。

4-4-1.2　建設の準備

2006・平成18年8月17日（木）からの第3次調査に先立って素屋根建設の準備のため、白井裕泰は8月1日（火）から5日（土）までフエを訪れた。準備として以下の項目についてHMCCへ依頼した。
① 隆徳殿まわりの樹木の移植または伐採。
② 隆徳殿まわりの整地。
③ HVビデ足場の隆徳殿敷地内への搬入。
④ ジャッキベースを置くための足場板の注文。
⑤ 地質調査の発注。

また第4次調査の準備のため、白井裕泰は2007年1月5日（金）から9日（火）までフエを訪れた。準備として以下の項目についてHMCCへ依頼した。
① 素屋根および西側保存小屋に波型鉄板を葺く。
② ジャッキベース・クランプ・足場板の追加注文。

4-4-1.3　素屋根建設の経過

8月18日（金）：ビデ足場を組み立てる際、障害となる隆徳殿の東西にある樹木の枝を伐採した。油圧ショベルおよびスコップで、隆徳殿の東西まわりを整地した。

写真 4-2　隆徳殿　建物まわりの整地

8月19日（土）：隆徳殿の南北まわりの整地を完了後、南側に足場板を配置した。

8月20日（日）：足場板を四面に配置し、ベース金物を設置した。
　　　　　　　東側、西側に一段目のビデ足場を組み立てた。（写真4-3）

8月21日（月）：1段目ビデ足場の組み立て完了。（写真4-4）

写真 4-1　隆徳殿　樹木の伐採

写真 4-3　隆徳殿　ベース金物の設置

写真 4-4　隆徳殿　1段目枠足場の組立

8月22日（火）：2段目ビデ足場の組み立てを完了
　　　　　　　し、東西の3段目ビデ足場の組み
　　　　　　　立て完了。（写真4-5）

8月23日（水）：3段目ビデ足場の組み立てを完了
　　　　　　　し、足固め、火打ちを入れた。
　　　　　　　ラチス梁を支える柱を、足場板を
　　　　　　　流した上に建てた。

8月24日（木）：ラチス梁を隆徳殿東側の道路脇で
　　　　　　　組み立てた。東西の3段足場の上
　　　　　　　に、さらに4段・5段の足場を組
　　　　　　　み上げた。なおクレーンがきた
　　　　　　　が、動かすことができなかった。

写真4-7　隆徳殿　ラチス梁の取付

写真4-5　隆徳殿　2段目枠足場の組立

写真4-8　隆徳殿　西端ラチス梁の取付1

写真4-6　隆徳殿　3段目枠足場の組立

8月25日（金）：現地のクレーン技術者によりクレ
　　　　　　　ーンを動かすことができるように
　　　　　　　なった。ブームが西側のラチス梁
　　　　　　　2本分まで届かないことがわかり、
　　　　　　　屋根の上に仮受けを作り、そこに
　　　　　　　ラチス梁を一時的に受け、人力で
　　　　　　　ラチス梁を動かして納めることに
　　　　　　　した。その結果、西側2本のラチ
　　　　　　　ス梁を取り付けることができた。

写真4-9　隆徳殿　西端ラチス梁の取付2

8月26日（土）：7本のラチス梁の取り付けを完了
　　　　　　　し、母屋で固定する作業を行った。

第4章　隆徳殿の修復

写真 4-10　隆徳殿　ラチス梁上部

8月28日（月）：母屋および火打ちの取り付け。

写真 4-11　隆徳殿　ラチス梁組立完了

写真 4-12　隆徳殿　母屋取付

写真 4-13　隆徳殿　母屋取付作業

8月29日（火）：母屋の取り付け完了。下屋の柱とラチス梁を組み立て、ユニックを用いて本体に取り付けた。

8月30日（水）：下屋に母屋を取り付け、下屋の完成。

写真 4-14　隆徳殿　ユニックで下屋ラチス梁を取付

写真 4-15　隆徳殿　下屋組立

8月31日（木）：下屋の三方を2段のビデ足場で囲う。
　　　　　　素屋根建設の全工程を終了。

4-4-1.4 その他の仮設建設の経過

2月27日（火）：HMCCのフン・フー所長に会い、大工および職人の手配、起工式の日程、家具の移動などをお願いした。その結果、大工2人、工員8人が紹介され、起工式は3月6日（火）に行うことになった。
日本人スタッフで監理事務所の建設を始めた。

写真 4-16　隆徳殿　素屋根組立完了（南西面）

写真 4-17　隆徳殿　素屋根組立完了（西面）

写真 4-20　隆徳殿　素屋根・西側保存小屋の屋根葺き完了

写真 4-18　隆徳殿　素屋根組立完了（北面）

写真 4-21　隆徳殿　監理事務所の建設開始

2月28日（水）：安定宮から南側保存小屋・工作所・工員休憩所の建設材料を運搬した。南側保存小屋・工作所・工員休憩所はベトナム人によって建設された。彼らはトラッククレーンを駆使し、西側保存小屋を参考にして建設を行った。

写真 4-19　隆徳殿　素屋根組立完了（東面）

第4章　隆徳殿の修復

写真 4-22　隆徳殿　南側保存小屋の建設

3月1日（木）：ベトナム人は南側保存小屋の組み立てを完了した。
　　　　　　日本人は監理事務所の壁を取り付けた。

3月2日（金）：ベトナム人は南側保存小屋の屋根を葺いた。
　　　　　　日本人は監理事務所の壁を取り付け、床を張った。

3月3日（土）：ベトナム人は工作所の建設を行った。
　　　　　　日本人は監理事務所を完成させた。

3月4日（日）：ベトナム人は工員休憩所の建設を行った。
　　　　　　日本人は西側保存小屋に足場パネルを用いて床を張った。

写真 4-23　隆徳殿　監理事務所の屋根葺き

写真 4-24　隆徳殿　工作所・工員休憩所の建設

3月5日（月）：ベトナム人は工作所・工員休憩所の屋根を葺いた。
　　　　　　日本人は内部に解体足場をかけ、高橋棟梁・高橋大工は隆徳殿に番付を打ち始めた。

写真 4-25　隆徳殿　西側保存小屋床張り

写真 4-26　隆徳殿　内部足場の組立

写真 4-27　隆徳殿　工作所・工員休憩所の完成

写真 4-28　隆徳殿　監理事務所の完成

写真 4-29　隆徳殿　仮設の建設完了

4-4-1.5　小結

仮設建設においていくつかの問題点が明らかになった。以下にその要点をあげておく。

1) 8月17日（火）からの素屋根建設の準備として、隆徳殿まわりの樹木の移植または伐採および整地、ビデ足場などの建設資材の現場搬入をHMCCにお願いしたが、いずれも17日以降に行うことになった。その理由は、すべて白井による直接的な確認のうえで作業を進めたかったということであった。これでは白井がいなければ、作業が進まないことになってしまう。

2) ビデ足場の組み立ての着手が2日遅れたことによって、素屋根の鉄板葺きができなかった。そのため鉄板葺きについては、HMCCにお願いすることになった。その際、鉄板の費用分担が早稲田大学かHMCCか問題になった。これは隆徳殿の解体修理事業が早稲田大学とHMCCの共同プロジェクトとして進行し、ものつくり大学が協力するという体制が確認されたにもかかわらず、費用分担の協議がまだまとまっていないためである。

3) 早稲田大学が日本から送った建設資材のうち、ジャッキベース、ジョイント、クランプが不足したため、素屋根の一部が不完全な状態にある。

4) 早稲田大学が日本から送ったクレーン、ユニック、油圧ショベルを操作する技術者がHNCC内にいないことである。今回はすべて高橋棟梁に任せることになった。

5) 2月17日（土）までにHMCCによって素屋根・西側保存小屋の屋根が葺かれた。2006年8月末に依頼した屋根葺きが実施されたのは2月上旬であった。

6) 2月27日（水）からの工事はフエ修復会社（HUE JOINT STOCK COMPANY FOR MONUMENT RESTORATION AND RENOVATION）が行うことになったが、工程は白井研究室が管理することで合意を得た。

7) 技術協力の成果として、南側保存小屋・工作所・工具休憩所などの仮設の建設をベトナム人だけで行うことができるようになった。

4-4-2　解体および部材調査
4-4-2.1　はじめに

隆徳殿の解体は3月6日（火）から3月17日（土）まで行われた。第4次調査後半は3月18日（日）から3月26日（月）まで部材調査を行った。後半の参加者は、小野泰、横山晋一、佐々木昌孝であり、3月22日（木）からは白井裕泰も加わった。また慎鏞宣、栗子岳大は2月26日（月）から3月26日（月）まで調査に参加した。

4-4-2.2　隆徳殿の解体

3月6日（火）：7:30 起工式を開始。フン・フー所長の開会の辞。
7:40 隆徳殿修復に関する伝統儀式を行う。音楽の演奏と阮福族の代表者による請願。フン・フー所長と白井裕泰による拝礼。大工棟梁、職工親方と職工長に道具が手渡される。
8:00 供え物を下げ、場所を変えた酒宴の席で食し、来客の福を祝う。
10:00 祭壇や内部に置かれた様々なものを搬出し、建物内を清掃した。午後内部足場を組み立て、高橋棟梁・高橋大工は番付を打った。ベトナム人は下屋の瓦を取り外し始めた。

第 4 章　隆徳殿の修復

写真 4-30　隆徳殿　起工式

写真 4-31　隆徳殿　下屋屋根瓦の撤去

写真 4-32　隆徳殿　上屋屋根瓦の撤去

写真 4-33　隆徳殿　屋根瓦の撤去完了

3月7日（水）：下屋の屋根瓦を撤去した。

3月8日（木）：上屋の屋根瓦を撤去した。

3月9日（金）：隅棟・大棟を撤去した。

写真 4-34　隆徳殿　隅棟の撤去

写真 4-35　隆徳殿　隅棟・大棟の撤去完了

写真 4-36　隆徳殿　上屋妻壁・小壁の撤去

3月10日（土）：垂木を撤去した。

写真 4-37　隆徳殿　下屋垂木の撤去

写真 4-38　隆徳殿　上屋垂木の撤去

写真 4-42　隆徳殿　上屋母屋桁の撤去完了

写真 4-39　隆徳殿　垂木の撤去完了

3月11日（日）：棟木・母屋桁を撤去した。

写真 4-43　隆徳殿　母屋桁の撤去完了

柱頂部のレベルおよび柱間を実測した。その後下屋の登梁・頭貫・柱を解体した。

写真 4-40　隆徳殿　棟木の撤去

写真 4-44　隆徳殿　下屋の解体

写真 4-41　隆徳殿　上屋母屋桁の撤去

写真 4-45　隆徳殿　下屋の解体完了

3月12日（月）：上屋の棟束・登梁・大貫・大梁を解体した。

写真 4-46　隆徳殿　上屋隅登梁の撤去

写真 4-47　隆徳殿　上屋登梁の撤去

写真 4-48　隆徳殿　上屋大貫の撤去

写真 4-49　隆徳殿　上屋大梁の撤去

写真 4-50　隆徳殿　上屋の解体完了

3月14日（水）～18日（日）：東・西・北面のレンガ壁を解体した。

写真 4-51　隆徳殿　レンガ壁の解体

写真 4-52　隆徳殿　レンガ壁の撤去完了

4-4-2.3　部材調査

3月19日（月）から3月24日（土）まで部材の調査を行った。調査の内容は①部材寸法の実測②部材の新旧、刻書、修理必要の有無を確認③含水率の測定などであった。

本論第1部　阮朝・フエ王宮・隆徳殿の修復

写真 4-53　隆徳殿　部材の格納状況

写真 4-54　隆徳殿　部材の調査風景

写真 4-55　隆徳殿　部材の実測（日本人スタッフ）

写真 4-56　隆徳殿　部材の実測（ベトナム人スタッフ）

写真 4-57　隆徳殿　含水率の測定

4-4-2.4　当初材について
（1）はじめに

隆徳殿の修復は、2005・平成 17 年 8 月にはじまり、2009・平成 21 年 8 月に完了した。この修復工事の過程で行った調査によって、隆徳殿を構成する部材の当初材が判明した。そこで、隆徳殿の部材の新旧をどのような基準に従って判定したかを示し、その結果を明らかにする。

（2）当初材の判定基準

隆徳殿の構成部材の新旧を明らかにするときの前提として、文献により判明している修理がある。まず隆徳殿南東隅の壁に残されていた石碑により、嘉隆 3 年（1804）に創建されたことがわかる[注1]。また第 1 回目の修理は、『欽定大南会典事例』により、明命 12 年（1831）に行われ[注2]、第 2 回目の修理は、『大南一統志』により、成泰 12 年（1900）に行われたことがわかる[注3]。

2 回の修理がおこなわれたことは、「3-2-3.2　垂木の新旧について」における垂木の分析によって明らかになった[注4]。したがって隆徳殿の構成部材は、創建された嘉隆期の当初材、第 1 回目に修理された明命期の中古材、第 2 回目に修理された成泰期の新材に分けることができる[注5]。

そこで部材の当初材・中古材・新材を判定する基準を考えてみると、以下の 4 点を挙げることができる。①番付の有無[注6]：柱・ケオ・貫・梁、②絵様の差異：ケオ、③風蝕の程度：柱、④断面の形状：貫、⑤垂木取付の釘跡：母屋桁、⑥断面の寸法：垂木。この基準にしたがって、各部材の新旧を判定することにする。

（3）構成部材の当初材
1）柱の当初材（図 4-1 参照）

柱の新旧を見分ける方法は、①番付の有無、②風蝕の程度差といった 2 通りがあるが、番付が有るものは当初材、番付がなく風蝕が少ないものは後補材であると考えられる。

第4章　隆徳殿の修復

番付のある1A、6A、1B、2B、3B、4B、5B、6B、1C、2C、3C、4C、2D、3D、4D、1E、2E、3E、5E、1F、2F、3F、5F、6Fの柱は当初材と考えて良い。また1A、6Aの柱に対して風蝕の少ない2A、3A、4A、5Aの柱は後補材（新材）と考えて良い。またこれらの柱下にある礎盤は、礎石上面に当初の柱の痕跡が有った（写真4-58参照）ので、後補材（成泰期のもの）であることがわかる。すなわち南面裳階柱は、当初においてすべて礎石上に直接建っていたといえよう。

番付のない5C、6C、1D、5D、6D、4E、6E、4Fの柱は、取り替えられた可能性もあるが、ほぼ同じ条件の下にある他の柱と比較して、風蝕の程度から判断すれば、当初材であると考えて良いであろう。

写真4-58　隆徳殿　礎盤下の当初柱（2A）の痕跡

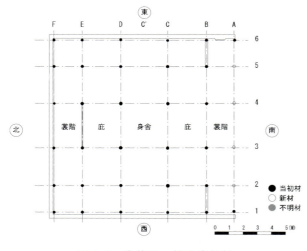

図4-1　隆徳殿　柱の当初材

2）ケオの当初材（図4-2参照）

ケオの新旧を見分ける方法は、①番付の有無、②絵様の差異といった2通りがあるが、番付のあるものは当初材、番付がなく絵様が他のものと異なるものは後補材の可能性がある。

番付のある1A-2B、2A-2B、5A-5B、6A-5B、6B-5B、6C-5C、6E-5E、6F-5E、5F-5E、1F-2E、1E-2E、1D-2D、1B-2Bの裳階ケオおよび2B-3C、3B-3C'、4B-4C'、5B-4C、5C-4C、5D-4D、5E-4D、4E-4C'、3E-3C'、2D-3D、2C-3Cの庇ケオは当初材と考えられる。

1C-2C、2E-2Fは番付がないが当初材と考えられる。番付のない3A-3B、4A-4B、6D-5D、4F-4E、3F-3Eの裳階ケオは、絵様の彫りが深く、図様も他と異なる[注7]ので、南側・西側・東側下屋の垂木が、成泰期にほとんど全面的に取り替えられていることを合わせて考えれば、後補材の可能性があるが、確かなことはわからない。

番付のない2E-3D庇隅ケオは、上屋ケオがほとんど当初材と考えられるので、同じく当初材であろう。

3）飛貫・頭貫・大梁・大貫の当初材

飛貫・頭貫・大梁・大貫の新旧を見分ける方法は、①番付の有無、②断面の形状という2通りがあるが、番付があるものは当初材、番付がなく断面形（図4-5参照）が他と異なるものは後補材の可能性がある。

3-1）飛貫の当初材（図4-3参照）

番付のある3B-4B、4B-5B、5B-5C、5C-5D、5D-5E、4E-3E、3E-2E、2C-2Bの飛貫は、断面形がcタイプであり、当初材と考えられる。番付はないが、2B-3B、2E-2Dの飛貫は、断面形がcタイプであるので、これらも当初材と考えられる。しかし番付がなく断面形がc'タイプである5E-4E、2D-2Cの飛貫は、後補材（新材）と考えられる。

3-2）頭貫の当初材（図4-4参照）

番付のある4A-5A、5A-6A、6A-6B、6B-6C、6D-6E、6E-6F、6F-5F、3F-2F、1F-1E、1E-1Dの裳階頭貫は、南面頭貫の断面形がbタイプ、東・西・北面の裳階頭貫がb'タイプであり、いずれも当初材と考えられる。番付はないが、断面形がbタイプである1A-2A、3A-4A、b'タイプである6C-6D、5F-4F、2F-1F、1C-1B、1B-1Aも当初材と考えられる。番付のある断面形がaタイプの南面頭貫2A-3Aおよび番付のないdタイプの北・西面頭貫4F-3F、1D-1Cは後補材であり、前者は庇頭貫、後者は裳階母屋桁の転用材である。

番付のある2B-3B、3B-4B、4B-5B、5C-5D、5D-5E、4E-3E、3E-2E、2E-2D、2D-2C、2C-2Bの庇頭貫は、断面形がa'タイプ（ただし4E-3Eのみaタイプ[注8]）であり、当初材と考えられる。また番付はないが、断面形がa'タイプである5E-4Eの庇頭貫も当初材であると考えられる。

番付のある身舎柱に架けられた3C-4C、4D-3D

の頭貫および棟木を支える小柱に架けられた3C'-4C'の断面形はaタイプであり、いずれも当初材と考えられる。

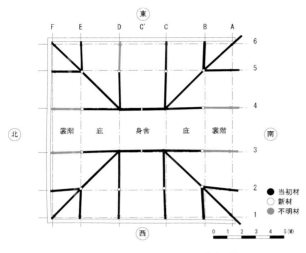

図4-2 隆徳殿 ケオの当初材

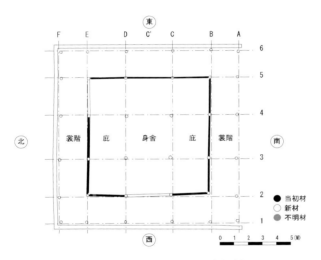

図4-3 隆徳殿 飛貫の当初材

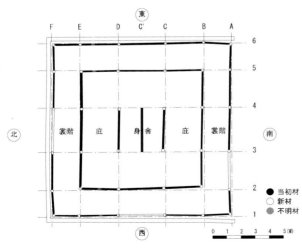

図4-4 隆徳殿 頭貫の当初材

3-3) 大梁・大貫の当初材

番付のある4C-4D、3C-3Dの大梁および3C-4D、3D-4Dの大貫は、いずれも当初材である。

3-4) 母屋桁の当初材

垂木の新旧が3期（嘉隆期・明命期・成泰期）に分けることができる[注9]ことから、2度の修理で垂木が2回取り替えられたと考えることができる。したがって当初の母屋桁には、少なくとも1枝間隔の釘穴が3通りなければならないことになる[注10]。しかしながら、わずか数本の母屋桁に2通りの1枝間隔の釘穴がみられただけで、ほとんどの母屋桁には1通りの釘穴しかみられず、それゆえ当初の母屋桁はなく、ほとんどのものが成泰12年（1900）に取り替えられた新材と考えられる[注11]。

ところで一般的に母屋桁の断面は、丸形であるが、裳階の母屋桁は、下面に越面をもつ角形（図4-5、dタイプ）である。

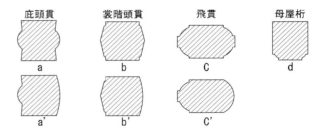

図4-5 隆徳殿 頭貫・飛貫・母屋桁の断面形タイプ

3-5) 垂木の当初材

垂木の当初材については、第3章、第2節、2-3垂木の配置の項を参照。

4-4-2.5 小結

隆徳殿の解体および調査の概要をここに示しておく。

1) 解体工事は日本人大工2名とものつくり大学スタッフおよびフエ修復会社によって行われた。フエ修復会社のスタッフは大工2名と職工8名であり、日本人とのコミュニケーションはベトナム人の通訳を通して行われた。

2) 解体中、HMCCの技術スタッフ4名は同時に調査を行っていた。また工事の過程をビデオカメラで録画した。

3) 日本人大工とベトナム人大工がそれぞれのやり方で解体番付を打った。お互いの番付の方法を理解することができた。また一方の大工が番付を打ち忘れた場合もあり、2名の大工がそれぞれ番付を打ったのは有効であった。

第4章　隆徳殿の修復

4) 日本人大工とベトナム人大工および職工との共同作業は、言葉の壁を乗り越えて、その場その場で技術者同士が相互に了解して行われた。すなわち木造建築における共通の技術体系が存在していることから、国際的技術協力において、言葉の違いがそれほど障害にならないことを実感することができた。

5) 今回の解体工事は、素屋根をかけ、解体足場を設けて行われたが、ベトナムにおいてこのような現場環境はかつてなかったといえよう。この解体のための仮設によって、解体作業の効率化と安全化を促進することができた。

6) 部材調査は、部材の各部寸法の実測および新旧、刻書、再用・取替、補修の有無の確認を行った。この調査の主な目的は、木材明細書を作成し、取替え材の材積を算出することであるが、創建当時の番付や、修理回数を明らかにすることもできる。

7) 部材調査の結果を踏まえて、取替え材・新規材の調達および部材の補修方法を修復工事が開始される2007・平成19年8月中旬までに検討する必要がある。

8) 隆徳殿の復原案は、2007・平成19年7月に実施設計が承認されるように検討を重ねる予定である。

9) 部材の当初材を判定する基準として、①番付の有無②絵様の差異③風蝕の程度④断面の形状⑤垂木取付の釘跡⑥断面の寸法などがある[注12]。

10) 隆徳殿は隆嘉3年（1804）に創建され、明命12年（1831）、成泰12年（1900）に2度の修理が行われた[注13]。

11) 成泰期に取り換えられたほとんどの母屋桁と垂木（全体の32%）を除く柱・ケオ・貫・梁は、ほとんどが当初材であった（図4-6参照）。

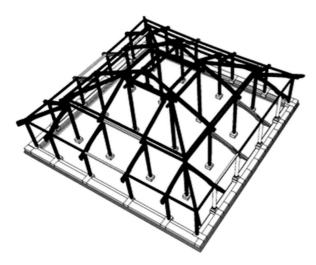

図4-6　隆徳殿　当初材（黒色）・新材（白色）・不明材（灰色）

注

1) 『大南寔録正編第一紀巻七十九頁二十八』に「営建　太廟隆徳昭敬穆思三殿先是列聖忌辰設左右祭所行禮」とある。

2) 『欽定大南会典事例工部巻二百八頁八』に「太廟之左営葺　隆徳殿遞年恭遇　太廟嘉裕皇帝皇后忌辰祇奉陳設行禮」とある。

3) 『大南一統志巻一京師頁八』に「隆徳殿舊為左方堂召敬穆思舊為左右祭所明命十三年均改今名成泰十二年重修」とある。

4) 白井裕泰・中川武「隆徳殿の垂木について－阮朝・太廟・隆徳殿の修復計画（その18）」日本建築学会学術講演梗概集（2009年8月F-2分冊pp.29-30）

5) 屋根瓦はヴィエトナム戦争後に葺き替えられているので、垂木の一部はその時取り替えられている可能性はある。

6) 佐々木昌孝・白井裕泰・中川武「隆徳殿の部材番付について－阮朝・太廟・隆徳殿の修復計画（その6）」日本建築学会学術講演梗概集（2007年8月F-2分冊pp.179-180）、佐々木昌孝・白井裕泰・中川武「隆徳殿の部材番付について（頭貫・飛貫）－阮朝・太廟・隆徳殿の修復計画（その13）」日本建築学会学術講演梗概集（2008年9月F-2分冊pp.129-130）

7) ケオ木鼻の彫りの深さは、先端から20cm内側の位置で、AB2・5（No.1・4）は10mm程度に対して、AB3・4（No.2・3）は15mm程度の深さがある。またケオ上部の図様を比較すると、AB2（No.13）AB5（No.16）とAB3（No.14）AB4（No.15）では渦文に相違が見られる。裳階部ケオの絵様構成については、六反田千恵・白井裕泰・中川武「隆徳殿裳階部ケオの彫刻絵様構成について－阮朝・太廟・隆徳殿の修復計画（その20）」日本建築学会学術講演梗概集（2009年8月F-2分冊pp.33-34）を参照。

8) 本来a'タイプであるはずであるが、創建当初において加工を間違えたのかもしれない。

9) 「3-2-3.2　垂木の新旧について」の項を参照。

10) 垂木幅を変えていることから、1枝寸法を変えた可能性がある。

11) 母屋桁を成泰期のものと考えたのは、明命期の修理が創建後27年しか経過していないので、明命期では母屋桁を取り替える必要はなかったと考えられる。

12) 部材の当初材を判定する基準として、その他に⑦加工痕の差異、⑧材種の差異、⑨継手・仕口等の形式やその仕事の丁寧さの差異、⑩圧痕の有無などが考えられるが、隆徳殿において、⑦⑧⑨の差異および⑩はみられなかった。ただし、わずかに垂木の継手の形式および仕事の丁寧さに差異がみられ、この点については当初材の判定の基準として考慮した。

13) 隆徳殿の当初材を検討した結果、明命12年（1831）の修理は、創建から27年しか経過していないことを考慮すれば、一部の垂木を取り替えた屋根替え修理であったと考えられる。また成泰12年（1901）の修理は、創建から96年経過していること、今回の考察で明らかになった後補材（2A、3A、4A、5Aの裳階柱、5E-4E、2D-2Cの飛貫、2A-3A、4F-3F、1D-1Cの頭貫、垂木全体の32%を占める面のない垂木、ほとんどの母屋桁。ただし3A-3B、4A-4B、6D-5D、4F-4E、3F-3Eの裳階ケオも後捕材の可能性がある。）から判断すると、解体修理に近い大規模な修理であったと考えられる。

4-4-3 原寸図作成
4-4-3.1 はじめに

原寸図は、2007・平成 19 年 8 月 20 日（火）隆徳殿基壇上に原寸場を造り、8 月 21 日（水）から 23 日（金）までの 3 日間で描き上げた。原寸図を担当したのは、白井裕泰と高橋定信（棟梁）・高橋直弘（大工）であり、補助として慎鏞宣・栗子岳大が参加した。

4-4-3.2 原寸図作成の目的

ベトナムにおける建造物の修理において、これまで原寸図を描くことはなかった。したがってこれまでの修理は、経年による腐朽・破損部分の復旧を目的としたものであったといっても過言ではない。

しかし今回の修理では、当初の寸法・形状にできる限り復原するという目的から、これまでに建造物を解体前および解体中に実測調査し、実測寸法の分析を試みることによって、復原設計寸法を算出した。この復原寸法をもとに原寸図を描いた。

すなわち復原的修復をするには基準となる設計寸法が必要であり、そのために原寸図を作成した。

今後の部材修理において、この原寸図を規範として修復することを基本方針とした。

4-4-3.3 原寸図作成の過程
（1）断面の原寸図

断面の原寸図は、柱間・柱内転び・屋根勾配を決定する目的から、3 通りを基準に描いた。

まず柱間については以下のように寸法を決定した。柱下部の柱間は、平面の復原考察によって得られた中間 3264mm（7.7 越尺）、脇間 2757mm（6.5 越尺）を採用した[注1]が、端間については 1950mm（4.6 越尺）で原寸図を描いたところ、下ケオの納まりが悪く、調整して 1914mm（4.54 越尺）とした。

次に柱高さは、該当する柱の平均値を採用した。身舎柱高さは 5541mm（3C 柱高さ 5545mm に近似している）、庇柱高さは 3996mm（3B 柱高さ 4018mm に近似している）とした。

また身舎柱上部の柱間は、解体時に調査した実測値の平均値 3094mm を採用し、その結果身舎柱の内転びは 85mm と決定された。

庇柱の内転び寸法は、上ケオ（3B-3C 材）と庇柱との納まりによって身舎柱の内転びと同じ 85mm とした。同様に裳階柱の内転びも、下ケオ（3A-3B 材）と 3A 裳階柱との納まりから 85mm とした。このように身舎柱、庇柱、裳階柱の内転びは 85mm で同一寸法であったと考えられる。

ケオの勾配は、上端と下端で異なるが上端勾配が屋根勾配と同一であることから上端勾配を基準としたこ とが考えられる。上ケオの勾配は、上ケオ（3B-3C 材）と身舎柱（3C 材）および庇柱（3B 材）との納まりを実測して決定した。原寸図より導き出された上ケオの勾配は、5.5／10 であった。また下ケオの勾配は、同様に下ケオ（3A-3B 材）と庇柱（3B 材）・裳階柱（3A 材）との納まりを実測して決定した。その結果下ケオの勾配は 4.5／10 であった。

（2）側面の原寸図

側面の原寸図は、軒反りを決定する目的から、上屋は 2 通り、下屋は 1 通りを基準に描いた。

庇柱の隅延びは、隅柱（2B・2E・5E・5B）高さの平均値 4057mm（5E 隅庇柱高さが近似している）に対して中庇柱（2C・2D・3E・4E・5D・5C・4B・3B）高さの平均値 3982mm（2D 中庇柱高さが近似している）との差 75mm であった。また隅庇柱上の軒桁上に高さ 150mm、長さ 1370mm の三角形の反り増し材が取り付けられている。したがって隅庇柱上における軒反りは 225mm（5.3 越寸）となる。

裳階柱の延びは、中裳階柱（1C・1D・3F・4F・6D・6C）高さの平均値 2565mm（1C 裳階柱高さが近似している）と脇裳階柱（1B・1E・2F・5F・6E・6C）高さの平均値 2642.5mm（1E 裳階柱高さが近似している）との差 77.5mm、脇裳階柱と隅裳階柱（1A・1F・6F・6A）高さの平均値 2690.5mm との差 48mm であり、中裳階柱と隅裳階柱との差は 122.5mm となる。また隅裳階柱上の軒桁上に高さ 71mm、長さ 1445mm の三角形の反り増し材が取り付けられている。したがって隅裳階柱上における全体の軒反りは 193.5mm（4.6 越寸）となる。

ところで反り増し材の寸法は、各隅で異なっているので、ここでは最大の反り寸法をもつ反り増し材を採用した。また裳階柱上の軒桁下の反りは、中裳階柱・脇裳階柱・隅裳階柱の頂点が一直線上にある直線の反りであった。

4-4-3.4 原寸図作成の手順

8 月 20 日（月）：隆徳殿基壇上に原寸場を設置する。
8 月 21 日（火）：3 通り断面の原寸図作成
①柱下柱間は復原柱間である身舎中間 7.7 越尺、庇脇間 6.5 越尺、裳階端間 4.6 越尺で描いた。身舎柱上柱間は解体時に実測した柱間の平均値から 7.3 越尺とした。
②身舎柱・庇柱・裳階柱は平均値の高さで描いた。身舎柱・庇柱の内転びは 85mm（2 越寸）となった。
③大梁（3C-3D）の柱心々寸法を実測し、身舎柱内転びの正しさを検証した。

④上ケオ（3C－3B）を実測し、原寸図を描いた。

写真4-59　隆徳殿　原寸場枠組み

写真4-60　隆徳殿　原寸場完成

写真4-61　隆徳殿　原寸図作成風景

8月22日（水）：3通り断面の原寸図完了
⑤下ケオ（3A－3B）を実測し、原寸図を描いた。
⑥ケオの勾配は、屋根勾配と同一である上端勾配で決定した。その結果、上ケオの勾配は5.5寸、下ケオの勾配は4.5寸となった。
⑦実物の身舎柱・庇柱・裳階柱・上ケオ・下ケオを組み、原寸図をチェックした。

原寸図を描くことによって、以下のようないくつかの問題点が生じた。
1）復原柱間では、A通り・F通りの現在の礎石位置および外壁位置とのズレが看過できない。

2）下ケオ（3A－3B）の納まりが悪い。
3）上ケオの長さが、約5.6m あるため、わずかに上側に凸状に湾曲していた。
4）庇柱・裳階柱を平均長さで描いたため、ケオの傾斜があわないことがわかった。

これらの問題点に対して、以下のように対処した。
1）・2）端間の復原寸法4.6越尺を4.5越尺に変更したところ、下ケオの納まりが良くなった。その結果、裳階柱の内転びも85mmであることがわかった。
3）上ケオの上端を直線に復原して原寸図を調整した。
4）上下ケオの納まりから柱長さを調整した。

8月23日（木）：1通りの下屋側面および2通りの上屋側面の原寸図作成
①裳階柱上部・軒桁・反り増し材の原寸図を描いた。
②庇柱上部・軒桁・反り増し材の原寸図を描いた。

写真4-62　隆徳殿　原寸図作成完了

4-4-3.5　小結

原寸図を作成した結果、各部寸法は以下のように決定された。
1）基準となる柱下柱間は、中間3264mm（7.7越尺）、脇間2757mm（6.5越尺）、端間1908mm（4.5越尺）とした。
2）基準となる柱高さは、身舎柱5541mm（約13.1越尺）、庇柱3996mm（約9.4越尺）、裳階柱2565mm（約6越尺）とした。
3）基準となる隅庇柱の高さを4057mm（約9.6越尺）、脇裳階柱の高さを2642.5mm（6.2越尺）、隅裳階柱の高さを2690.5mm（約6.3越尺）とした。
4）内転びは、身舎柱・庇柱・裳階柱とも85mm（2越寸）とした。
5）軒反りは、庇柱筋で75mm（1.8越寸）、裳階柱筋で122.5mm（2.9越寸）とし、反り増し材の反り高さは、隅庇柱上で150mm（3.5越寸）、隅裳階柱上で71mm（1.7越寸）とした。

6) 上ケオ上端勾配は5.45寸、下ケオ上端勾配は4寸勾配とした。

原寸図は図4-7の通りである。またこの原寸図は、断面の原寸図（図4-8）と側面の原寸図（図4-9）を合成して作成している。

注
注1) 白井裕泰「隆徳殿の柱間計画について－阮朝・太廟・隆徳殿の修復計画（その1）」日本建築学会大会学術講演梗概集、2006年9月）

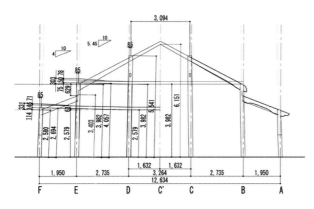

図4-7　隆徳殿　原寸図

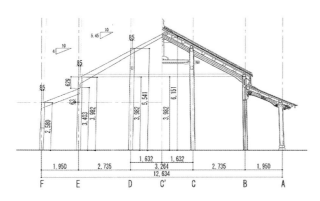

図4-8　隆徳殿　断面の原寸図

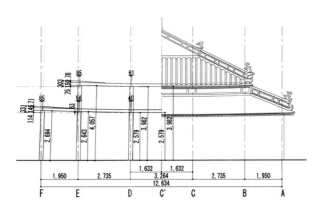

図4-9　隆徳殿　側面の原寸図

4-4-4　部材修理
4-4-4.1　はじめに
部材修理において、たとえば柱の根継ぎや柱の新規取替の場合、原寸図を基準に調整する必要があるように、すべての部材が原寸図を基準に修理することを原則とした。

4-4-4.2　部材修理の方法
(1) 原則

従来のベトナムにおける柱の修理方針は、以下のようであった。

　a. 柱底部または柱頂部のどちらか一方が腐朽・破損していた場合、柱底部の根継ぎか、柱頂部の接ぎ木による修理を行うか、柱を新規材に取り替えて加工を行った。

　b. 柱底部および柱頂部がともに腐朽・破損していた場合、それらの腐朽・破損部分を切り取って新たに根継ぎを施して柱頂部の仕口を加工するか、柱を新規材に取り替えて加工を行った。

この方法では、柱底部および柱頂部のオリジナルな面や刻まれた番付を残すことができなかった。

隆徳殿の修理方針として、できる限り当初材を残す方向で部材修理の方法を検討し、新規取替材または新規補足材は、在来材と同種・同品質とすることを原則とした。また当初材をできる限り再用するために、人工木材を積極的に使用することを決定した。

(2) 修理方法の選択

部材修理の方法は、以下の2つの場合に分けて決定する必要がある。

1) 部材が全体として構造的使用に耐えられないもの
　①新規材に取り替える
　②部分的に旧材を残し、部材の大部分を取り替える。
2) 部材の大部分が構造的使用に耐え得るもの
　①軽微な破損→埋め木または人工木材による修理
　②部分的な破損→剝ぎ木または人工木材による修理
　③かなり大きな破損→接ぎ木（根継ぎを含む）または人工木材による修理

4-4-4.3　部材修理の実例
(1) 柱の修理

【ケース1】　軽微な破損

　①柱下部の修理：柱下部の一部が傷んでいたので、人工木材を充填・整形した。

　②柱上部の修理：柱上部の一部が傷んでいたので、人工木材を充填・整形した。

第4章　隆徳殿の修復

写真 4-63　隆徳殿　柱下部の一部に人工木材を補填

写真 4-64　隆徳殿　ケオ・頭貫仕口の一部に人工木材を補填

写真 4-65　隆徳殿　柱上部ケオ・頭貫仕口の仕上がり

【ケース2】　部分的な破損
　①柱下部の修理：柱下部が部分的に傷んでいたので、柱下部の中心部に木材を入れ、そのまわりに人工木材を使用した。これは上部荷重を、心材によって直接的に礎石に伝えるためである。

写真 4-66　隆徳殿　柱下部の全面に人工木材を補填

写真 4-67　隆徳殿　柱下部の中心部に木材を補足

写真 4-68　隆徳殿　柱下部の仕上がり

【ケース3】　かなり大きな破損
　①柱上部ケオ・頭貫仕口の修理1：柱上部の1/4部分に接ぎ木を施し、その他の仕口部分は人工木材を充填し、整形した。

写真 4-69　隆徳殿　柱上部ケオ・頭貫仕口の破損状況

写真 4-72　隆徳殿　柱上部ケオ・頭貫仕口の仕上がり

写真 4-70　隆徳殿　柱上部ケオ・頭貫仕口に人工木材を補填

②柱上部ケオ・頭貫仕口の修理 2：柱上部の 1/2 部分に接ぎ木を施し、その他の仕口部分には人工木材を充填し、整形した。

写真 4-73　隆徳殿　柱上部ケオ・頭貫仕口の破損状況

写真 4-71　隆徳殿　柱上部ケオ・頭貫仕口の加工

写真 4-74　隆徳殿　柱上部ケオ・頭貫仕口に接ぎ木（蟻差）

第 4 章　隆徳殿の修復

写真 4-75　隆徳殿　柱の心を墨付け

写真 4-79　隆徳殿　頭貫仕口の鋸による加工

写真 4-76　隆徳殿　柱上部の柱径を墨付け

写真 4-80　隆徳殿　頭貫仕口の鑿による加工 1

写真 4-77　隆徳殿　ケオ・頭貫仕口に人工木材を補填

写真 4-81　隆徳殿　頭貫仕口の鑿による加工 2

写真 4-78　隆徳殿　ケオ仕口の加工

写真 4-82　隆徳殿　頭貫仕口の鑿による加工 3

写真 4-83　隆徳殿　頭貫仕口の仕上げ

写真 4-84　隆徳殿　柱上部の仕上げ

写真 4-85　隆徳殿　柱上部ケオ・頭貫仕口の仕上がり

③柱下部根継ぎ
　a. 十字目違継ぎ：柱下部の傷みが部分的なものは、十字目違継ぎとした。

写真 4-86　隆徳殿　柱根継ぎ　十字目違ほぞ穴加工

写真 4-87　隆徳殿　十字目違継ぎと人工木材による補修

　b. 金輪継ぎ：柱下部がかなり傷んでいたものは金輪継ぎを行った。

写真 4-88　隆徳殿　柱根継ぎ　補足旧材の加工

第4章　隆徳殿の修復

写真 4-89　隆徳殿　柱根継ぎ　補足旧材の仕上がり

写真 4-90　隆徳殿　柱根継ぎ　柱側切り取り

写真 4-91　隆徳殿　柱根継ぎ　柱側の加工

写真 4-92　隆徳殿　柱根継ぎ　目違ほぞ加工

写真 4-93　隆徳殿　柱根継ぎ　仕上げ

(2) ケオの修理

【ケース1】　軽微な破損

①ケオ上面の修理：ケオ上面が腐朽して傷んでいたので、人工木材を充填し、整形した。

写真 4-94　隆徳殿　ケオ上面の破損状況

写真 4-95　隆徳殿　ケオ上面の仕上がり

【ケース2】 部分的な破損
　①ケオ下部側面の修理：ケオ下部側面が部分的に傷んでいたので、剝ぎ木とケオ材の接触面に人工木材を充填し、整形した。

写真 4-98　隆徳殿　腐朽部分の切り取り

写真 4-96　隆徳殿　ケオ下部の破損状況

写真 4-99　隆徳殿　剝ぎ木による修理

写真 4-97　隆徳殿　剝ぎ木と人工木材による修理

　②ケオ下部上面の修理ケオ下部上面が部分的に傷んでいたので、剝ぎ木とした。

【ケース3】 かなり大きな破損
　①ケオ下部上面の修理：ケオ下部上面がかなり大きく傷んでいたので、接ぎ木と人工木材によって修理を行った。

第4章　隆徳殿の修復

写真 4-100　隆徳殿　接ぎ木と人口木材による修理

(3) 頭貫の修理

【ケース3】　かなり大きな破損

①頭貫芯部の接ぎ木：頭貫は乾割れおよび芯部の腐朽が見られた。しかしながら頭貫下面から1/3はしっかりしていたので、腐朽した部分を切り取り、切り取り面を人口木材により整形し、芯木を接ぎ木した。接ぎ木の側面には勾配を付けて。外れないようにした。

写真 4-102　隆徳殿　腐朽部分の切り取り

写真 4-103　隆徳殿　人口木材による切り取り面の整形

写真 4-101　隆徳殿　頭貫の破損状況

写真 4-104　隆徳殿　芯材の接ぎ木

写真 4-105　隆徳殿　頭貫の接ぎ木完了

(4) 人工木材について

人工木材はナガセケムテック株式会社（兵庫県たつの市龍野町中井 236、TEL 0791-632771）の EPOXY RESIN XNR6105 および HARDENER XNH6105 を使用した。この TECHNICAL INFORMATIO SHEET は以下のようである。

また硬化剤は寿化工株式会社（埼玉県南埼玉郡菖蒲町大字上大崎 724-1、TEL 0480-85-1045）の PS-NY6 を使用した。

表 4-1　隆徳殿　人工木材の TECHNICAL INFORMATION SHEET

項目	測定法	XNR6105	XNH6105
外　観	目　視	赤褐色パテ	薄紫色パテ
比　重	25℃	0.91	0.80
配合比	重量比	100	100
可使時間	300 g／25度	20mit	
硬化条件		25℃／16時間以上	
硬化物特性*	試験法		
比　重	JISK-6911	0.86	
デュロメーター硬度	ASTMD-2240	D-57	
曲げ強度	ASTMD-790	24N／㎜	
圧縮強度	ASTMD-790	1,100N／㎜	
曲げ弾性率	ASTMD-695	22N／㎜	
衝撃強度（シャルピー）	ASTMD-256	3.4kj／㎡	
熱変形温度	ASTMD-648	45℃	
線膨張係数	−30〜+30℃	48×10^{-5} K^{-1}	

* 25℃／7

(5) 小結

第 5 次調査における部材修理は、柱の一部修理を行った。その成果として以下の点を指摘することができる。

1）柱底部および柱頂部においてオリジナルな面が残っている場合は、構造的強度に問題ない範囲で、人工木材を使用して修理を行うことを原則とした。

　特に、柱頂部に刻まれた番付がある場合は、人工木材を使用して修理を行い、番付の保護に努めることを原則とした。

　廃棄した柱は 4 本であり、埋め木・矧ぎ木・接ぎ木の材料として再利用した。また 2 本の柱は取替えの柱に転用した。

2）ケオの修理において、【ケース 3】かなり大きな破損の例はなく、人工木材の使用は部分的な充填・整形にとどまった。ケオの廃棄材は 1 本もなかった。

3）頭貫の修理において、【ケース 3】かなり大きな破損の例は 1 つであり、外観上健全な表皮だけ残して、内部をくり抜き、内面を人工木材で整形した後、接ぎ木して修理した。頭貫の廃棄材は 1 本だけであった。

4）人工木材を使用することによって、修理方法の選択の幅が広がり、当初材の残存率が高くなったといえよう。

4-4-5　基壇修理
4-4-5.1　基壇の現状

基壇修理に先立って、発掘による基壇の調査が行われた。発掘調査を行ったのは、4D・4E・4F 礎石束側であり、幅 1m、深さ 1m のピットを掘った。その結果は図 4-10、図 4-11 の通りである。この図によると、敷きレンガ床の下に約 10cm 厚さのラテライト、その下に約 70cm の砂、その下に従来の砂地盤があった。また約 80cm 厚の砂の下から 21cm 高さに 12cm 厚程度のシルト層が設けられていた。この層は上部の砂層を水で締め固めるために設けられたと考えられる。

また 1A 礎石を撤去して側周りの基礎構造を確認した。その結果は、写真 4-107 の通りである。この写真によると、礎石の下には 4 段のレンガが積まれ、強固な布基礎が形成されていた。また外側まわり礎石のレンガ積み布基礎は、8 段積みであり、1・2 段の幅は 83.5cm、3・4 段の幅は 72.5cm、5〜8 段の幅は 61cm であった。今回の修理では、この布基礎はいじらないこととした。

第4章　隆徳殿の修復

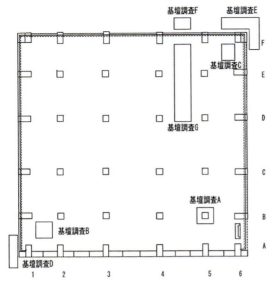

図4-10　隆徳殿　基壇調査位置

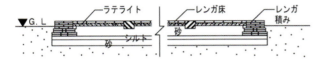

図4-11　隆徳殿　基壇現状断面図（基壇調査G・F）

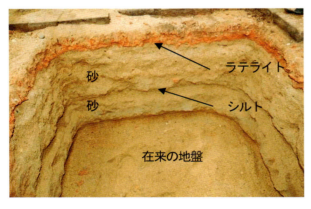

写真4-106　隆徳殿　内側まわり礎石下の基壇構造

写真4-107　隆徳殿　側まわり礎石（1A）下の基壇構造

写真4-108　隆徳殿　側まわり礎石（1F）下の基壇構造

4-4-5.2　基壇修理の方針

　隆徳殿の基壇を調査した結果、図4-12によると、礎石レベルは、東北隅の6F礎石が最も高く、西南隅の1A礎石で最大値48mm低く、相対的に西南部および西北部の礎石が沈下していた。その原因は、基壇の構造によるものと考えられる。すなわち、礎石が、創建時に築かれた深さ約70cmの砂地盤の上に置かれているためであり、経年によって不同沈下したものと考えられる。

　また2006・平成18年8月21、22日に行われた地質調査の結果、第1層（GL～2.4m）の長期の地耐力は33kN／㎡、第2層（2.4m～5.2m）の長期の地耐力は97kN／㎡であることがわかった。建物荷重を柱1本当たりに作用する荷重に換算すると約6kNであり、礎石面積が0.14㎡であることから、礎石1個が受ける荷重は約42kN／㎡となる。したがって、第1層の長期の地耐力33kN／㎡を上回ることになり、経年により礎石の不同沈下が生じたと考えられる（第3章　4-6「地質調査」を参照）。

　さらに礎石の配置を実測したところ、東西の基準線と南北の基準線が直交していないことが明らかになった。これは日本のように大矩（たとえば貫の1辺が6尺・8尺・10尺の直角三角形）をつくって直角を決めるのではなく、小さなものさしの直角を用いたことが原因と考えられる。

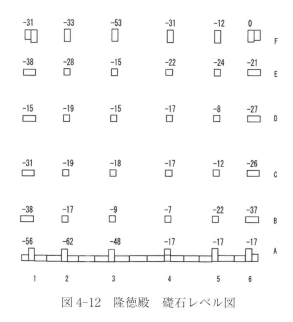

図4-12　隆徳殿　礎石レベル図

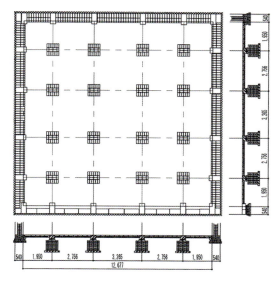

図4-14　隆徳殿　礎石下独立基礎図

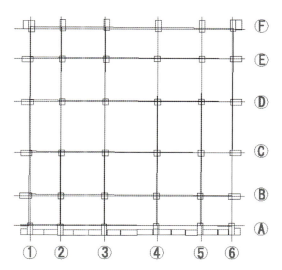

図4-13　隆徳殿　礎石配置図（基準グリッドの歪み）

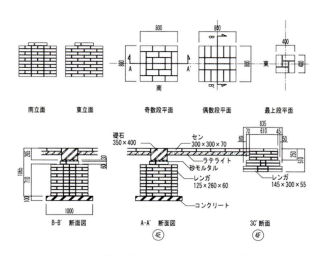

図4-15　隆徳殿　礎石下独立基礎詳細図

　このように礎石のレベルが不同であり、礎石配置のための基準線が直交していないことから、基壇の修理方針として、礎石のレベルを東北隅の6F礎石レベルを基準としてすべての礎石を据え直すこと、また礎石下に80cm×80cm×75cmのレンガ積み独立基礎を設けることを決定した。1辺80cmのブロックとすると、面積は0.64㎡であり、在来の第1層地盤にかかる荷重は、ブロックの自重と合わせても約9.4kN／㎡となり、隆徳殿は長期に安定することになると考えられる。

　ところで独立基礎のレンガ積みは新規の構造体であるのでモルタルを使用したが、外側まわりの礎石・葛石の据付には、伝統工法を踏襲して、砂漆喰を使用した（写真4-109・110参照）。

写真4-109　隆徳殿　外側まわり礎石・葛石据付用の漆喰

第 4 章　隆徳殿の修復

写真 4-110　隆徳殿　外側まわり礎石・葛石据付用の砂漆喰

4-4-5.3　基壇修理の過程

　基壇修理の過程は、まず基準となる柱間寸法を仮設足場に取り付けた貫材に印を付け、復原グリッドを設定した。次に内側の礎石下に独立基礎をもうけ、礎石を復原グリッドに従って、また同一レベルになるように据え直した。さらに側周りの礎石を同様に据え直し、最後に正面の葛石を据え直した。その過程は、写真 4-111 〜 129 の通りである。

写真 4-111　隆徳殿　基壇修理 1（2008 年 2 月 28 日）

写真 4-112　隆徳殿　基壇修理 2（2008 年 3 月 1 日）

写真 4-113　隆徳殿　基壇修理 3（2008 年 3 月 3 日）

写真 4-114　隆徳殿　基壇修理 4（2008 年 3 月 5 日）

写真 4-115　隆徳殿　基壇修理 5（2008 年 3 月 22 日）

写真 4-116　隆徳殿　基壇修理 6（2008 年 3 月 23 日）

（1）内側まわり礎石

内側まわりの独立基礎の設置過程は以下のようである。
- ①敷きレンガ床を撤去する。
- ②テライトを撤去する。
- ③約1.2m四方の大きさ深さ1mの穴を掘る。
- ④穴の底部に15cm厚さの捨てコンクリートを打つ。
- ⑤捨てコンクリート上面に独立基礎の位置出しを行う。
- ⑥独立基礎のレンガ8段を積む。
- ⑦独立基礎の上に礎石を据え付ける。
- ⑧砂を適当な深さに埋め、その上にラテライトを10cm厚程度埋め、突き固める。

この過程は、写真4-117〜129の通りである。

写真4-117　隆徳殿　敷きレンガ床撤去

写真4-118　隆徳殿　ラテライト撤去

写真4-119　隆徳殿　穴掘削

写真4-120　隆徳殿　捨てコンクリート打ち

写真4-121　隆徳殿　独立基礎の位置出し

写真4-122　隆徳殿　独立基礎の墨出し

第4章 隆徳殿の修復

写真 4-123　隆徳殿　独立基礎第1段目レンガ積み

写真 4-124　隆徳殿　独立基礎第1段目レンガ積み

写真 4-125　隆徳殿　独立基礎第2段目レンガ積み

写真 4-126　隆徳殿　独立基礎レンガ積み完了

写真 4-127　隆徳殿　独立基礎まわり砂詰め

写真 4-128　隆徳殿　礎石据付

写真 4-129　隆徳殿　礎石据付完了

(2) 外側まわりの礎石・葛石

次に外側まわりの礎石据え直し過程を示すと以下のようになる。

①礎石を撤去し布基礎レンガ積み面を清掃する。
②砂漆喰で礎石を据え付ける。
③礎石まわりにレンガを積み直す。
④正面葛石を据え直す。この過程は、写真4-130〜139の通りである。

写真 4-130　隆徳殿　隅の礎石まわりを掘削

写真 4-133　隆徳殿　外側まわり礎石の撤去

写真 4-131　隆徳殿　隅の礎石下レンガ積み

写真 4-134　隆徳殿　外側まわり礎石の据え直し

写真 4-132　隆徳殿　隅の礎石据え直し

写真 4-135　隆徳殿　正面葛石下の詰め物

第4章　隆徳殿の修復

写真4-136　隆徳殿　正面葛石の据付1

写真4-137　隆徳殿　正面葛石の据付2

写真4-138　隆徳殿　正面葛石の据付3

写真4-139　隆徳殿　正面葛石の据付完了

4-4-5.4　小結

隆徳殿の基壇修理について纏めると以下のようになる。

1) 現状基壇は礎石が南西方向に大きく沈下し、礎石配置の基準グリットが直交せず歪んでいた。
2) 礎石レベルは6F礎石高さを基準に、また礎石配置の直交グリットは6A礎石を基準に設定し調整を行った。
3) 礎石の沈下を防ぐため礎石下に80cm×80cm×75cmのレンガ積基壇を設けた。
4) 外側まわりのレンガ積布基礎は、そのままにしていじらなかった。

第5節　部材組立

4-5-1　はじめに

2008・平成20年7月の臨時調査では軸部組立に必要なすべての部材、たとえば柱・ケオ・飛貫・頭貫はすべて修理あるいは新規材に取り替えた。8月の第7次調査では柱・ケオ・頭貫・飛貫の組立を行い、軸部組立を完了した。1月の第2次臨時調査では、垂木・母屋受けの修理を行い、3月の第8次調査で母屋桁・垂木の取付を行い、木工事を完了した。

4-5-2　部材修理および組立

7月の臨時調査では、白井裕泰・高橋定信・高橋直弘が以下のような作業をおこなった。

7月18日（金）：4本の身舎柱を建てる準備およびすべての柱長さの最終チェックを行った。

7月19日（土）：東側2本の身舎柱を大梁でH型に組み立てた。

写真 4-140　隆徳殿　身舎柱・大梁の組立

西側2本の身舎柱・大梁を組み立て、大貫で繋いで4本の身舎柱を組み上げた。

写真 4-141　隆徳殿　身舎柱の立柱完了

7月20日（日）：柱・ケオ・飛貫・頭貫の修理状況をチェックした。柱・ケオは修理完了しているが、貫の仕口は多くの修理が終わっていない。

7月21日（月）：東側南北の庇柱を立て、南側ケオを身舎柱・庇柱に輪薙込んだ。（写真4-142）
同じく東側・北側のケオを身舎柱・庇柱に輪薙込み、ケオ同士の拝み部を輪薙込んで組んだ。（写真4-143）
西側のケオも同様に組み、B・E通りの飛貫・頭貫およびC・D通りの頭貫を蟻落としで庇柱・身舎柱同士を緊結した。（写真4-144）

写真 4-142　隆徳殿　4通り庇柱の立注および上ケオの取付

写真 4-143　隆徳殿　4通り上ケオの叉首組

写真 4-144　隆徳殿　5通りの上ケオ、3B-4Bおよび3E-4E飛貫・頭貫の取付

7月22日（火）：飛貫・頭貫の仕口修理を行い、第7次調査開始までに終えるように、ヴィエトナム側HMCCに要請した。

第7次調査では、白井裕泰・高橋定信・高橋直弘が以下のような作業を行った。

第4章　隆徳殿の修復

8月18日（月）：母屋桁の仕口を修理した。

写真 4-145　隆徳殿　母屋桁の修理（矧ぎ木修理）

8月19日（火）：西側・東側・北東隅・北西隅・南西隅の庇柱を立て、庇柱同士を頭貫で繋いだ。

写真 4-146　隆徳殿　3・4通りの軸部組立完了

写真 4-147　隆徳殿　西側庇柱・上ケオの組立

写真 4-148　隆徳殿　裳階回り柱・下ケオの組立

8月20日（水）：4E-5Eの飛貫を1cm縮め、頭貫を10cm伸ばした。

8月21日（木）：軸組を組み上げた結果、庇柱頂部および裳階柱頂部が糸巻き形平面になっていることが明らかになった。

8月22日（金）：身舎柱隅に掛かるケオは身舎柱に突き付けであったが、雇い蟻ほぞを入れ、蟻落としに変更した。

写真 4-149　隆徳殿　庇隅ケオ上部の雇い蟻ほぞ取付

8月23日（土）・25日（月）：隅ケオを取り付けた。糸巻き形平面が大きく崩れた箇所は、柱に落し込まれるケオの仕口を調整して、柱の内転びを変更した。

写真 4-150　隆徳殿　上下隅ケオの取付

写真 4-153　隆徳殿　糸巻き形平面の修正完了

9月10日（水）までに母屋桁仕口・母屋受けを修理し、母屋受けを取り付ける。また垂木用新材の加工を行った。

写真 4-151　隆徳殿　裳階柱の内転び調整

8月26日（火）：頭貫長さを調整した。5・6A頭貫を75mm、1・2A頭貫を45mm伸ばした。

写真 4-154　隆徳殿　母屋桁仕口の修理（ほぞ部分）

写真 4-152　隆徳殿　側まわり頭貫長さの調整（A通り）

写真 4-155　隆徳殿　母屋桁仕口の修理（左端：相欠き部分）

第4章　隆徳殿の修復

写真 4-156　隆徳殿　母屋受け取付完了

写真 4-157　隆徳殿　垂木用原木

写真 4-158　隆徳殿　原木の製材

9月11日（木）：西側上屋に母屋桁を取り付ける。

写真 4-159　隆徳殿　西側母屋桁取付

9月12日（金）：10:00 上棟式を行った。神へのお願いの儀式を行った後、神からの振る舞いの儀式を行った。豚の丸焼きを細かくぶつ切りにしたものや陰陽の練り物を、餅米と一緒に食べた。

上棟式を終え、ベトナム人大工によって継続して母屋受け・母屋桁が取り付けられた。第2次臨時調査時（2009・平成21年1月5日）には、写真4-162の状態であった。

写真 4-160　隆徳殿　上棟式祭壇

写真 4-161　隆徳殿　上棟完了

写真 4-162　隆徳殿　母屋桁取付完了

第8次調査では、西側下屋および上屋に垂木を取り付けた。また隅木の修理を行い、隅木・反り増し材・隅板を取り付けた後、配付垂木を取り付け、垂木先端を切り揃えた後、広木舞を取り付け、西側上屋の軒反りを完成させた。

2009・平成21年
3月4日（水）：西側下屋の垂木取付を完了した。（写真4-163）

3月5日（木）：西側上屋に垂木を取り付けた。（写真4-164）

3月6日（金）：下屋・上屋の隅木・反り増し材を取り付けた。（写真4-165～167）

写真4-163　隆徳殿　西側垂木取付

写真4-164　隆徳殿　西側上屋垂木取付

写真4-165　隆徳殿　隅木取付

写真4-166　隆徳殿　反り増し材の取付

写真4-167　隆徳殿　隅木・反り増し材の取付完了

3月21日（土）：西側上屋に隅板を取り付けた。

第4章　隆徳殿の修復

写真 4-168　隆徳殿　隅板の取付

3月22日（日）：西側上屋の配付垂木を取り付けた。

写真 4-169　隆徳殿　配付垂木の取付

3月23日（月）：西側上屋の垂木先端を切り揃え、広木舞を取り付け、軒先の反りを完成させた。

写真 4-170　隆徳殿　垂木先端の切断

写真 4-171　隆徳殿　広木舞の取付

4-5-3　小結

　第7次調査では、柱・ケオ・飛貫・頭貫・母屋受け・母屋桁の修理を終え、軸組の組立を完了することができた。

　第8次調査では、垂木の修理および新規材の加工を終え、西側上屋および下屋の垂木の取付を完了することができた。

　また組立の過程で、解体時にはわからなかった糸巻き形平面が明らかになり、ケオ・頭貫の長さを調整して整備した。

第5章　隆徳殿の参考資料

第1節　写真

写真 5-1　隆徳殿　修理前　南面

写真 5-2　隆徳殿　修理前　北面

写真 5-3　隆徳殿　修理前　北東面

写真 5-4　隆徳殿　修理前　東面

写真 5-5　隆徳殿　修理前　内部北面

写真 5-6　隆徳殿　修理前　天井見上げ

写真 5-7　隆徳殿　水平加力実験

第 5 章　隆徳殿の参考資料

写真 5-8　隆徳殿　地質調査

写真 5-12　隆徳殿　垂木撤去

写真 5-9　隆徳殿　素屋根

写真 5-13　隆徳殿　部材調査

写真 5-10　隆徳殿　現場監理事務所

写真 5-14　隆徳殿　柱下部根継ぎ

写真 5-11　隆徳殿　屋根瓦撤去

写真 5-15　隆徳殿　柱上部修理

写真 5-16　隆徳殿　ケオ修理（人工木材による）

写真 5-20　隆徳殿　原寸図

写真 5-17　隆徳殿　貫修理（人工木材による）

写真 5-21　隆徳殿　基壇修理

写真 5-18　隆徳殿　母屋桁修理

写真 5-22　隆徳殿　身舎柱組立

写真 5-19　隆徳殿　垂木修理

写真 5-23　隆徳殿　柱・ケオ・貫・梁組立

第 5 章　隆徳殿の参考資料

写真 5-24　隆徳殿　母屋桁取付

写真 5-28　隆徳殿　竣工　正面

写真 5-25　隆徳殿　垂木取付

写真 5-29　隆徳殿　竣工　正面詳細

写真 5-26　隆徳殿　瓦葺き

写真 5-30　隆徳殿　竣工　背側面

写真 5-27　隆徳殿　瓦葺き完了

写真 5-31　隆徳殿　竣工　内部北面

本論第１部　阮朝・フエ王宮・隆徳殿の修復

写真 5-32　隆徳殿　竣工　内部東面

写真 5-33　隆徳殿　竣工　内部架構

119

第5章　隆徳殿の参考資料

第2節　図　面

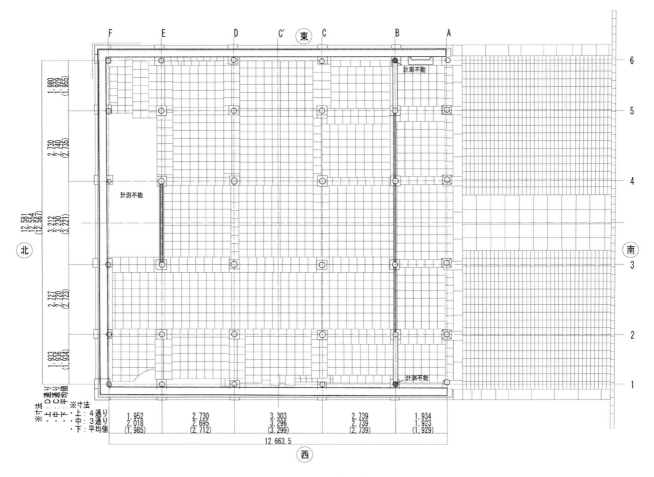

図 5-1　隆徳殿　修理前　平面図

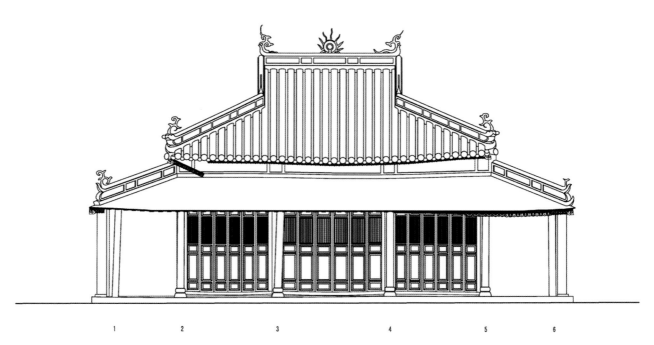

図 5-2　隆徳殿　修理前　南正面図

本論第 1 部　阮朝・フエ王宮・隆徳殿の修復

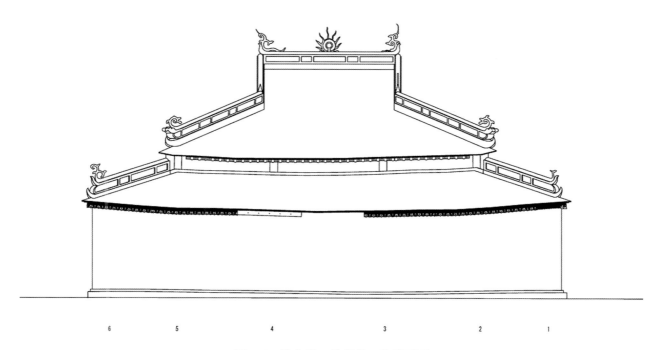

図 5-3　隆徳殿　修理前　北背面図

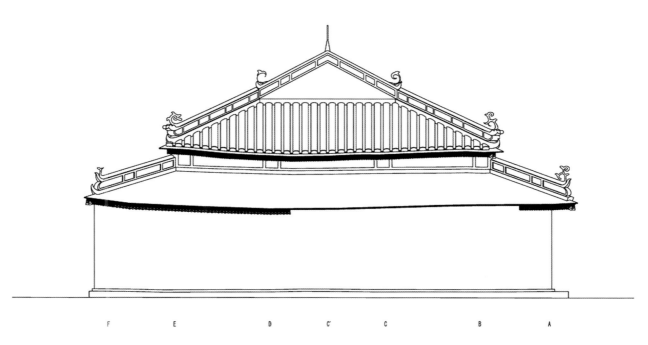

図 5-4　隆徳殿　修理前　東側面図

121

第 5 章　隆徳殿の参考資料

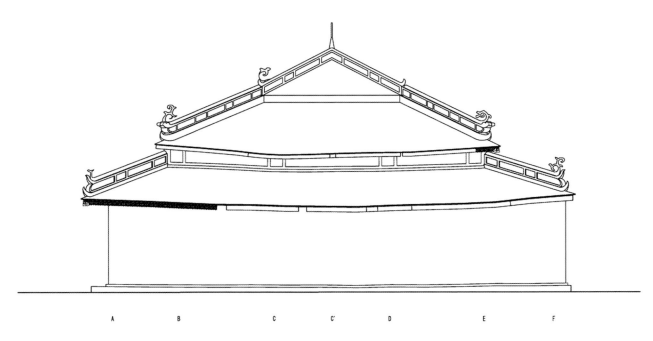

図 5-5　隆徳殿　修理前　西側面図

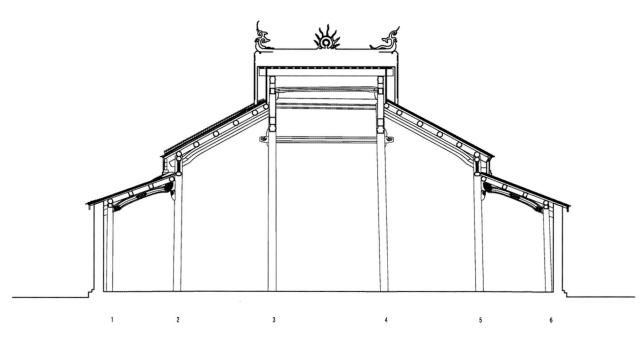

図 5-6　隆徳殿　修理前　桁行断面図

本論第１部　阮朝・フエ王宮・隆徳殿の修復

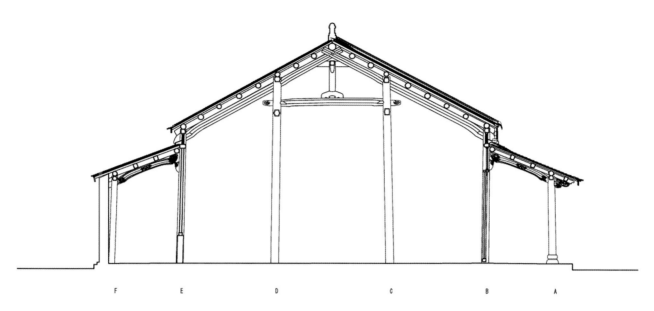

図 5-7　隆徳殿　修理前　梁行断面図

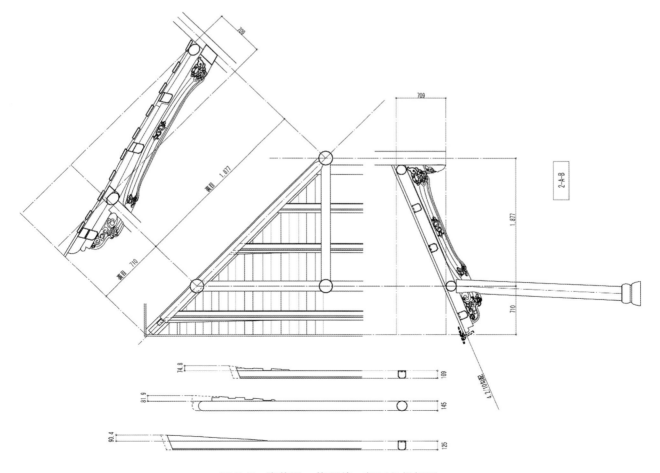

図 5-8　隆徳殿　修理前　軒回り規矩図

123

第 5 章　隆徳殿の参考資料

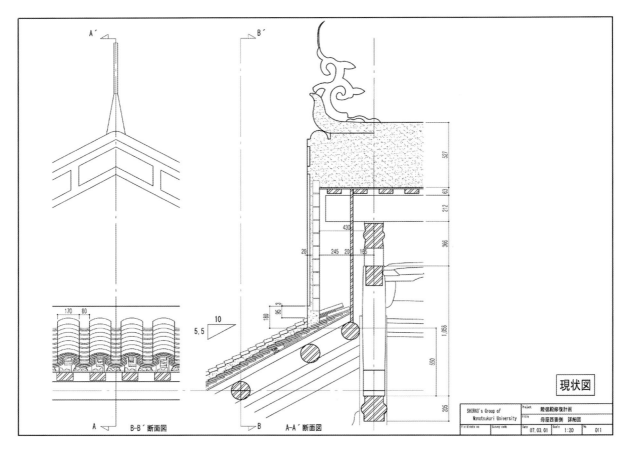

図 5-9　隆徳殿　修理前　屋根回り詳細図

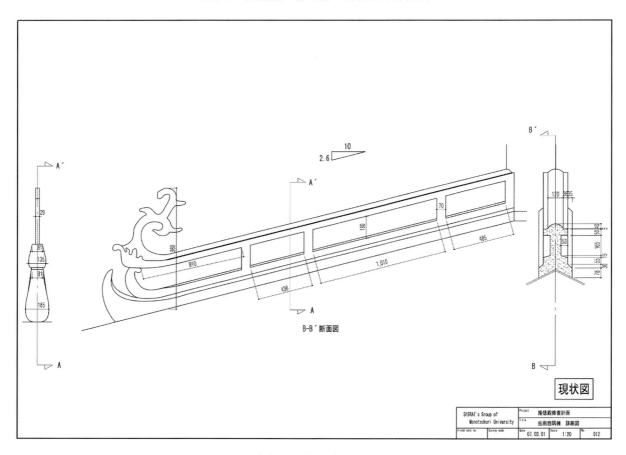

図 5-10　隆徳殿　修理前　降り棟詳細図

本論第 1 部　阮朝・フエ王宮・隆徳殿の修復

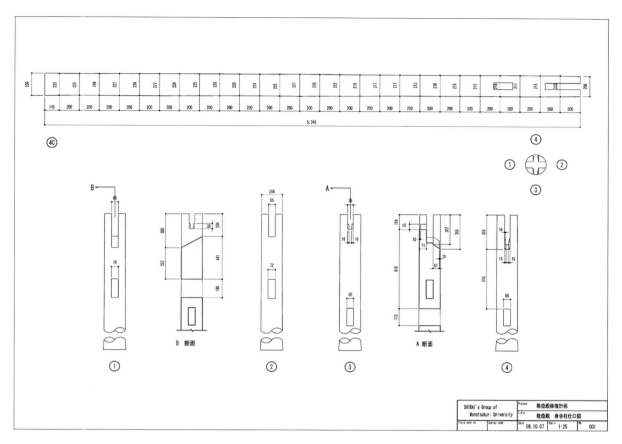

図 5-11　隆徳殿　修理前　身舎柱詳細図

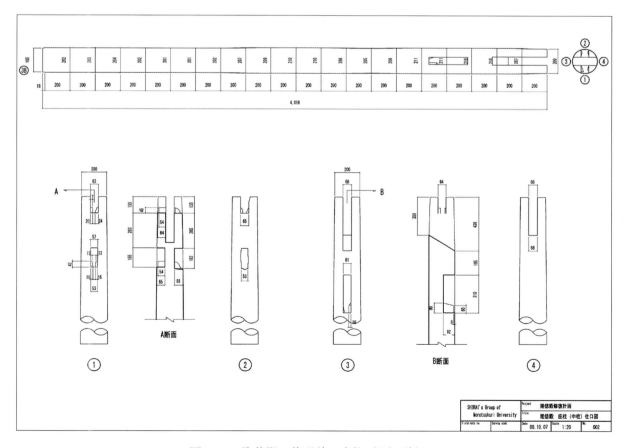

図 5-12　隆徳殿　修理前　庇柱（中）詳細図

第 5 章　隆徳殿の参考資料

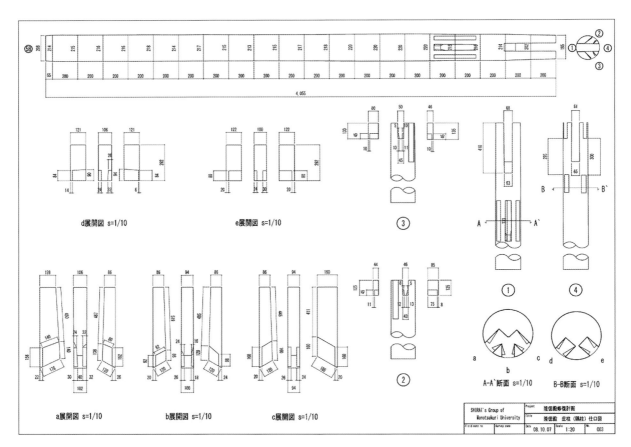

図 5-13　隆徳殿　修理前　庇柱（隅）詳細図

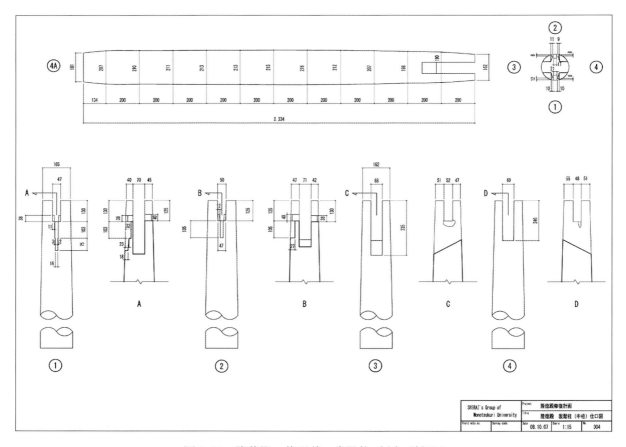

図 5-14　隆徳殿　修理前　裳階柱（中）詳細図

本論第1部　阮朝・フエ王宮・隆徳殿の修復

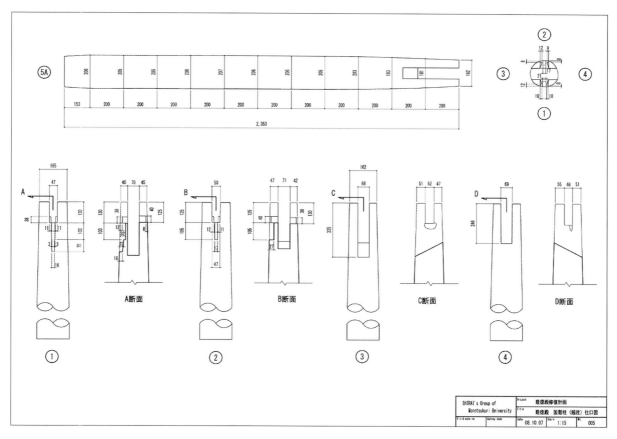

図 5-15　隆徳殿　修理前　裳階柱（隅脇）詳細図

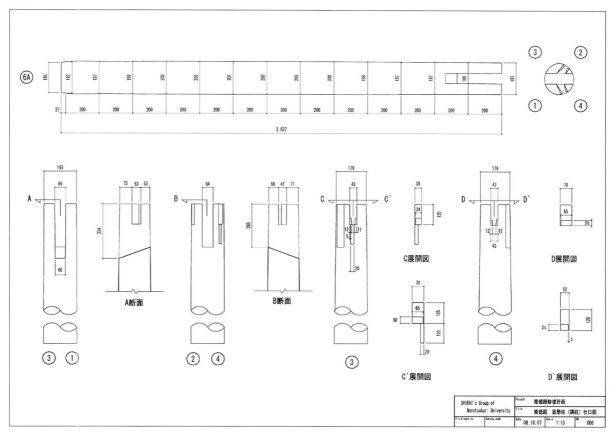

図 5-16　隆徳殿　修理前　裳階柱（隅）詳細図

127

第5章　隆徳殿の参考資料

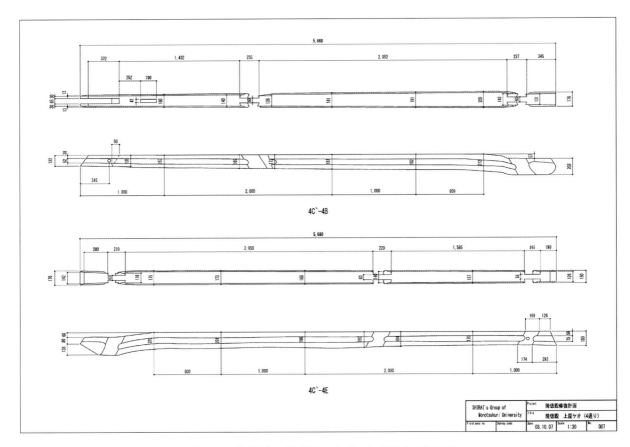

図 5-17　隆徳殿　修理前　ケオ（4 通り）詳細図

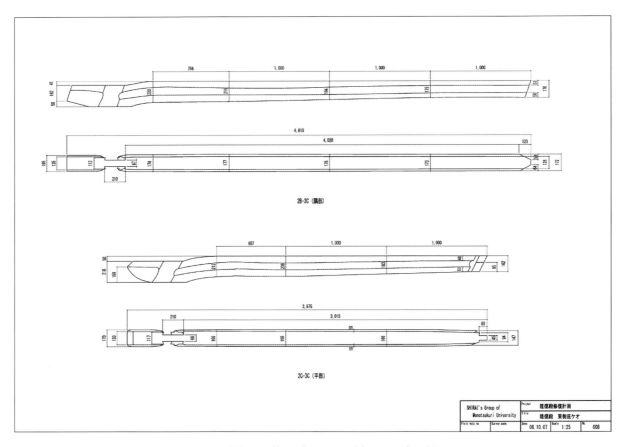

図 5-18　隆徳殿　修理前　ケオ（東側上屋）詳細図

128

本論第1部　阮朝・フエ王宮・隆徳殿の修復

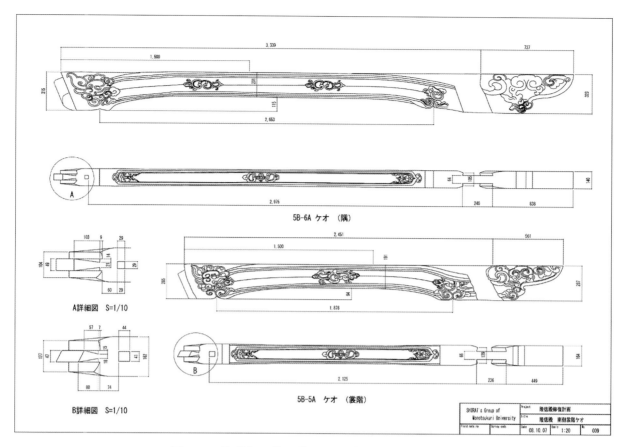

図 5-19　隆徳殿　修理前　ケオ（南側下屋）詳細図

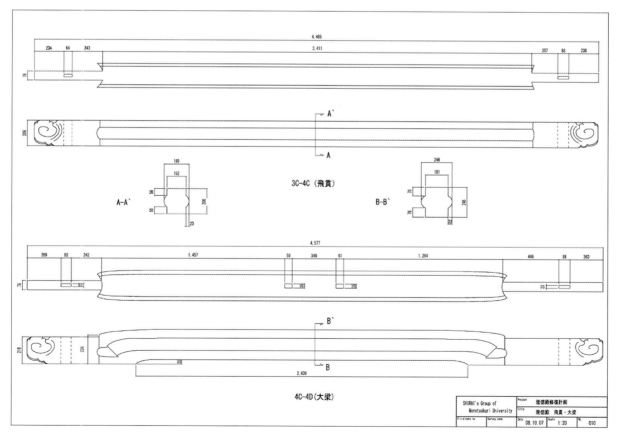

図 5-20　隆徳殿　修理前　大貫・大梁詳細図

第5章 隆徳殿の参考資料

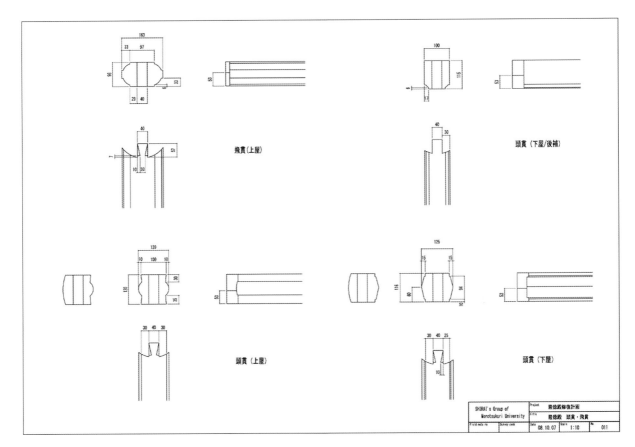

図 5-21　隆徳殿　修理前　飛貫・頭貫詳細図

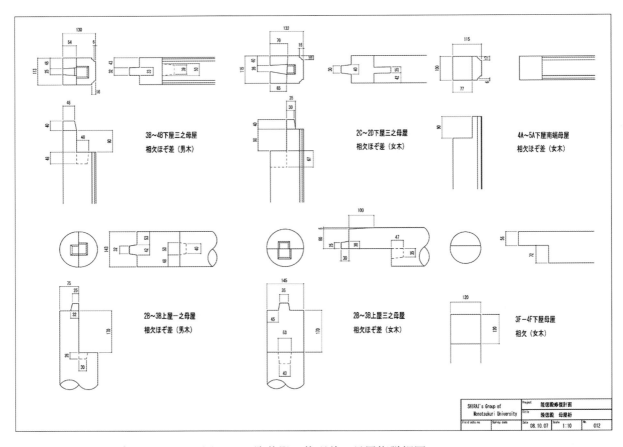

図 5-22　隆徳殿　修理前　母屋桁詳細図

本論第1部　阮朝・フエ王宮・隆徳殿の修復

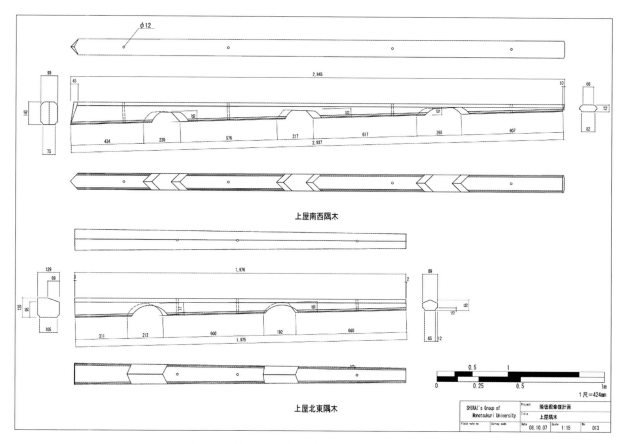

図 5-23　隆徳殿　修理前　隅木（上屋）詳細図

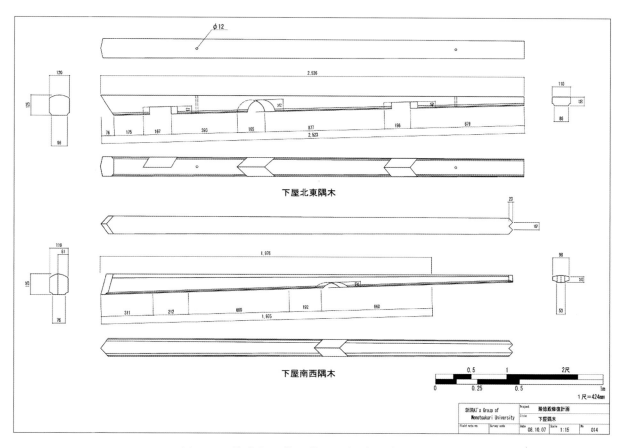

図 5-24　隆徳殿　修理前　隅木（下屋）詳細図

第 5 章　隆徳殿の参考資料

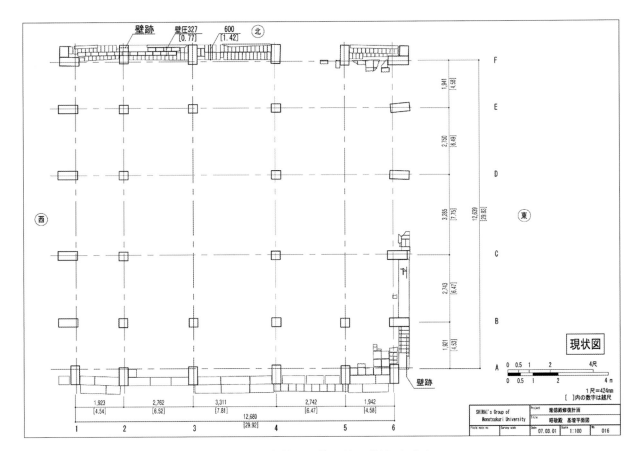

図 5-25　隆徳殿　修理前　基壇平面図

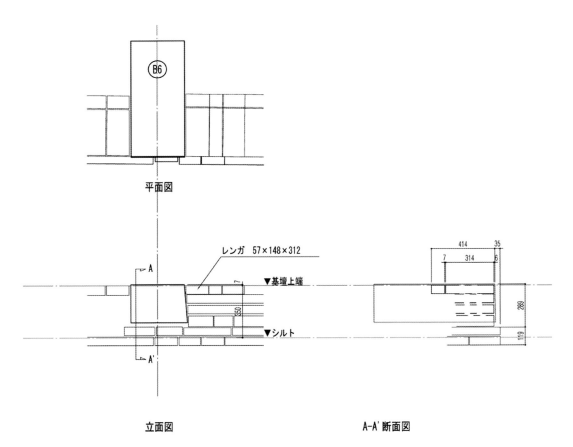

図 5-26　隆徳殿　修理前　基壇詳細図

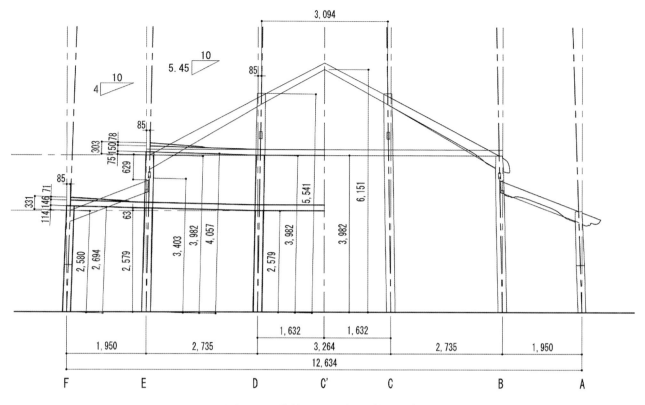

図 5-27　隆徳殿　原寸図（軒反り）

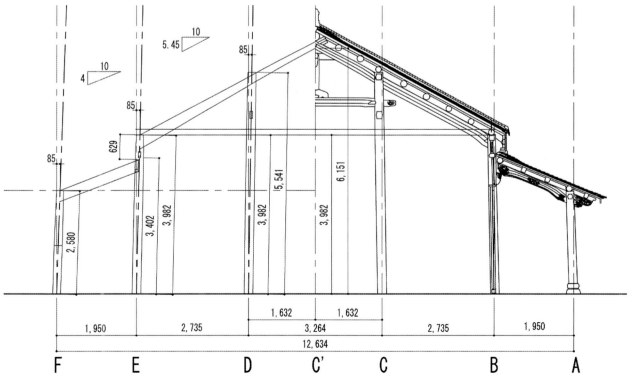

図 5-28　隆徳殿　原寸図（断面）

第5章　隆徳殿の参考資料

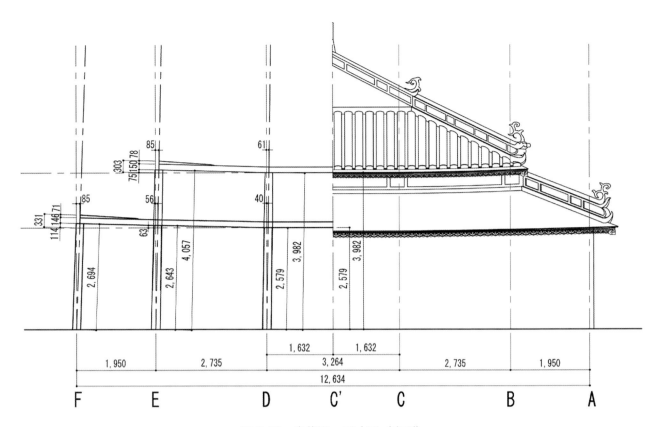

図 5-29　隆徳殿　原寸図（立面）

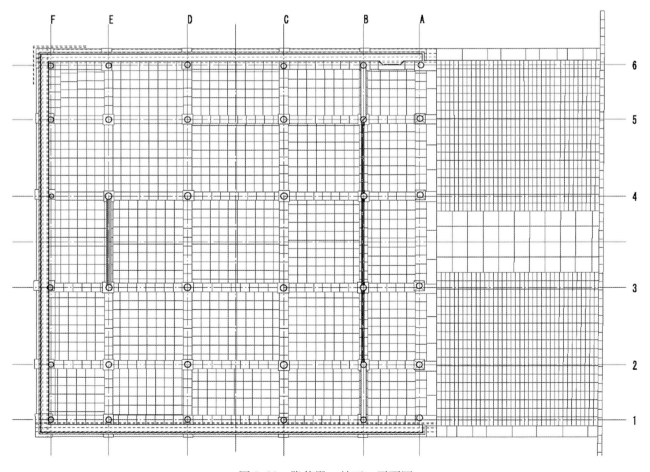

図 5-30　隆徳殿　竣工　平面図

本論第 1 部　阮朝・フエ王宮・隆徳殿の修復

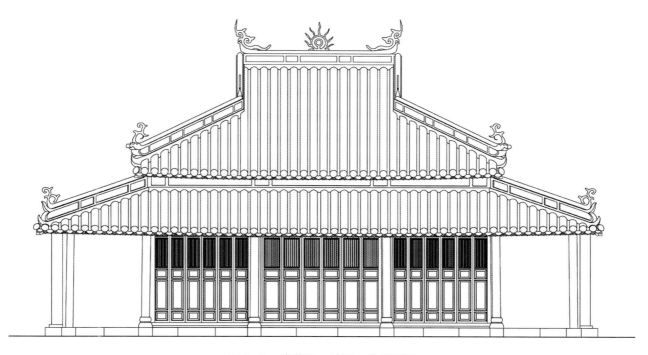

図 5-31　隆徳殿　竣工　南正面図

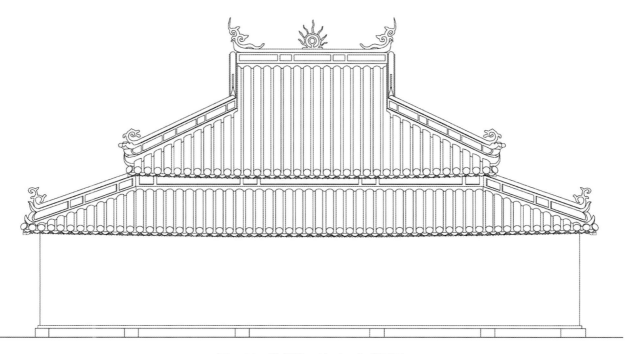

図 5-32　隆徳殿　竣工　北背面図

第 5 章　隆徳殿の参考資料

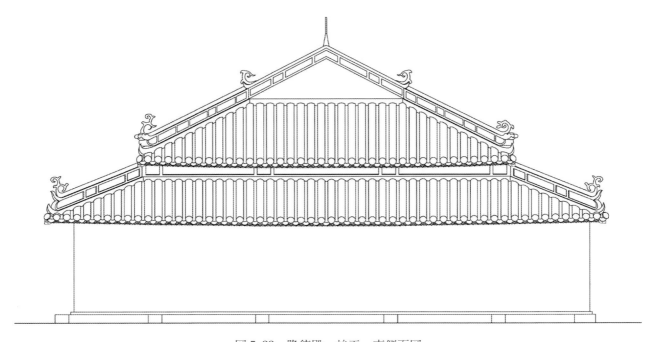

図 5-33　隆徳殿　竣工　東側面図

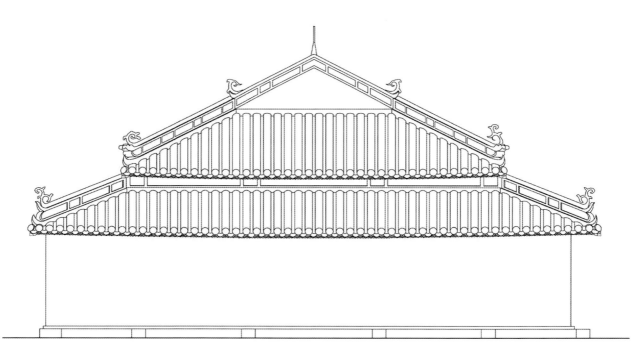

図 5-34　隆徳殿　竣工　西側面図

本論第1部　阮朝・フエ王宮・隆徳殿の修復

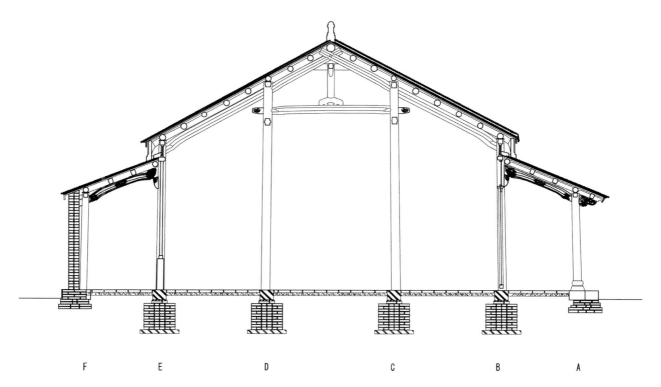

図 5-35　隆徳殿　竣工　梁行断面図

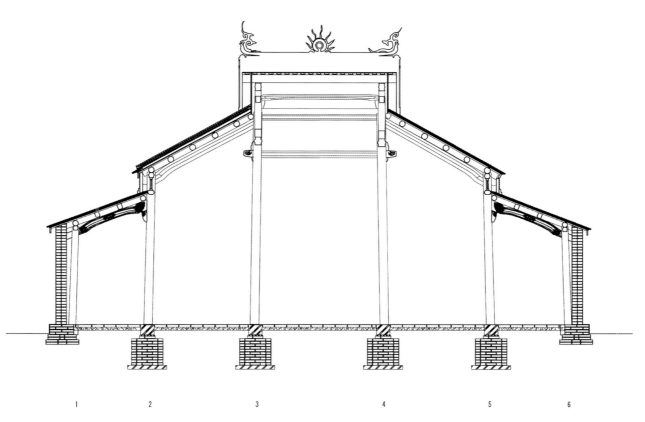

図 5-36　隆徳殿　竣工　桁行断面図

第 5 章　隆徳殿の参考資料

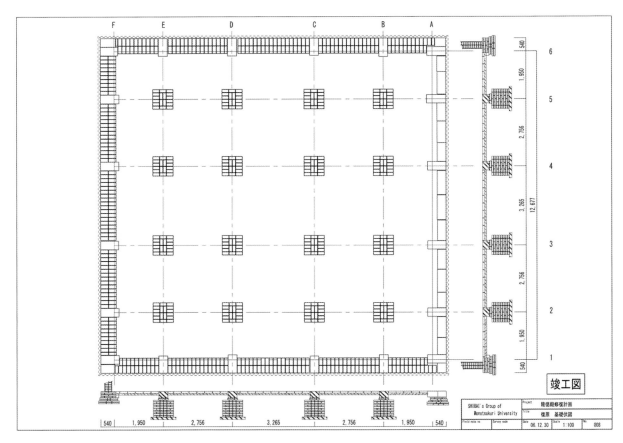

図 5-37　隆徳殿　竣工　基壇　平・断面図

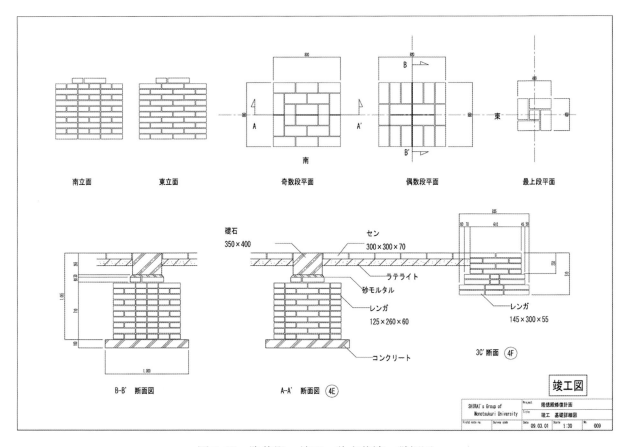

図 5-38　隆徳殿　竣工　独立基壇　詳細図

138

第3節　拓本

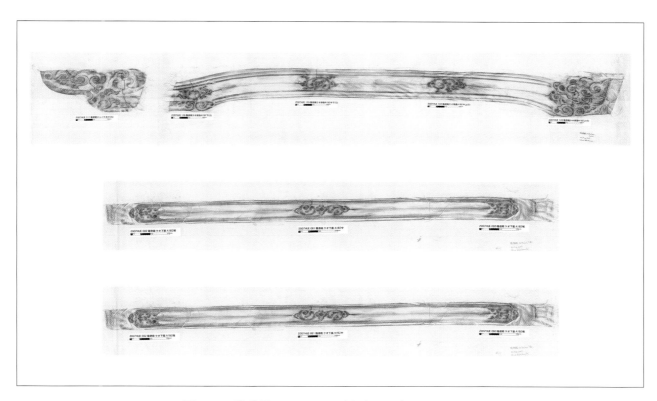

図 5-39　隆徳殿　1A2B ケオ側面・下面・ドゥイケオ

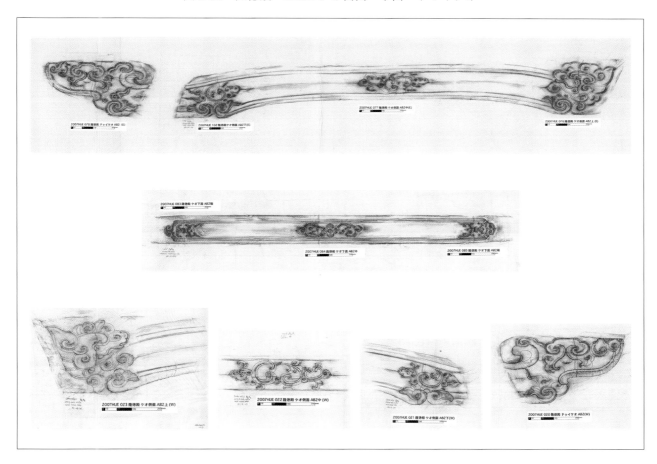

図 5-40　隆徳殿　2AB ケオ側面・下面・ドゥイケオ・各部

第5章　隆徳殿の参考資料

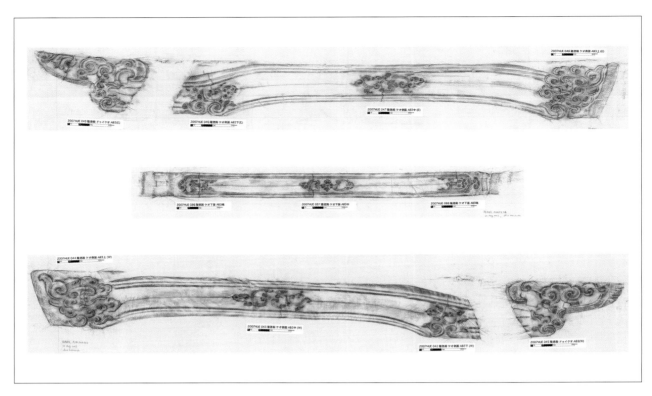

図5-41　隆徳殿　3ABケオ側面・下面・ドゥイケオ

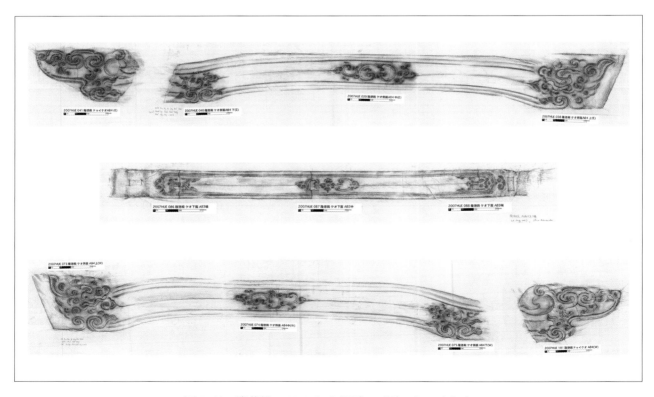

図5-42　隆徳殿　4ABケオ側面・下面・ドゥイケオ

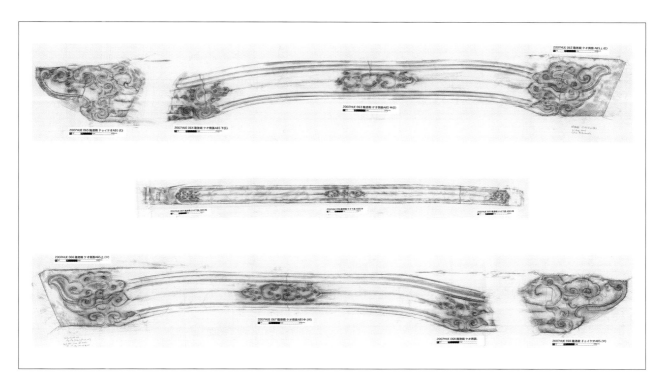

図 5-43　隆徳殿　5AB ケオ側面・下面・ドゥイケオ

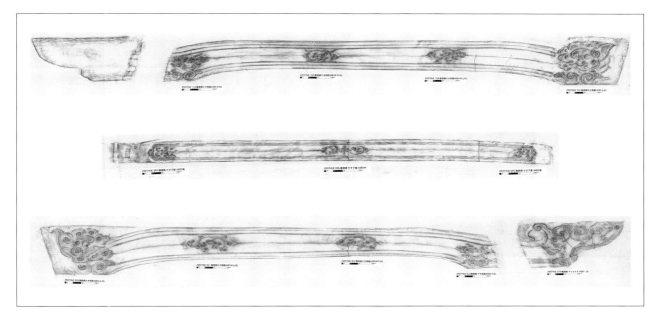

図 5-44　隆徳殿　6A5B ケオ側面・下面・ドゥイケオ

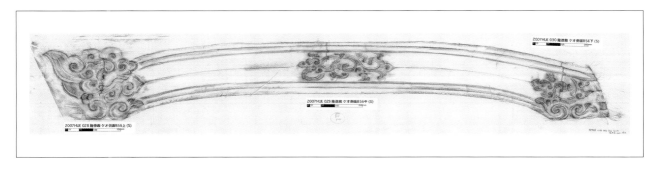

図 5-45　隆徳殿　56B ケオ側面

第 5 章　隆徳殿の参考資料

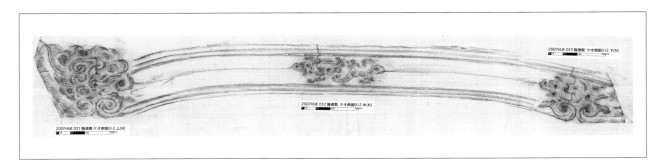

図 5-46　隆徳殿　12D ケオ側面

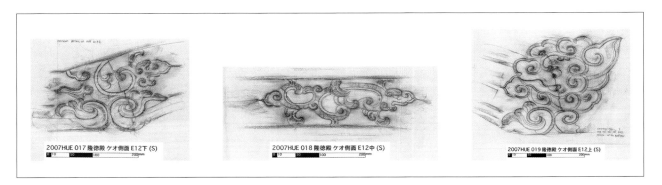

図 5-47　隆徳殿　12E ケオ側面下・中央・上

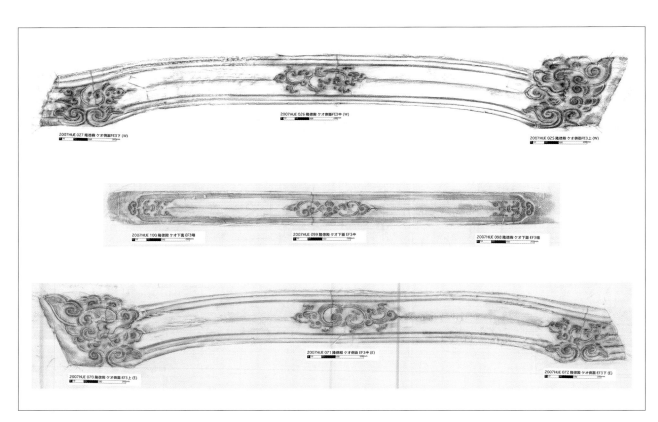

図 5-48　隆徳殿　3EF ケオ側面・下面

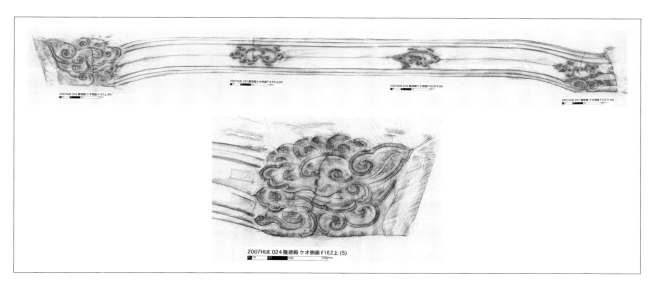

図 5-49　隆徳殿　1F2E ケオ側面・上（拡大図）

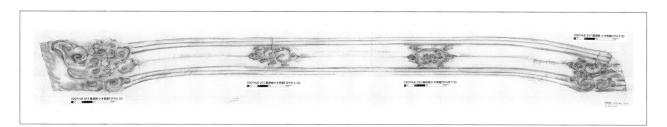

図 5-50　隆徳殿　6F5E ケオ側面

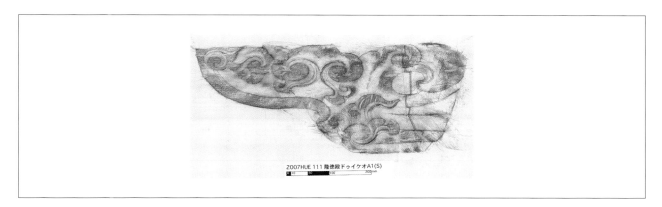

図 5-51　隆徳殿　1A2B ドゥイケオ南面（拡大図）

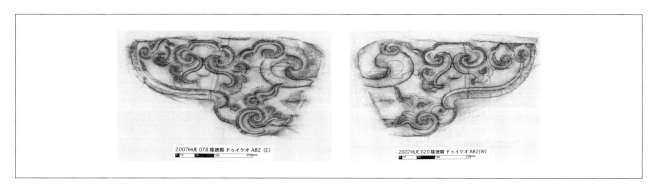

図 5-52　隆徳殿　2AB ドゥイケオ東・西面（拡大図）

第 5 章　隆徳殿の参考資料

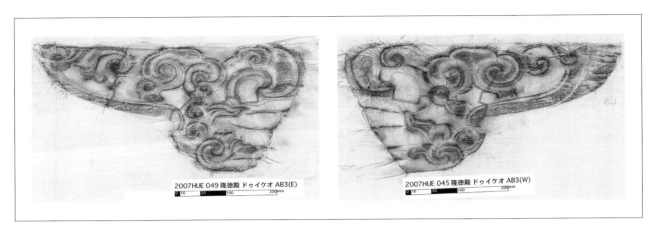

図 5-53　隆徳殿　3AB ドゥイケオ東・西面（拡大図）

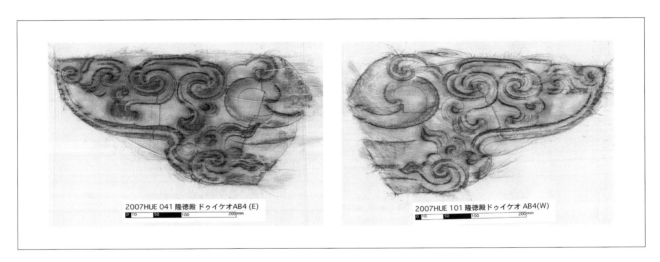

図 5-54　隆徳殿　4AB ドゥイケオ東・西面（拡大図）

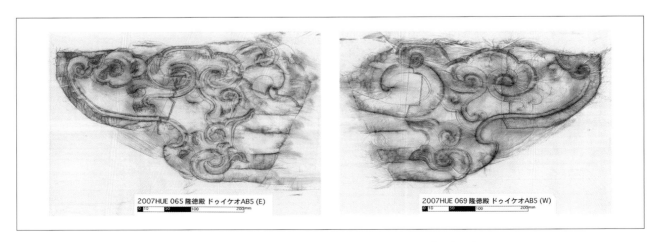

図 5-55　隆徳殿　5AB ドゥイケオ東・西面（拡大図）

本論第1部　阮朝・フエ王宮・隆徳殿の修復

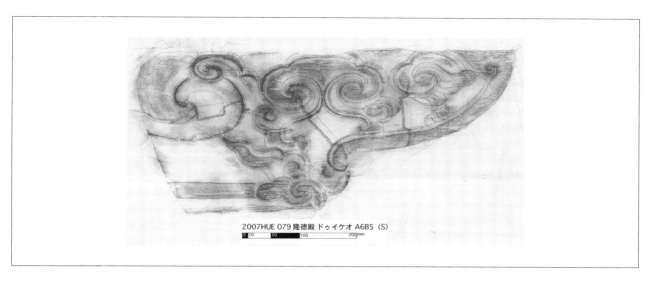

図 5-56　隆徳殿　6A5B ドゥイケオ南面（拡大図）

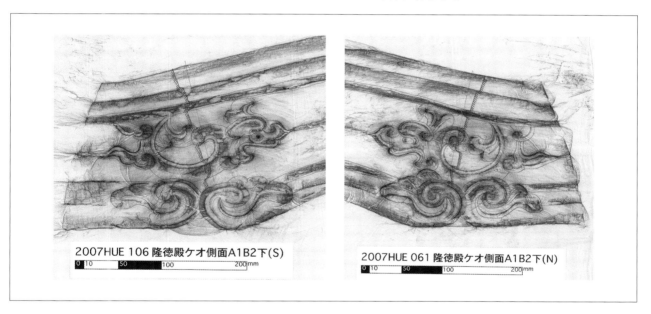

図 5-57　隆徳殿　1A2B ケオ側面下南・北面（拡大図）

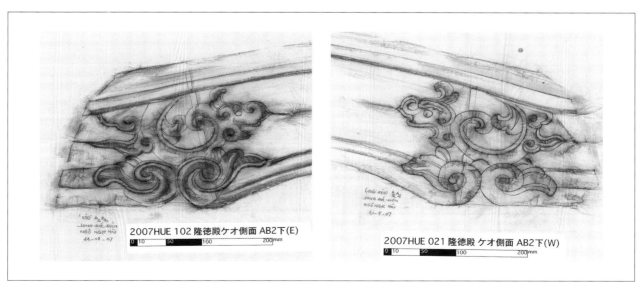

図 5-58　隆徳殿　2AB ケオ側面下東・西面（拡大図）

145

第5章　隆徳殿の参考資料

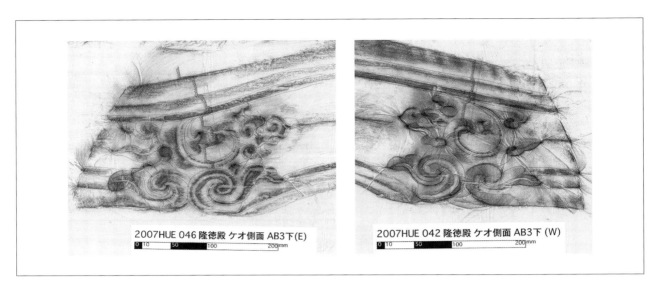

図 5-59　隆徳殿　3AB ケオ側面下東・西面（拡大図）

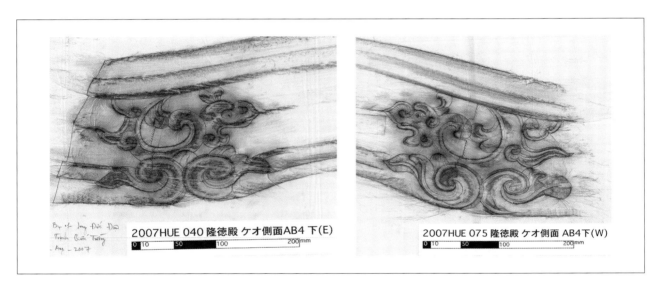

図 5-60　隆徳殿　4AB ケオ側面下東・西面（拡大図）

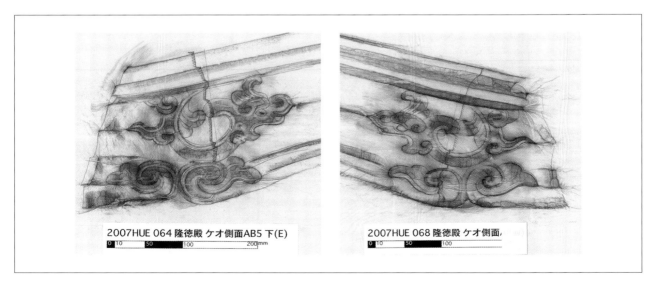

図 5-61　隆徳殿　5AB ケオ側面下東・西面（拡大図）

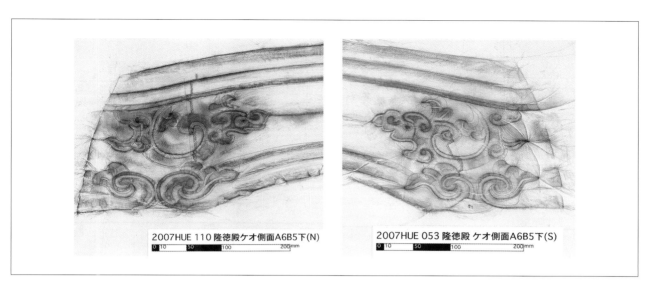

図 5-62　隆徳殿　6A5B ケオ側面下北・南面（拡大図）

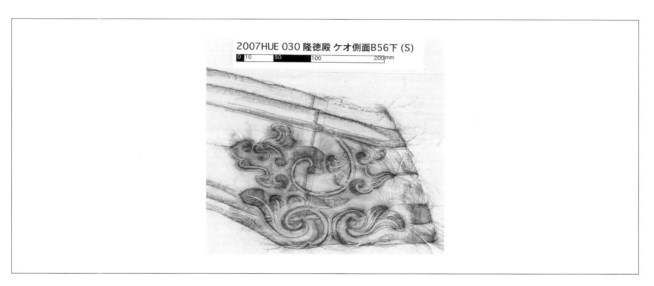

図 5-63　隆徳殿　56B ケオ側面下南面（拡大図）

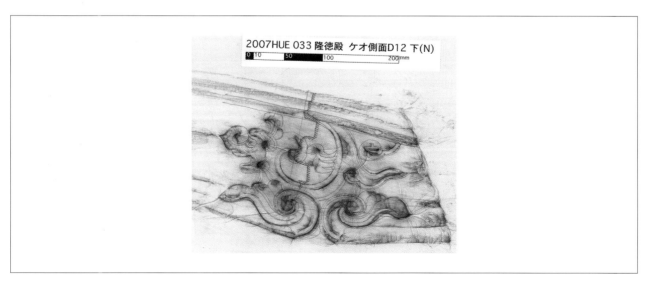

図 5-64　隆徳殿　12D ケオ側面下北面（拡大図）

第 5 章　隆徳殿の参考資料

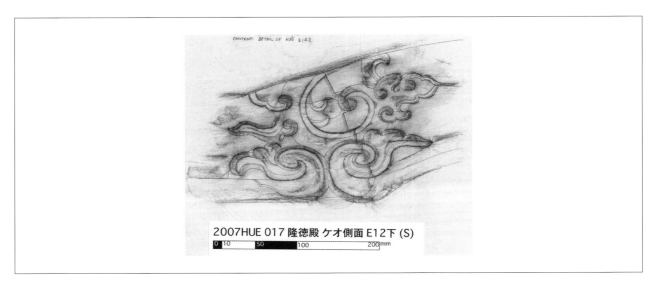

図 5-65　隆徳殿　12E ケオ側面下南面（拡大図）

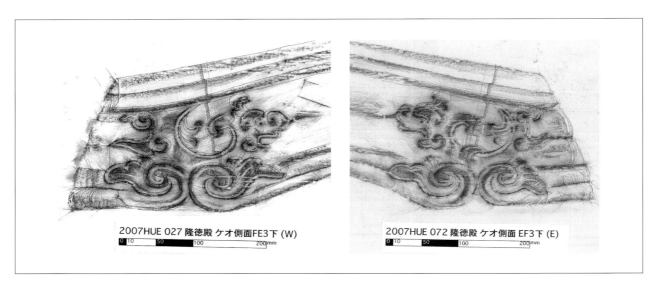

図 5-66　隆徳殿　3EF ケオ側面下東・西面（拡大図）

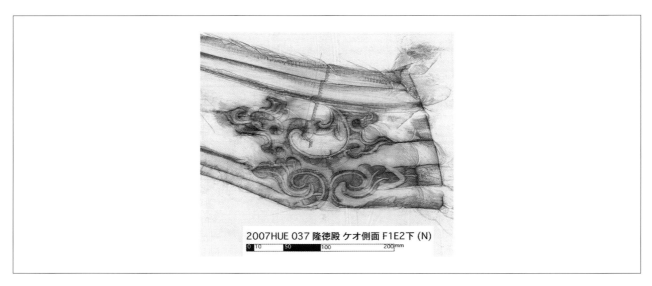

図 5-67　隆徳殿　2E1F ケオ側面下北面（拡大図）

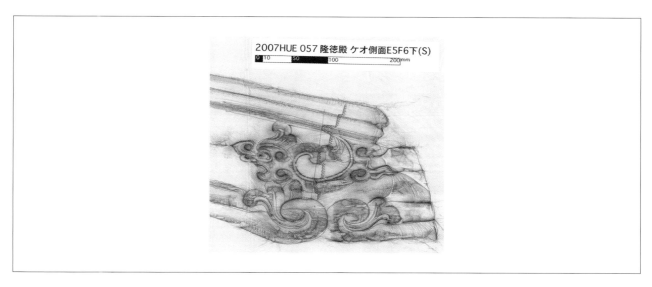

図 5-68　隆徳殿　5E6F ケオ側面下南面（拡大図）

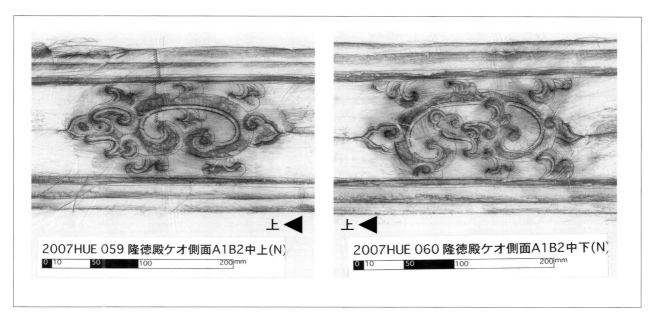

図 5-69　隆徳殿　1A2B ケオ側面中央上・下北面（拡大図）

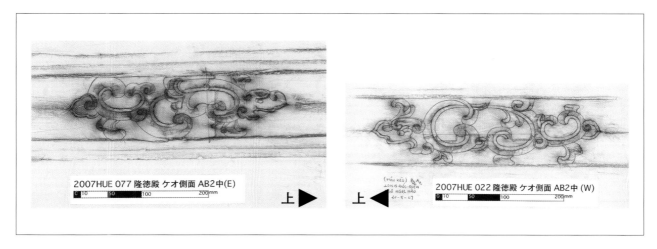

図 5-70　隆徳殿　2AB ケオ側面中央東・西面（拡大図）

第 5 章　隆徳殿の参考資料

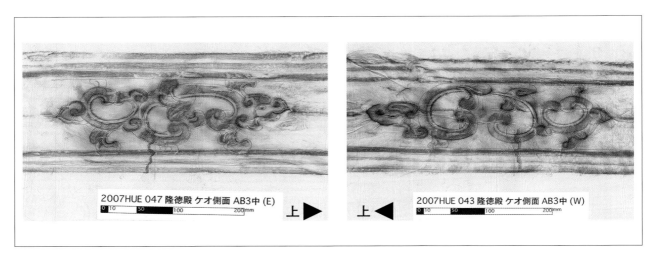

図 5-71　隆徳殿　3AB ケオ側面中央東・西面（拡大図）

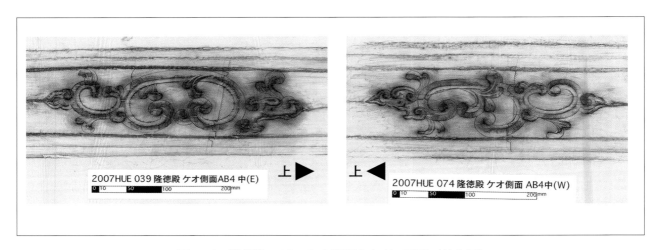

図 5-72　隆徳殿　4AB ケオ側面中央東・西面（拡大図）

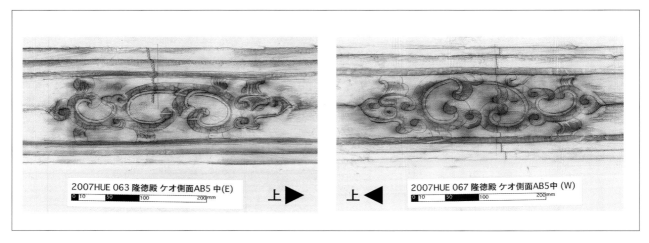

図 5-73　隆徳殿　5AB ケオ側面中央東・西面（拡大図）

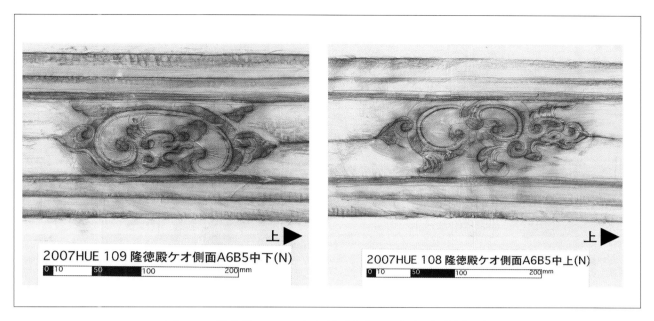

図 5-74　隆徳殿　6A5B ケオ側面中央下・上北面（拡大図）

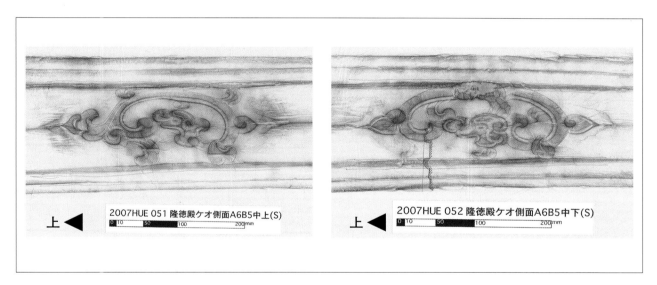

図 5-75　隆徳殿　6A5B ケオ側面中央上・下南面（拡大図）

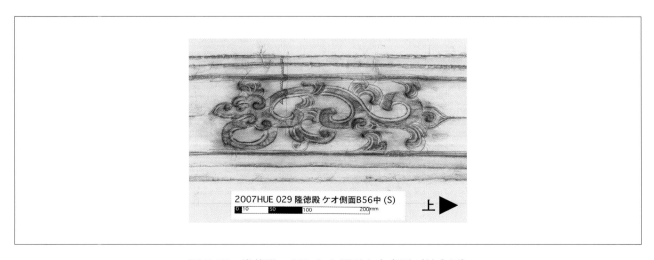

図 5-76　隆徳殿　56B ケオ側面中央南面（拡大図）

第 5 章　隆徳殿の参考資料

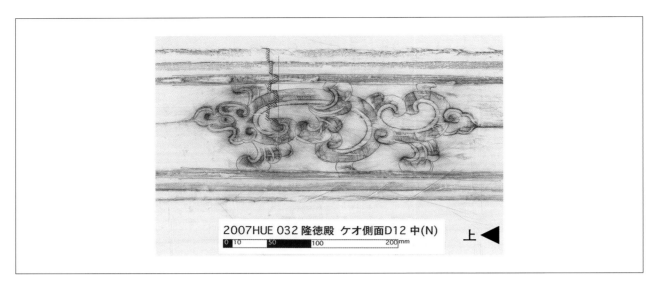

図 5-77　隆徳殿　12D ケオ側面中央北面（拡大図）

図 5-78　隆徳殿　12E ケオ側面中央南面（拡大図）

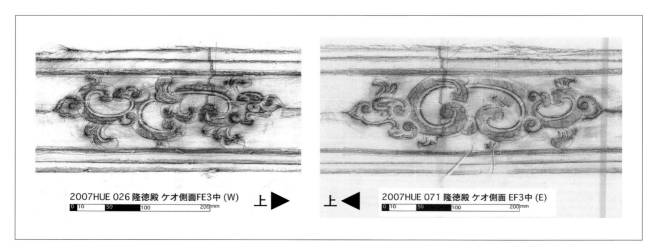

図 5-79　隆徳殿　3EF ケオ側面中央西・東面（拡大図）

本論第1部　阮朝・フエ王宮・隆徳殿の修復

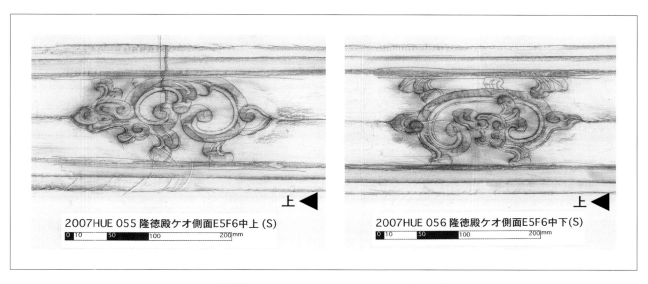

図 5-80　隆徳殿　5E6F ケオ側面中央上・下南面（拡大図）

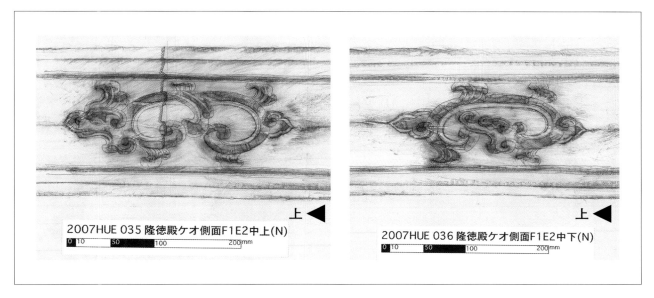

図 5-81　隆徳殿　2E1F ケオ側面中央上・下北面（拡大図）

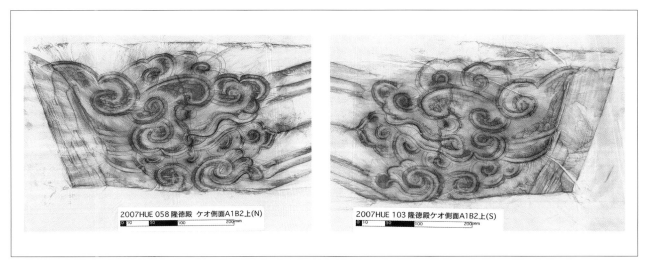

図 5-82　隆徳殿　1A2B ケオ側面上北・南面（拡大図）

153

第 5 章　隆徳殿の参考資料

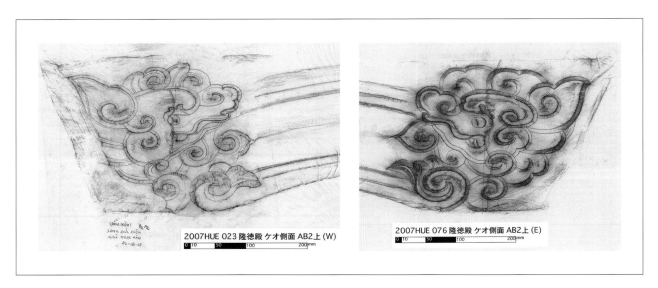

図 5-83　隆徳殿　2AB ケオ側面上西・東面（拡大図）

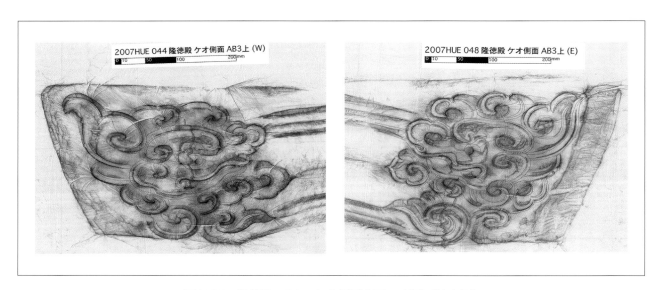

図 5-84　隆徳殿　3AB ケオ側面上西・東面（拡大図）

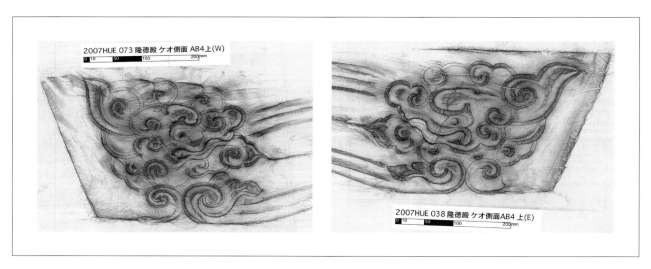

図 5-85　隆徳殿　4AB ケオ側面上西・東面（拡大図）

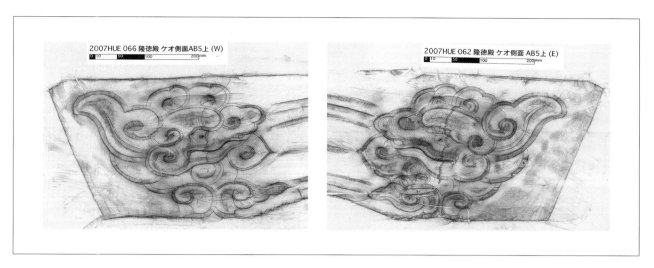

図 5-86　隆徳殿　5AB ケオ側面上西・東面（拡大図）

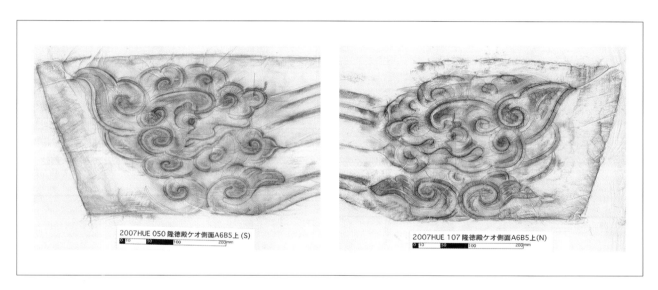

図 5-87　隆徳殿　6A5B ケオ側面上南・北面（拡大図）

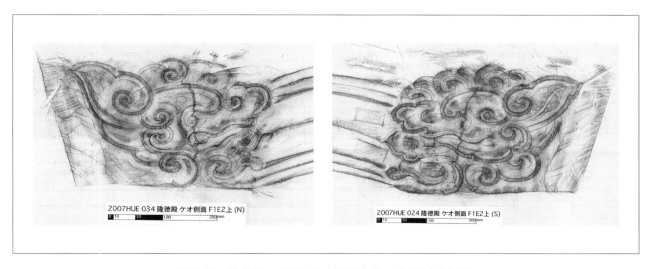

図 5-88　隆徳殿　2E1F ケオ側面上北・南面（拡大図）

第 5 章　隆徳殿の参考資料

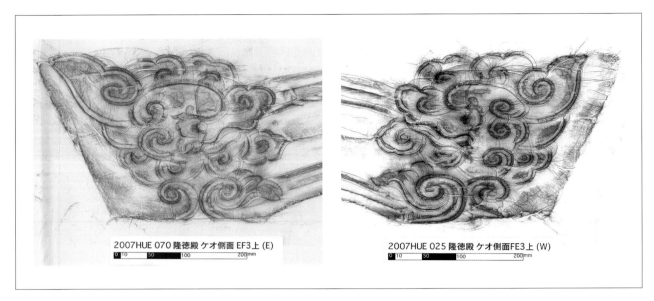

図 5-89　隆徳殿　3EF ケオ側面上東・西面（拡大図）

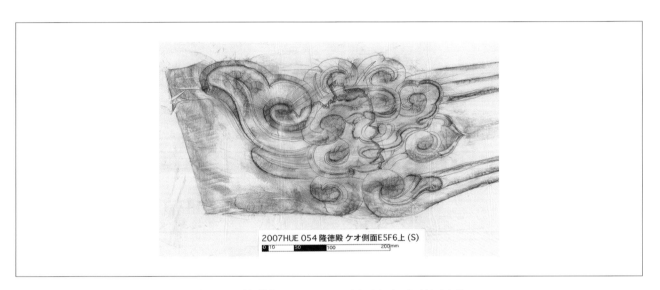

図 5-90　隆徳殿　5E6F ケオ側面上南面（拡大図）

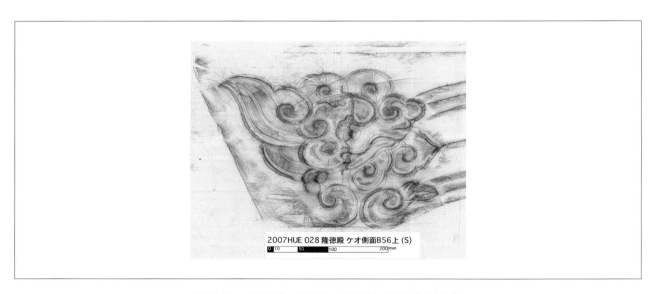

図 5-91　隆徳殿　56B ケオ側面上南面（拡大図）

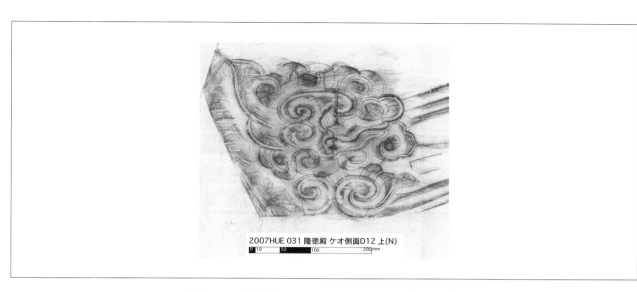

図 5-92　隆徳殿　12D ケオ側面上北面（拡大図）

図 5-93　隆徳殿　12E ケオ側面上南面（拡大図）

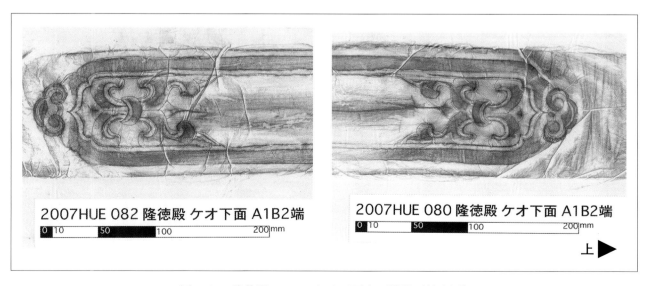

図 5-94　隆徳殿　1A2B ケオ下面上下端部（拡大図）

第5章　隆徳殿の参考資料

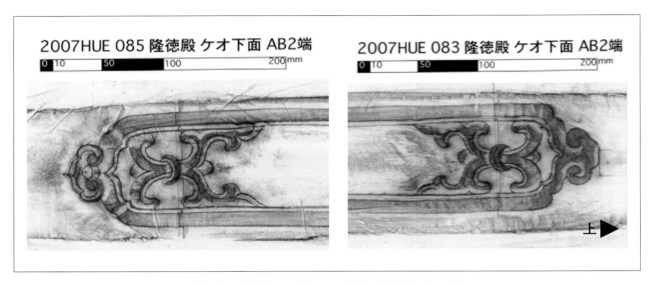

図 5-95　隆徳殿　2AB ケオ下面上下端部（拡大図）

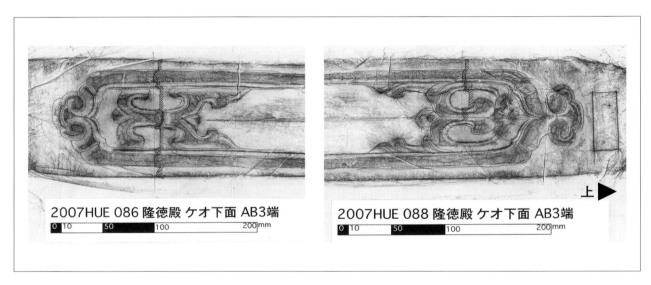

図 5-96　隆徳殿　3AB ケオ下面上下端部（拡大図）

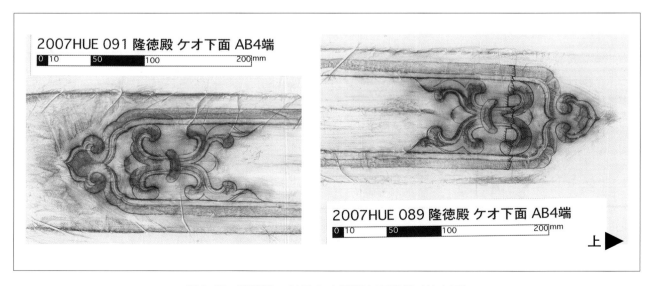

図 5-97　隆徳殿　4AB ケオ下面上下端部（拡大図）

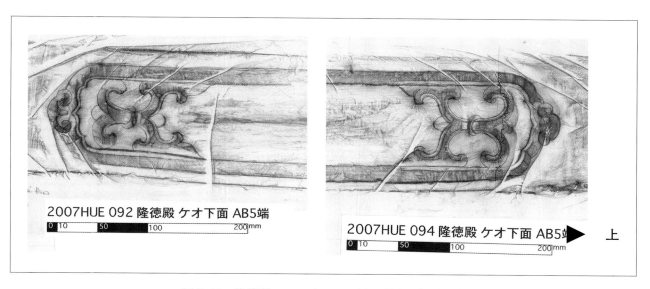

図 5-98　隆徳殿　5AB ケオ下面上下端部（拡大図）

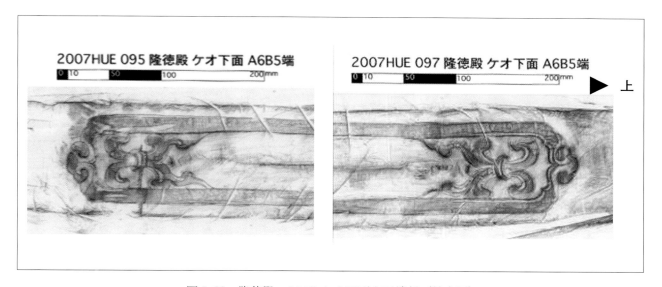

図 5-99　隆徳殿　6A5B ケオ下面上下端部（拡大図）

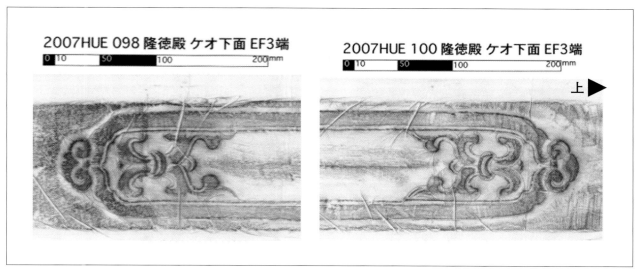

図 5-100　隆徳殿　3EF ケオ下面上下端部（拡大図）

第5章　隆徳殿の参考資料

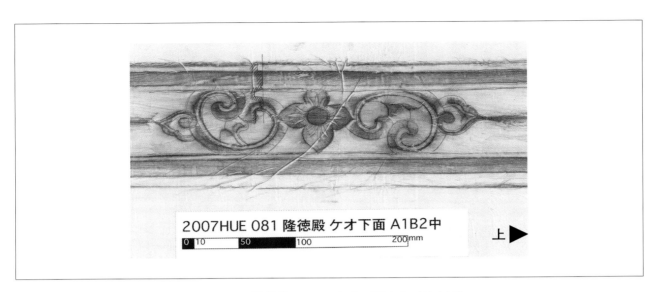

図 5-101　隆徳殿　1A2B ケオ下面中央（拡大図）

図 5-102　隆徳殿　2AB ケオ下面中央（拡大図）

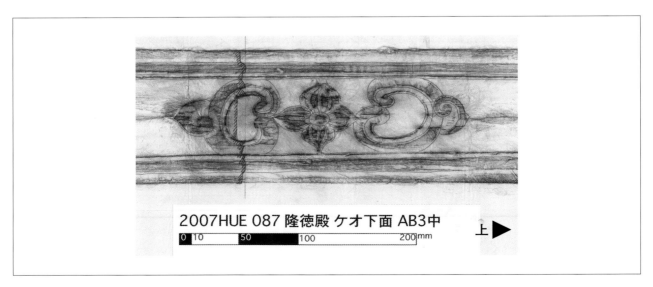

図 5-103　隆徳殿　3AB ケオ下面中央（拡大図）

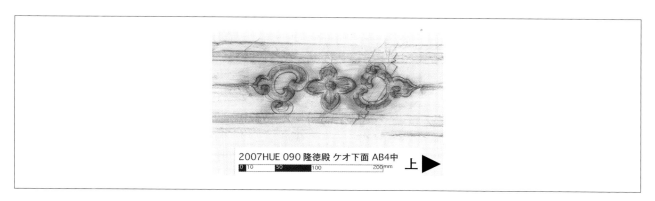

図 5-104　隆徳殿　4AB ケオ下面中央（拡大図）

図 5-105　隆徳殿　5AB ケオ下面中央（拡大図）

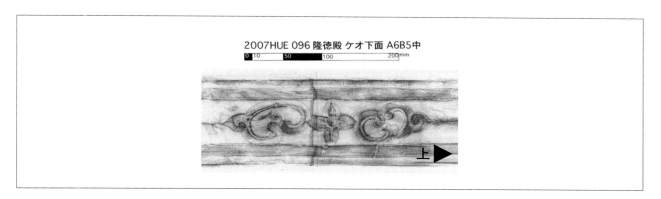

図 5-106　隆徳殿　6A5B ケオ下面中央（拡大図）

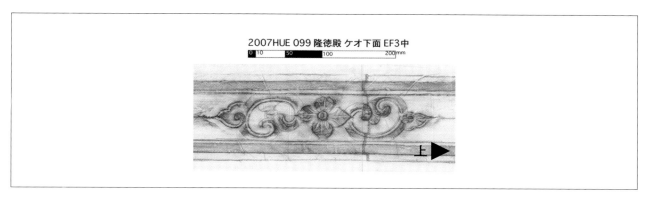

図 5-107　隆徳殿　3EF ケオ下面中央（拡大図）

第5章 隆徳殿の参考資料

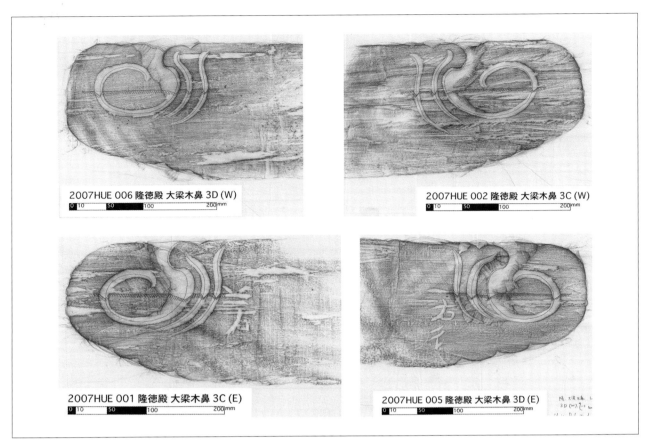

図 5-108　隆徳殿　3CD 大梁木鼻

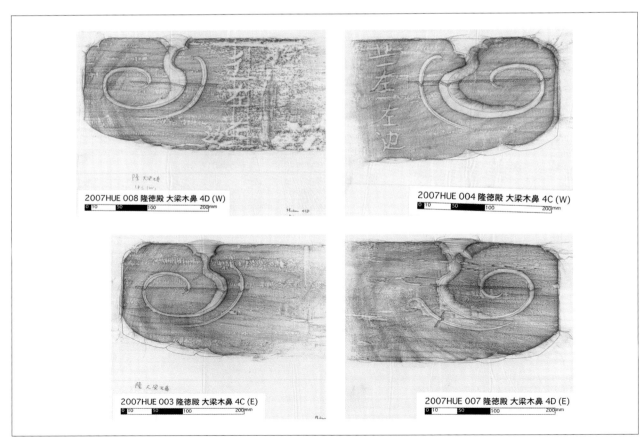

図 5-109　隆徳殿　4CD 大梁木鼻

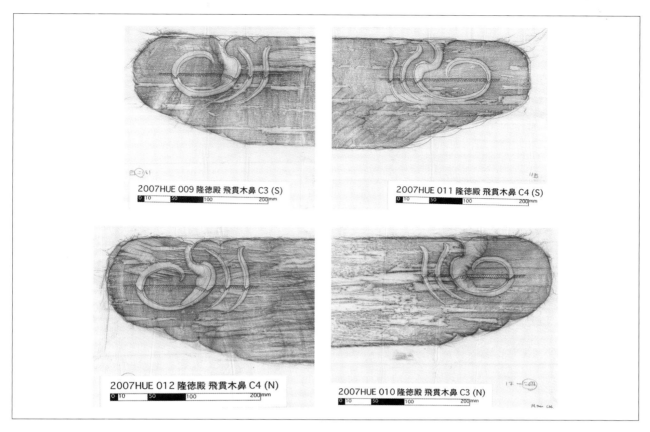

図 5-110　隆徳殿　34C 大貫木鼻

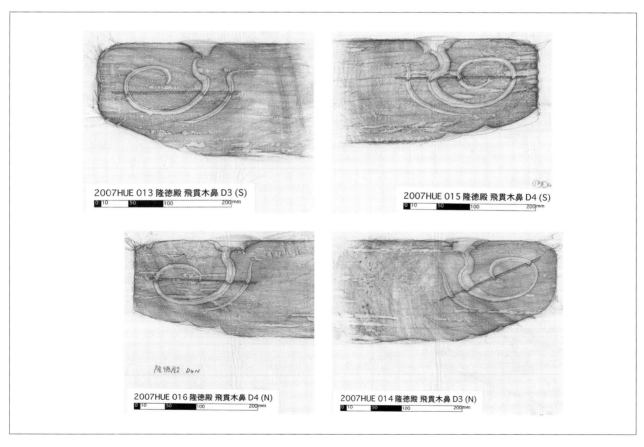

図 5-111　隆徳殿　34D 大貫木鼻

本論第 2 部

阮朝・フエ王宮・昭敬殿の復原

第1章　昭敬殿の復原計画

　阮朝・太廟・昭敬殿の復原計画は、当該研究代表者が行った「阮朝・太廟・隆徳殿修復計画」（2005・平成 17 年度〜 2008・平成 20 年度科研費補助金基盤研究 A（海外））の研究成果をさらに発展させる目的で行うものである。昭敬殿の復原において、隆徳殿の修復計画で得られた当初の設計寸法および技法を用いて再生することは、ベトナム・フエ王宮建築における復原方法の規範を構築することを意味する。すなわち昭敬殿復原建物（図 1-1 参照）を原寸大模型として復原することによって、今後の王宮建築の修復および復原に大いなる指針を提供することになることを期待している。

第1節　復原計画の背景

　本研究が対象にしている昭敬殿は、ユネスコ世界遺産（文化遺産）「フエの建造物群」（1993 年登録）の構成遺産である隆徳殿の南方に位置し、ベトナム最後の専制王朝であった阮朝の宮殿建築のひとつであった。矩形の王宮内は、その南前方部分を太廟、外朝、世廟により配置構成される（図 1-2 参照）が、昭敬殿は太廟区の正殿である太祖廟の付属施設として造営された小規模な宮殿である（図 1-3 参照）。この昭敬殿と同規模の付属施設は、太祖廟の左右および右前方の他、世祖廟の左右にかつて存在していたことが史料と現状遺構の双方から確認され、復原考察をおこなうための比較情報を提供している。90 年代を通じて、現地フエ遺跡保存センター（HMCC）により王宮内の主たる宮殿建築の修理工事が網羅されていく中で、隆徳殿が小規模で目立たぬ場所にあったため放置されていたことが功を奏し、幸いにも唯一、近年の保存事業の対象からはずれたままの状況であった。当該研究代表者は、その隆徳殿を 2005・平成 17 〜 2008・平成 20 年度にかけて文科省科学研究費補助金基盤研究 A を受けて保存修理を行った。その成果として、ベトナム王宮建築の創建時代である 19 世紀初期における建築技法が明らかになり、日本の社寺建築の新築・修理に造詣の深い宮大工とものつくり大学学生・院生の参加を通して、日本が有している修理技術の移転を図り、有意義な国際協力の一端を築くことができたと信じる。また修理を通して痛感したのは、HMCC による修理工事がいかに問題の多いものであったかということであった。したがってアジア諸国に対する国際協力の枠組みの中での技術移転の必要性が高く認めら

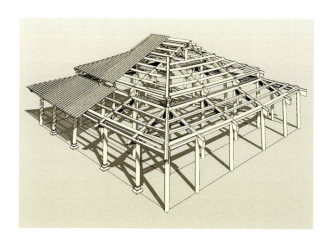

図 1-1　昭敬殿　復原計画図

れ、その視点において今後の日越共同による世界文化遺産の修復・復原事業が進められるべきであると考えている。

　隆徳殿の修復によって、柱の内転び、隅柱の伸び、柱頭の糸巻形平面など、中国および日本の古代建築にみられた技法が 19 世紀初期のベトナム阮朝宮殿建築に残されていたことが明らかになった。しかし残念ながら、明命帝期および成泰帝期において大規模な修理が行われ、さらに経年変化により建物がかなり歪んだため、当初の状態を忠実に復原することは困難であった。

　当該研究代表者は、早稲田大学を主とする研究組織が 1995 年以来継続的に進めてきた一連の研究課題に研究分担者として参加し、さらに 2005・平成 17 年度から 4 年間研究代表者として研究課題を進展させ、新たな段階へと導いた。そして、それらの研究の展開の過程が総合化される中、当該研究課題を新たに計画する必要性が浮上していることを勘案し、昭敬殿復原を計画した。

第2節　復原計画の目的

　昭敬殿の復原計画を現地研究機関（文化情報省・トゥアティエン – フエ省人民委員会・フエ遺跡保存センターが主たる相手国組織である）と共同して策定し、復原工事に寄与する学術情報を提供する。ここで云う学術情報とは、昭敬殿そのものに関する建築歴史情報と我が国における首里城および平城京大極殿などの復原事業を踏まえた技術移転に資する建築工学上の研究に大別される。文化財の復原工事は、個々の多様な対象遺構の特性を尊重しつつ、同時に普遍的な価値付けを視座とする理念が求められる。工事そのものは具体的な手順を踏んで計画されるものであるが、その際、工事前の事前調査の方法、復原工事の方針、工事工程

第1章　昭敬殿の復原計画

の計画と実施、活用方法の提案、維持に資する運営方法の計画などの項目が一連のサイクルとして計画前に予め検討されることが重要であり、それらの個別の成果を総合化する方法論の確立が必須である。そこで当該研究の期間内に、各々の項目の意味付けを我が国の復原事業全般の基礎的体験を踏まえて共有し、昭敬殿の原寸大模型を製作する過程において得られた設計方法および技法、構造的特性を明らかにし、報告図書の作成を通じて工事内容を詳細かつ実体験可能なかたちで公開することを最大の成果と考えたい。

当該研究の着想の前提として、既往の「フエの建造物群」の復原工事の在り方に非常に本質的かつ困難な課題が認められていることを説明する必要がある。当地では90年代を通じて大規模な修理工事が多くの遺構を対象として始まり、まったく文化財の価値を消失させてしまいかねない残念な工事を目の当たりにせざるを得なかった。それらの工事の質・量、双方において甚大な弊害が存在していることは、当該研究組織が共有する危機感として認識されるものである。近年、内廷（紫禁城）において回廊などの建物が復原されているが、日越共同により、復原前の事前調査の方法が共有され、その復原方針を確立させることで不適切な復原工事の在り方に対する修復・復原技術を移転することができれば、そこに大いなる意義が認められる。

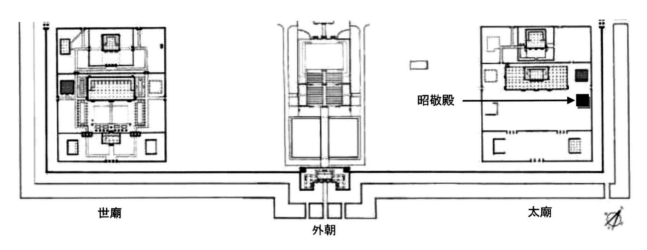

図1-2　昭敬殿の位置

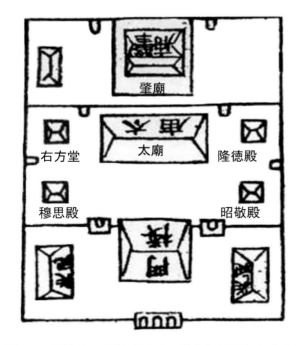

図1-3　昭敬殿の位置（『大南一統志』（1909）による）

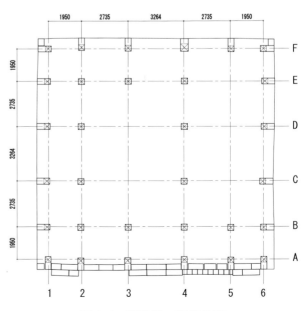

図1-4　昭敬殿　現状基壇

更に、当該研究計画を契機とした復原工事の体験が、他の遺構の復原工事にインパクトを与えるという波及効果が期待できよう。

なお、復原工事そのものの主たる費用は、当該研究組織と現地組織の予算分担により進められることから、当該研究組織としては前述した通り、特に木工事に関する学術情報の提供に力点が置かれる。また、国際協力と技術移転の見地により、導入される研究方法の紹介・作業の共有・成果の公開の一連のサイクルを確立し、総合化させるところに学術的な特色と独創的な点が認められよう。

第3節 復原計画の方法

現状は基壇が残されているだけで、一部礎石が失われている。2008・平成20年3月に現状調査を行い、基壇・礎石の大きさおよび位置関係を実測した。その結果隆徳殿とほぼ同一規模で方五間形式であることが判明した。また昭敬殿の復原設計を行うために、隆徳殿と同一規模・形式である土公祠の実測調査を2008・平成20年8月に、また穆思殿基壇の実測調査を2012・平成24年2月に行った。

第4節 復原計画の成果

1-4-1 2010・平成22年度
1-4-1.1 事業の期間および組織
第1次調査
　期間／8月15日－9月4日
　組織／主任調査員：白井裕泰
　　　　調査員：林　英昭、大西裕也、高橋定
　　　　　　　　信、高橋和弘、藤田香織、齋藤
　　　　　　　　嘉一、朝光拓也
第2次調査
　期間／2011・平成23年2月26日－3月8日
　組織／主任調査員：白井裕泰
　　　　調査員：栗子岳大、奥山智也、大西裕也、
　　　　　　　　高橋定信、高橋直弘、小野　泰

1-4-1.2 事業の内容
今年度は、7月20日（火）から23日（金）まで臨時調査を行い、昭敬殿復原プロジェクトの合意書について最終確認を行った。第1次調査は8月15日（日）から9月4日（土）まで行われ、調査の内容は①隆徳殿の未解体の仮設の解体、②昭敬殿素屋根、保存小屋、工作小屋の組立および事務所の移動、③常時微動測定などであった。

第2次調査は2月24日（火）から3月24日（火）まで行われ、①木材保存小屋の整備、②基壇の発掘調査、③隆徳殿の実物大構造実験などを行った。

1-4-1.3 事業の成果概要
(1) 昭敬殿の仮設工事

仮設工事は、第1次工事を2010・平成22年8月16日から9月5日まで、第2次工事を2011・平成23年2月27日から3月5日まで行った。

第1次工事では、8月18日に隆徳殿修復工事で使用した現場監理事務所を西側に5m移設した。8月19日に昭敬殿周囲を整地し、8月21日から素屋根の建設を開始した。3日間で枠組足場を組み上げ、8月25日からラチス梁を取り付けはじめ、9月1日にラチス梁組立を完了した。その後西側および南側に下屋を設け、9月14日に素屋根および下屋に屋根を葺き、仮設工事を完了した。

第2次工事では、2011・平成23年3月2日から5日まで、素屋根の南側と西側を連続する下屋とするため、南西隅に屋根を設けた。また3月5日に南面と西面にブルーシートを張り、総ての仮設工事を完了した。

(2) 昭敬殿基壇の発掘調査

昭敬殿基壇の発掘調査の目的は、昭敬殿基壇と隆徳殿基壇の構造が同一であることを確認するためである。両者の基壇構造が同一であれば、両基壇は同じ時期に同一規模で造営されたことが確認されるので、基壇上に立つ上部構造も同一である可能性が極めて高くなるといえよう。

昭敬殿基壇の発掘調査は2011・平成23年3月1日から3月26日まで行われた。

その結果、厚さ約200mmのラテライト層、その下に650mm厚の砂層があり、その下は従来の砂地盤であった。また従来の砂地盤の上300mmに50mm程度のシルト層が設けられていた。このシルト層は上層の砂を水で締め固めるために設けられたと考えられる。

写真1-1　昭敬殿　基壇

今回の発掘によって、昭敬殿の基壇構造が隆徳殿と同じであったことが明らかになった。すなわちこの昭敬殿基壇は、敷き煉瓦がすべて失われていたり、一部礎石が掘り起こされていたり、周辺部の煉瓦積みが崩壊していたりするものの、創建当初の形態を現在によく残しているといえよう。

1-4-2 2011・平成23年度
1-4-2.1 事業の期間および組織
第3次調査
　　期間／8月15日－8月24日
　　組織／主任調査員：白井裕泰
　　　　　　調査員：奥山智也、大西裕也、高橋定信、高橋和弘
第1次臨時調査
　　期間／9月5日－9月10日
　　組織／主任調査員：白井裕泰
第4次調査
　　期間／2012・平成24年2月26日－3月26日
　　組織／主任調査員：白井裕泰
　　　　　　調査員：奥山智也、大西裕也、高橋定信、高橋直弘
第2次臨時調査
　　期間／2012・平成24年3月22日－3月26日
　　組織／主任調査員：白井裕泰

1-4-2.2 事業の内容
　第3次調査は8月15日（日）から8月24日（土）まで行われ、内容は①昭敬殿原寸場の設置、②昭敬殿原寸図の作成などであった。
　第1次臨時調査は9月5日（月）から9月10日（土）まで行われ、ハノイの建築（寺・亭など）を調査した。
　第4次調査は2012・平成24年2月26日（日）から3月26日（月）まで行われ、①基壇の修理、②穆思殿の基壇調査などを行った。
　第2次臨時調査が2012・平成24年3月22日（木）から27日（火）まで行われ、ハノイの建築（寺・亭・廟など）を調査した。

1-4-2.3 事業の成果概要
(1) 昭敬殿の原寸図
　原寸図は、2011・平成23年8月16日（火）から20日（土）にかけて原寸場を造り、8月20日（土）から22日（月）までの3日間で描き上げた。
　今回は昭敬殿の復原であり、軸組みは新築工事となるので、修復とは性格が異なる。しかし、柱が転びと伸びをもっていること、軒先の鼻隠し板の反りを正確に加工するためには、型板を作成する必要がある。したがって、昭敬殿の復原を設計寸法通りに施工するためには、原寸図を作成しなければならない。
　断面の原寸図は、柱間・柱内転び・屋根勾配を決定する目的から、3通りの断面を描いた。
　まず柱間は、隆徳殿の寸法計画の復原的研究によって導き出された寸法を採用した。すなわち中間3264.8mm（7.7越尺）、脇間275mm（6.5越尺）、端間1950.4mm（4.6越尺）とした。
　次に柱の高さは、柱間寸法と同様に、隆徳殿の寸法計画の復原的研究により明らかにされた復原寸法を採用した。すなわち身舎柱5512mm（13越尺）、庇柱4028mm（9.5越尺）、裳階柱2586.4mm（6.1越尺）とした。また柱径は、身舎柱220.5mm（5.2越寸）、庇柱207.8mm（4.9越寸）、裳階柱195mm（4.6越寸）とした。さらに柱の内転びは、身舎柱・庇柱・裳階柱とも84.8mm（2越寸）とした。
　屋根勾配は、上屋勾配が身舎柱と庇柱の柱長さと内転びによって決定されるが、原寸を描いた結果、5.42寸勾配であった。またケオの勾配は、上端と下端で異なるが、上端勾配が屋根勾配と一致している。ケオ下端勾配は、柱位置でのケオ成（229mm）を決め、ケオの拝み部でケオ元部寸法の0.6（=137mm）として決定した。その結果、ケオ下端勾配は5.6寸であった。
　側面の原寸図は、軒反りを決定する目的から、上屋は2通り、下屋は1通りを基準として描いた。
　庇柱の隅伸びは、84.8mm（2越寸）とし、庇隅柱位置での反り増しは、84.8mm（2越寸）で、隅伸びと反り増し材で全体の反りは、169.6mm（4越寸）となる。
　裳階柱の伸びは、脇裳階柱が63.6mm（1.5越寸）、隅裳階柱が127.2mm（3越寸）とし、反り増しは隅裳階柱位置で84.8mm（2越寸）で、全体で212mm（5越寸）となる。

(2) 昭敬殿基壇の修理
　昭敬殿の基壇調査を行った（2007・平成20年度）結果、礎石レベルは、6A礎石が最も高く、それに対して2A礎石が最も低く、－110mmであった。相対的に1通りの礎石が低かった。
　また隆徳殿において行われた（2006・平成21年8月21・22日）地質調査によると、第1層（GL～2.4m）の長期の地耐力は33kN／m²であり、礎石1個にかかる荷重が約42kN／m²であるので、昭敬殿基壇の修理においても、隆徳殿と同じように独立基礎を設けることにした。
　さらに礎石の配置をみると、東西および南北の基準線が直行していなかったため、礎石が基準線に平行になっていなかった。また礎石間距離が中間・脇間・端

間でそれぞれ不揃いであったので、復原柱間で礎石を据え付けることにした。

このように礎石レベルが不同であり、礎石配置が基準線に対して不揃いであったことから、基壇の修理方針として、礎石のレベルを東南隅の1A礎石レベルを基準としてすべての礎石を据え直すこと、また側周りの礎石以外の礎石下に800mm×800mm×700mmの煉瓦積独立基礎を設けることを決定した。

基壇の修理過程は、まず基準となる柱間寸法を仮設足場に取り付けた水平貫に印をつけ、復原グリッドを設定した。この結果、現状基壇は、東辺が東に24mm、西辺が東に100mm、北辺が東で南に109mm、西で南に64mmズレていたことが分かった。

次に内側の礎石下の独立基礎を設け、礎石を復原グリッドに従って、また同一レベルになるように据え直した。

さらに側まわりの礎石を同様に据え直し、最後に正面の葛石を据え直した。

なお礎石上面に直径120mm、深さ300mmの穴が空けられた礎石が2個（3Dおよび5E）あったので取り替えることにした。ただし3D位置および北東隅から礎石が2個発見されたので、新規の礎石はなかった。

内側まわりの礎石の据え直しは以下のようである。①ラテライト層を撤去する。②約1.2m四方、深さ1mの穴を掘る。③穴の底部に150mm厚の捨てコンクリートを打つ。④コンクリート上面に独立基礎の中心を出し、位置を決定する。⑤独立基礎の煉瓦8段を積む。⑥独立基礎の上に礎石を据え付ける。⑦砂を礎石より270mm下がりまで埋め、その上に200mm厚程度のラテライトを埋め、突き固める。

外側まわりの礎石据え直しは以下のようである。①礎石を撤去し、布基礎煉瓦積面を清掃する。②復原グリッドに従って、モルタルで礎石を据え直す。③礎石まわりに煉瓦を積み直す。④正面葛石を据え直す。

(3) 穆思殿の基壇調査

穆思殿は王宮内の太廟区に位置しており、同じく祠堂である昭敬殿と対称の位置にある。今回は2012・平成24年2月から3月にかけて穆思殿の実測調査を行なった。

穆思殿基壇の礎石は西側から北側の部分が土、衣類等の廃棄物、陶器の鉢の破片で埋没していた。同基壇地表面は鉢と木々で鬱蒼としており、西側には長方形の礎石とみられる石が多数存在していた。実測のため、西側から北側の礎石が存在すると見られる箇所を掘り起こしたところ外周のすべての礎石および壁の痕跡を発見できた。このことから同基壇内西側に存在していた長方形の礎石は穆思殿のものではないことがわかり、距離的な観点から隆徳殿と対称の位置をなす「右方堂」の礎石が運び込まれたのではないかと推測される。

穆思殿礎石のレベルは各礎石の南北の中心線と東西の中心線から礎石の中心点を求め、その点の高さを水平器を用いて測定した。その結果、1'Aが最も高く6D、6Eが最も低いという結果になっており、その差は67.5mmであった。相対的に見ると北東および北西部が低いことがわかる。

穆思殿礎石間隔をスチール巻尺で測定したところ、端間（1－2、5－6、A－B、E－Fの間）の平均は1926mm（4.54越尺）、脇間（2－3、4－5、B－C、D－Eの間）の平均は2746mm（6.47越尺）、中間（3－4、C－Dの間）の平均は3283mm（7.74越尺）、一辺の平均は12628mm（29.78越尺）であった。

穆思殿と隆徳殿・昭敬殿の柱間を比較するうえで、隆徳殿の柱間は竣工柱間寸法を用い、昭敬殿の柱間寸法は実測調査に基づいた。穆思殿は基壇内部の礎石が現存しなかったため、外周の長方形礎石短辺の中心線を結び、交差する間隔を推定柱間とした。

三殿の柱間寸法の平均値を割り出し、それとの誤差を見ると最大で穆思殿梁行南端間の誤差31.7mm、続く誤差は昭敬殿桁行中間25mmである。正面にあたる南端間に多少の誤差は認められるものの、三殿は同等の建築規模で計画されたことが推測される。

1-4-3　2012・平成24年度
1-4-3.1　事業の期間および組織
第3次臨時調査
　期間／7月4日－7月8日
　組織／主任調査員：白井裕泰
第5次調査
　期間／8月16日－9月12日
　組織／主任調査員：白井裕泰
　　　　調査員：奥山智也、大西裕也、大関貴史
第4次臨時調査
　期間／9月9日－9月12日
　組織／主任調査員：白井裕泰
第6次調査
　期間／2013・平成25年2月26日－3月13日
　組織／主任調査員：白井裕泰
　　　　調査員：奥山智也、榎本将紀
第5次臨時調査
　期間／2013・平成25年3月21日－3月24日
　組織／主任調査員：白井裕泰

1-4-3.2　事業の内容
第5次調査は8月16日（木）から9月12日（水）まで行われ、調査の内容は①昭敬殿木材の調達、②太

祖廟の実測調査などであった。

第3次および第4次臨時調査では、ハノイおよびホーチミンの建築（寺・亭など）を調査した。

第6次調査は2013・平成25年2月26日（日）から3月13日（水）まで行われ、①柱・ケオの加工、②世祖廟の実測調査などを行った。

第5次臨時調査が2013・平成25年3月21日（木）から24日（日）まで行われ、フエの建築（寺・亭・廟など）を調査した。

1-4-3.3　事業の成果概要
(1) 軸部の部材加工

2011・平成23年8月に昭敬殿の原寸図を作成したが、2013・平成25年3月部材加工を始めるにあたって、原寸図の寸法を間竿に写した。間竿は3本作成した。一つめは柱間・柱長さ、二つめはケオ長さ、三つめは大梁（チェン）・大貫（スエン）・頭貫（サー・ダゥ・コット）長さである。

柱の加工は、以下の手順によって行われた。柱は製材所で八角に落とされ、現場に搬入された。柱木口にコンパスで直径を記し、それを基準に十六角、三十二角に電気カンナで削り落とす。次に上端の直径を木口に記し、それを基準に斧（リュウ：Rieu）で柱上端の角を落とし、さらにそれを基準に柱半分から上を手カンナで削り落とす。次に下端の直径を木口に記し、それを基準に斧で柱下端の角を落とし、さらにそれを基準に柱1/4下部を手カンナで削り落とす。最後に柱が丸くなるようにカンナで仕上げる。

1-4-4　2013・平成25年度
1-4-4.1　事業の期間および組織
第6次臨時調査
　期間／5月28日－5月31日
　組織／主任調査員：白井裕泰
第7次調査
　期間／8月16日－9月14日
　組織／主任調査員：白井裕泰
　　　　　調査員：高橋定信、榎本将紀、佐々木雄也
第7次臨時調査
　期間／9月11日－9月14日
　組織／主任調査員：白井裕泰
第8次臨時調査
　期間／12月5日－12月8日
　組織／主任調査員：白井裕泰
第8次調査
　期間／2014・平成26年2月24日－3月4日
　組織／主任調査員：白井裕泰

1-4-4.2　事業の内容
第7次調査は8月16日（木）から9月14日（土）まで行われ、調査の内容は①昭敬殿軸部組立、②世祖廟の実測調査などであった。

第8次調査は2月24日（月）から3月4日（火）まで行われ、①世祖廟の実測補充調査などを行った。

1-4-4.3　事業の成果概要
(1) 昭敬殿の軸部組立

軸部の組立は、まず身舎柱2本を大梁で連結し、身舎柱4本を建てたのち大貫で連結して自立させる。その後梁行のケオを庇柱と身舎柱に掛け、拝み部を合掌に組み、込栓止めで緊結する。庇柱同士は飛貫・頭貫で連結し、梁行方向の身舎柱と庇柱を固め、さらに桁行方向の庇柱・ケオ組で固め、さらに庇隅柱・隅ケオ組を身舎柱に掛け、庇隅柱と庇隅脇柱を飛貫・頭貫で連結し、身舎・庇空間を架構する。

裳階空間は、裳階柱・ケオ組を庇柱に掛け、頭貫で連結して構成する。

1-4-5　2014・平成26年度
1-4-5.1　事業の期間および組織
第9次調査
　期間／8月17日－8月26日
　組織／主任調査員：白井裕泰
　　　　　調査員：高橋定信、千葉恒介、菊池智也
第9次臨時調査
　期間／8月27日－9月4日
　組織／主任調査員：白井裕泰
第10次調査
　期間／2015・平成27年2月25日－3月2日
　組織／主任調査員：白井裕泰

1-4-5.2　事業の内容
第9次調査は8月17日（日）から8月26日（火）まで行われ、調査の内容は①昭敬殿素屋根解体、②太祖廟1/10模型調査などであった。

第10次調査は2月25日（水）から3月2日（月）まで行われ、①太祖廟の1/10模型原寸図の調査を行った。

1-4-5.3　事業の成果概要
(1) 昭敬殿の屋根組立

2013・平成25年12月に昭敬殿の軸組みが完成し、2014・平成26年5月から屋根工事を開始し、7月末に完了した。屋根瓦は、上屋・下屋とも陰陽黄瑠璃瓦で葺いた。

(2) 昭敬殿の素屋根解体

8月18日（月）HMCCのハイ所長にクレーンおよびトラッククレーンの貸し出しを依頼した。クレーンが来るまで屋根の鉄板を撤去した。20日（水）南側下屋の解体を完了した。21日（木）西側下屋の解体を完了した。22日（金）素屋根のラチス梁をすべて解体した。24日（日）すべての枠足場の解体を完了し、昭敬殿周囲の整地を行った。25日（月）解体した部材を太祖廟南方の壁際に整理して置いた。これで素屋根の解体を完了することができた。

第5節　研究組織

（1）研究代表者
　白井裕泰（ものつくり大学技能工芸学部教授）

（2）研究連携者
　小野　泰（ものつくり大学技能工芸学部准教授）
　林　英昭（ものつくり大学技能工芸学部講師）
　藤田香織（東京大学大学院准教授）

（3）研究協力者
　栗子岳大（ものつくり大学大学院ものつくり学修士）
　奥山智也（ものつくり大学大学院ものつくり学修士）
　大西裕也（ものつくり大学ものつくり学士）
　大関貴史（ものつくり大学ものつくり学士）
　榎本将紀（ものつくり大学ものつくり学士）
　佐々木雄也（ものつくり大学ものつくり学士）
　菊池智也（ものつくり大学ものつくり学士）
　齋藤嘉一（東京大学大学院工学修士）
　朝光拓也（東京大学大学院工学修士）
　高橋定信（大工棟梁）
　高橋和弘（大工）
　高橋直弘（大工）
　千葉恒介（大工）

第6節　主な発表論文等

（研究代表者には実線、連携研究者には点線の下線）
〔雑誌論文〕（計2件）
1) <u>白井裕泰</u>・六反田千恵・中川武「フエ阮朝木造建築におけるドゥイ・ケオ絵様について」日本建築学会計画系論文集No.722、pp.1029-1036、2016年4月、査読有
2) <u>白井裕泰</u>・中川武「阮朝フエ王宮における世祖廟の寸法計画について」日本建築学会計画系論文集No.705、pp.2553-2561、2014年11月、査読有

〔学会発表〕（計12件）
1) 菊池智之・<u>白井裕泰</u>・林英昭・中川武「世祖廟と太祖廟の平面比較について－阮朝・太廟・昭敬殿の復原計画（その12）」日本建築学会大会学術講演梗概集F-2、pp.691-692、2014年9月、査読無
2) <u>白井裕泰</u>・林英昭・中川武「昭敬殿の木造架構の復原について－阮朝・太廟・昭敬殿の復原計画（その11）」日本建築学会大会学術講演梗概集F-2、pp.689-690、2014年9月、査読無
3) 榎本将紀・<u>白井裕泰</u>・林英昭・中川武「太祖廟の創建基壇について－阮朝・太廟・昭敬殿の復原計画（その10）」日本建築学会大会学術講演梗概集F-2、pp.597-598、2013年9月、査読無
4) 奥山智也・<u>白井裕泰</u>・林英昭・中川武「現状太祖廟の寸法計画について－阮朝・太廟・昭敬殿の復原計画（その9）」日本建築学会大会学術講演梗概集F-2、pp.595-596、2013年9月、査読無
5) <u>白井裕泰</u>・林英昭・中川武「昭敬殿基壇の修理について－阮朝・太廟・昭敬殿の復原計画（その8）」日本建築学会大会学術講演梗概集F-2、pp.593-594、2013年9月、査読無
6) 大西裕也・<u>白井裕泰</u>・林英昭・中川武「穆思殿の現状基壇について－阮朝・太廟・昭敬殿の復原計画（その7）」日本建築学会大会学術講演梗概集F-2』、pp.467-468、2012年9月、査読無
7) 奥山智也、<u>白井裕泰</u>、林英昭、中川武「昭敬殿の原寸図について－阮朝・太廟・昭敬殿の復原計画（その6）」日本建築学会大会学術講演梗概集F-2』、pp.465-466、2012年9月、査読無
8) <u>白井裕泰</u>、林英昭、中川武「昭敬殿の基壇発掘について－阮朝・太廟・昭敬殿の復原計画（その5）」日本建築学会大会学術講演梗概集F-2、pp.463-464、2012年9月、査読無
9) 齋藤嘉一・朝光拓也・藤田香織・<u>白井裕泰</u>「常時微動測定による隆徳殿の振動特性調査－阮朝・太廟・昭敬殿の復原計画（その4）」日本建築学会大会学術講演梗概集C-1、pp.389-390、2011年9月、査読無
10) 小野泰、<u>白井裕泰</u>、中川武「修復後の隆徳殿の水平加力実験－阮朝・太廟・昭敬殿の復原計画（その3）」日本建築学会大会学術講演梗概集C-1、pp.387-388、2011年9月、査読無
11) 奥山智也、<u>白井裕泰</u>、林英昭、中川武「昭敬殿の仮設工事について－阮朝・太廟・昭敬殿の復原計画（その2）」日本建築学会大会学術講演梗概集F-2、pp.433-434、2011年9月、査読無
12) <u>白井裕泰</u>、林英昭、中川武「昭敬殿の復原計画について－阮朝・太廟・昭敬殿の復原計画（そ

第 1 章　昭敬殿の復原計画

の 1)」日本建築学会大会学術講演梗概集 F-2、pp.431-432、2011 年 9 月、査読無

〔図書〕（計 5 件）
1) 白井裕泰、他 3 名『阮朝・太廟・昭敬殿の復原計画－2014 年度活動報告－』ものつくり大学白井裕泰研究室、2015.3、148 頁
2) 白井裕泰、他 3 名『阮朝・太廟・昭敬殿の復原計画－2013 年度活動報告－』ものつくり大学白井裕泰研究室、2014.3、148 頁
3) 白井裕泰、他 2 名『阮朝・太廟・昭敬殿の復原計画－2012 年度活動報告－』ものつくり大学白井裕泰研究室 2013.3、118 頁
4) 白井裕泰、他 3 名『阮朝・太廟・昭敬殿の復原計画－2011 年度活動報告－』ものつくり大学白井裕泰研究室、2012.3、141 頁
5) 白井裕泰、林英昭、小野泰、藤田香織、他 4 名『阮朝・太廟・昭敬殿の復原計画－2010 年度活動報告－』ものつくり大学白井裕泰研究室、2011.3、68 頁

〔その他〕
ホームページ：
http://www.iot.ac.jp.jp/building/shirai/index.html
（ものつくり大学　白井裕泰研究室）

第2章　昭敬殿の建築概要

第1節　概　説

　昭敬殿は、ユネスコ世界遺産（文化遺産）「フエの建造物群」（1993年登録）であるベトナム最後の専制王朝であった阮朝の宮殿建築のひとつとしてかつて存在していた。矩形の王宮内は、その南面前方部分を太廟区、外朝区、世廟区により配置構成される（図2-1参照）が、昭敬殿は太廟区の正殿である太祖廟の付属施設として造営された小規模な宮殿である（図2-2参照）。この昭敬殿と同規模の付属施設は、太祖廟の左右および右前方の他、世祖廟の左右にかつて存在していたことが史料と現状の双方から確認され、復原考察の比較情報を提供している。

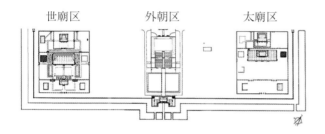

図2-1　王宮南前方部

第2節　創立沿革

　昭敬殿は、ユネスコ世界遺産（文化遺産）「フエの建造物群」（1993年登録）の構成遺産の1つであり、ベトナム最後の専制王朝であった阮朝の宮殿建築であった。
　隆徳殿正面裳階東側壁の碑文[注1]によると、辛酉年（1801）に阮氏が北部地方を平定し、甲子年（1804）に都・村を造営し始め、皇城の左方に太廟を嘉隆3年（1804）3月15日に着工し、10月6日に竣工し、その記念にこの石碑を造立したことがわかる。したがってこの石碑が当初から隆徳殿に埋め込まれたものであれば、隆徳殿の建築年代は嘉隆3年（1804）ということになり、昭敬殿は隆徳殿と同時期に造営された[注2]と考えられる。
　しかし1947年の戦火により焼失し、以後再建されることがなく、現在基壇のみが残っている。
　この建物の用途は、『大南実録』によれば、明命13年（1832）の記事[注3]に、太廟の左に隆徳殿・昭敬殿、右に穆思殿があり、毎年太祖皇帝皇后の命日に、供物を供え、儀式を執り行っていたことが窺われるので、

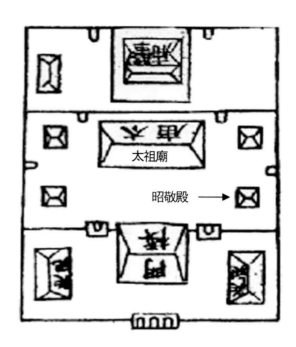

図2-2　昭敬殿の位置『大南一統志』（1909）による

隆徳殿・昭敬殿、穆思殿は皇后の位牌を祀る祠堂であったと考えられる。

第3節　規模および構造形式

　昭敬殿は、正面5間、側面5間、入母屋造、瓦葺き、木造平屋建て、南面の建造物である。
　内部空間は、中心に方一間の身舎（hàng nhất）空間があり、その周囲に庇（hàng nhì）空間、さらに裳階（chái）空間を回した、いわゆる身舎1間2庇裳階付[注4]の形式となっている。また両側面および背面には漆喰仕上げ煉瓦壁が設けられている。
　各柱はすべて胴張りのある円柱であり、礎石の上に立っている。
　内部架構は、中心に4本の身舎柱が大貫（xuyên trúng）・大梁（trến）および頭貫（xà dầu côt）で連結された軸部があり、身舎梁行には合掌に組まれ、庇柱まで伸びた登梁（ケオ）（kèo）を身舎柱で受け、拝み部に棟木（đòn đông）を載せている。合掌の拝み部には繋ぎの小梁（áp quả）があり、大梁上に立つ枕木（con dội）・束柱（trụ dối）で支えている。また身舎桁行身舎柱上部に掛けられた母屋桁（đòn tay）とケオで構成される三角形の妻部には妻板が張られている。
　梁行の庇柱は、身舎柱に輪薙ぎ込まれ、中心まで伸びたケオを受け、桁行および隅部は身舎柱に差し込まれた庇ケオを受け、各庇柱は頭貫および飛貫で連結されている。頭貫と飛貫の間には欄間（liên ba）板壁が嵌め込まれている。また身舎虹梁の横面には陽刻の筋

彫があり、両端に木鼻（duôi kèo）が付いている。身舎・庇のケオ横面にも陽刻の筋彫がある。

　裳階柱は、庇柱に差し込まれた裳階ケオを受け、各裳階柱は頭貫で連結されている。また裳階ケオ・隅ケオの横面および下面には彫刻が施され、先端は木鼻となっている。

　ところで身舎柱・庇柱・裳階柱は、中心方向においてはケオのみによって連結され、又首組となっている身舎・庇の梁行方向のケオを除いて、すべてケオは柄差し・蟻落し[注5]であり、横力に対してきわめて脆弱な構造となっている。その構造の弱点を補強するために、すべての身舎柱・庇柱・裳階柱は、内転びとなっている。

　規模は、桁行総柱間 12,567mm、梁行総柱間 12,664mm、上屋軒の出 424mm、上屋軒高さ 4,028mm、下屋軒の出 828mm、下屋軒高さ 2,590mm、全高さ（礎石上端より大棟上端まで）7,124mm、建築面積 159.15 ㎡となっている。

　基壇の平面規模は東西 13,868mm、南北 13,883mmで、地表から約 18cm 高くなっていて、南は葛石、東西北は幅 150mm、長さ 300mm、成 60mm の煉瓦を幅約 61cm に積んで形成されている。基壇上面塼の下には砂利と瓦片が混ざったラテライト（約 20cm 厚）、土器片と磁器片が混ざった粒子の大きい黄褐色砂質土（約 35cm 厚）、粒子の小さい砂が混ざった灰色粘質土（約 5cm 厚）、粒子が大きめの黄褐色砂質土（約 30cm 厚）の順にほぼ水平に敷かれていた。礎石は、一度砂質土を造ってから礎石部分の砂を掘り直して、固定したと考えられる。

注

1) 隆徳殿正面東側壁の石碑（図 2-3 参照）に右記のように刻まれている。
2) 隆徳殿は広南阮氏初代皇帝の皇后、昭敬殿は 2 代から 5 代皇帝の皇后、穆思殿は 6 代から 9 代皇帝の皇后を祀っていることからすれば、創建時に隆徳殿のみを造営したとは考え難い。
3) 『大南実録』（正編　第二紀　巻七十九　頁二十八）明命 13 年（1832）の記事に「太廟之左榮葺隆徳殿遞年恭遇太祖嘉裕皇帝皇后忌辰祇奉陳設行禮其廟庭之前左設昭敬殿恭備左四案列先帝后忌辰禮右設穆思殿恭備右四案列先帝后忌辰禮」とある。
4) 重枝豊他「フエ宮廷建築の平面表記についてヴェトナム・フエの明命帝陵の総合調査その 1」（日本建築学会学術講演梗概集 F-2、pp.487-488、1996）によると、この形式を 1 間 2 廈回廊付（1gain2chái hoi lang）と呼んでいる。
5) ただし庇隅ケオは、身舎柱に突き付けで、持ち送り（コン・ボー）で受けていた。

戡辛酉仲夏克復神京壬戌進取北河天下大定甲子春營治都邑先建
太廟于皇城内之左
特命臣工監董其事以三月十五日甲辰起功冬十月初六日辛酉告竣
昭明焄𤋺於焉攸萃于以奠鐘簴於億萬斯年而永昌矣
嘉隆萬萬年之三戡在甲子孟冬穀旦

欽差掌神武軍兼監神策軍謙郡公臣范文仁
神策軍肅直營侍中都統制謙和侯臣阮文謙
工部貴良侯　臣陳文泰
　　　　　　監督
　　董飭

神織軍左營副都統制智信侯臣鄭玉智
肅直營侍中右二衛正衛尉祥光侯臣黎文祥
肅直營侍中後一衛正衛尉川清侯臣陳文川
内直衛　尉鳳祥侯臣張文鳳
欽差該奇副營中侯各隊船安仁侯臣阮福安
神武軍左屯章武衛副衛尉珠光侯臣阮文珠
神策軍左營耀武衛正衛尉矔日侯臣阮福矔
　　　　　　分
　　飭

図 2-3　隆徳殿　正面東側側壁の石碑

第3章　昭敬殿の復原研究

第1節　復原の目的

本研究の対象にしている昭敬殿は、ユネスコ世界遺産（文化遺産）「フエの建造物群」（1993年登録）の構成遺産である隆徳殿の南方に位置し、ベトナム最後の専制王朝であった阮朝の宮殿建築のひとつであった。矩形の王宮内は、その南面前方部分を太廟区、外朝区、世廟区により配置構成されるが、昭敬殿は太廟の正殿である太祖廟の付属施設として造営された小規模な宮殿であった。

現在「フエの建造物群」は、国際協力の枠組みの中での修復および復原に関する技術移転の必要性が高く認められ、その視点において、今後の日越共同による世界文化遺産の修復・復原事業が進められるべきであると考える。

当該研究代表者は、早稲田大学を主とする研究組織が1995年以来継続的に進めてきた一連の研究課題に研究分担者として参加し、さらに2005・平成17年度から4年間研究代表者として研究課題を進展させ、新たな段階へと導いた。そして、それらの研究の展開の過程が総合化される中、この研究課題を新たに計画する必要性が浮上していることを勘案し、昭敬殿復原研究を計画した。

第2節　復原の方法

隆徳殿の修復によって、柱の内転び、柱の伸び、柱頭の糸巻形平面など、中国および日本の古代建築にみられた技法が19世紀初期のベトナム阮朝宮殿建築に残されていたことが明らかになった[注1]。しかし残念ながら、明命帝期および成泰帝期において大規模な修理が行われ、さらに経年変化により建物がかなり歪んだため、当初の状態を忠実に復原することは困難であった。

昭敬殿は現在基壇のみが残されているが、基壇および礎石の大きさと位置を実測したところ、隆徳殿とほぼ一致していることが明らかになった。さらに文献研究を踏まえた昭敬殿の復原研究によって、基壇上部の建物は隆徳殿と同一の規模および構造形式であるとの結論に至った。

昭敬殿の復原において、隆徳殿の修復計画において得られた当初の設計寸法および技法を用いて再生することは、ベトナム・フエ王宮建築の規範を構築することを意味する。すなわち昭敬殿復原建物を原寸大模型として復原することによって、今後の王宮建築の修復および復原に大いなる指針を提供することになることを期待している。

昭敬殿の復原計画は、2005・平成17～2008・平成20年度の文科省科研費補助金による隆徳殿修復計画の研究成果をさらに発展させる目的で行うものである。なお隆徳殿の修復工事は、2008・平成20年度において木造架構の組立が完了し、2009・平成21年度に屋根工事をおこない、修復を完了した。

注

1) 白井裕泰、佐々木昌孝、中川武「阮朝フエ王宮における隆徳殿の仕口について」日本建築学会計画系論文集No.698、pp.1007-1014、2014.4

 白井裕泰、佐々木昌孝、中川武「阮朝フエ王宮における隆徳殿の番付について」日本建築学会計画系論文集No.696、pp.517-524、2014.2

 白井裕泰、中川武「阮朝フエ王宮における隆徳殿の当初材について」日本建築学会計画系論文集No.671、pp.149-155、2012.1

 白井裕泰、中川武「阮朝フエ王宮における隆徳殿の建築技法について」日本建築学会計画系論文集、査読有、No.649、pp.737-744、2010.3

第3節　復原研究

3-3-1　昭敬殿基壇調査

3-3-1.1　はじめに

昭敬殿はベトナム中部のフエに存在する阮朝王宮の太廟区内に位置している。

昭敬殿は同区内の祠堂である隆徳殿の南に位置する。昭敬殿復原のため、基壇の実測調査を行った。ここでは2007・平成19年8月から9月にかけて行った昭敬殿基壇に関する調査の報告と、同区内に現存する隆徳殿基壇との比較を考察するものである。

写真3-1　昭敬殿　基壇の現状

3-3-1.2　昭敬殿基壇の現状

昭敬殿基壇は地表面に、礎石、石段、葛石、外周煉瓦積み布基礎、一部に床の塼が見られた。昭敬殿の基

壇には、外周に長方形、その内側に方形の礎石が配られていた。一部の礎石が取り除かれていたが、成が約400mm あり、外周の礎石は煉瓦により固定されていたため、建設当初据えられた位置に近い状態であると考えられる。しかし、塼床の大部分は剥がされていた。

現場周辺には昭敬殿の部材はなく、解体したときの廃材である素焼の屋根材が散在するほかに確認できない。

3-3-1.3　礎石レベル

礎石レベルの実測結果をまとめた表3-1によると、6Aの礎石が最も高く、6Aに対して2Aの礎石が110mm 低い結果になった。相対的にみると西側および南西に低いことが分かる。

3-3-1.4　礎石の大きさ

礎石大きさを実測した結果は、表3-2の通りである。これによると、外周に配られている長方形の礎石大きさ（平均）は、長手で約774.2mm、短手で約351mm、その内側の方形の礎石大きさ（平均）は、長手で約363.9mm、短手で約351mm、その平均は357.5mm である（表3-3参照）。

また、隆徳殿の礎石大きさ（平均）は表3-4の通りであるが、これによると、外周に配られている長方形の礎石大きさ（平均）は、長手で約732.5mm、短手で約351.3mm、その内側の方形の礎石大きさ（平均）は、長手で約384.1mm、短手で約354mm、その平均は369mm である（表3-5参照）。

3-3-1.5　礎石の間隔

昭敬殿の礎石間隔は、礎石に対角線を引き、その交点を礎石芯として礎石芯々距離を測定した。その結果は図3-1の通りである。

端間は平均で2020mm（越尺＝4.76尺）、脇間は平均で2782mm（越尺＝6.56尺）、中間は平均で3296mm（越尺＝7.77尺）、1辺が12900mm である。各間の比例は、端間に対し、中間：脇間：端間＝1.63：1.38：1 であった。

3-3-1.6　隆徳殿と昭敬殿の基壇比較

基壇は外周に長方形の礎石を配し、その間は煉瓦積、内側は方形の礎石である。昭敬殿の北面両隅の礎石は、向きが隆徳殿と比較すると90°方向が違う。外周の基壇上に煉瓦壁の痕跡が見られ、葛石と石段から判断すれば、隆徳殿と同様に南面を正面とすることが分かる。

3-3-1.7　礎石の大きさ比較

昭敬殿の長方形の外周礎石の縦横比は1：2.2に対して、隆徳殿は1：2.1であった。短手方向がほぼ同じ長さであり、長手方向に41.7mm（越尺＝0.1尺）と隆徳殿より昭敬殿がやや大きいが、ほぼ等しい結果となった。内側の方形の礎石は昭敬殿では大きさが平均369mm、隆徳殿は平均357.5mm であり、11.5mm（越尺＝0.03尺）隆徳殿より昭敬殿の方がやや大きいが、ほぼ等しい結果になった。柱径に比例し礎石の大きさが関係するのであれば、昭敬殿と隆徳殿の礎石の大きさはほぼ等しく、建築規模は同一規模であるといえる。

表3-1　昭敬殿　礎石レベル

	1	2	3	4	5	6
F	-100	-67	-47	-53	-38	-38
E	-105	-38	-16	-26		-20
D	-100	-20		-31		-41
C	-101	-37		-32		-36
B	-96	-37	-19	-15	-7	-17
A	-76	-110	-53	-10	-21	0

表3-2　昭敬殿　礎石大きさ

	1		2		3		4		5		6	
	縦	横	縦	横	縦	横	縦	横	縦	横	縦	横
F	346	770	750	350	790	356	767	452	807	347	355	813
E	350	770	351	362	351	362	348	372			355	765
D	350	780	350	360			350	376			347	775
C	356	770	350	360			347	353			352	790
B	245	768	370	350	357	348	365	363	366	353	350	789
A	775	345	745	355	745	357	780	355	756	346	778	350

3-3-1.8　礎石間隔の比較

昭敬殿の礎石間距離の比は中間：脇間：端間＝1.63：1.38：1 であった。隆徳殿の復原柱間は、中間が3264mm、脇間が2735mm、端間が1950mm で、各柱間の比例は、中間：脇間：端間＝1.67：1.4：1 となる。この比較によって、昭敬殿の柱間は隆徳殿と極めて近似していることが分かる。

3-3-1.9　小結

以上の考察をまとめると次のようになる。

1) 昭敬殿基壇には、礎石、葛石、石段、外周煉瓦積み布基礎、および一部に塼床が残っている。
2) 基壇レベルをみると、全体的に西側および南西側が沈下している。
3) 礎石の大きさは、外周の長方形礎石が平774.2mm×35 内側の方形礎石が、364mm×351mm であった。
4) 礎石の間隔は平均値で、中間3296mm（7.77越尺）、脇間2782mm（6.56越尺）、端間2020mm（4.76越尺）であった。
5) 隆徳殿の礎石大きさおよび復原柱間を比較した結果、昭敬殿柱間は隆徳殿とほぼ同じであることが推定される。

表 3-3　昭敬殿　礎石大きさ（平均）

	長手	短手	平均
長方形	774.2	351.0	
方形	363.9	351.0	357.5

表 3-4　隆徳殿　礎石大きさ

	1		2		3		4		5		6	
	縦	横	縦	横	縦	横	縦	横	縦	横	縦	横
F	743	360	735	350	725	348	738	353	746	356	700	352
E	350	705	385	350	400	350	350	395	400	350	357	730
D	354	754	385	355	390	350	380	353	370	355	365	720
C	337	700	373	360	390	350	370	392	375	356	350	700
B	350	750	380	353	375	358	380	354	375	350	347	755
A	742	345	735	347	725	340	730	357	764	344	752	364

表 3-5　隆徳殿　礎石大きさ（平均）

	長手	短手	平均
長方形	732.5	351.3	
方形	384.1	354.0	369.0

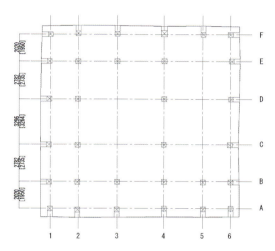

図 3-1　昭敬殿の推定柱間
（一点鎖線は隆徳殿の復原柱間）

3-3-2　穆思殿の基壇調査

3-3-2.1　はじめに

穆思殿はベトナム中部のフエに存在する阮朝王宮の祠堂である。

穆思殿は王宮内の太廟区に位置しており、同じく祠堂である昭敬殿と対称の位置をとっている。2012・平成 24 年 2 月から 3 月にかけて穆思殿の実測調査を行なったので、穆思殿基壇の調査報告とそれに基づいた同区内に現存する昭敬殿、隆徳殿との比較を行う。

3-3-2.2　穆思殿基壇の現状

穆思殿基壇の礎石は西側から北側の部分が土、衣類等の廃棄物、陶器の鉢の破片で埋没していた。同基壇地表面は鉢と木々で鬱蒼としており、西側には長方形の礎石とみられる石が多数存在していた。実測のため、西側から北側の礎石が存在すると見られる箇所を掘り起こしたところ外周のすべての礎石および壁の痕跡を発見できた。このことから同基壇内西側に存在していた長方形の礎石は穆思殿のものではないことがわかり、距離的な観点から隆徳殿と対称の位置をなす「右方堂」の礎石が運び込まれたのではないかと推測される。

写真 3-2　穆思殿　現状基壇

3-3-2.3　礎石レベル

穆思殿礎石のレベルは各礎石の南北の中心線と東西の中心線から礎石の中心点を求め、その点の高さを水平器を用いて測定した。結果は表 3-6 の通りである。

この表によると、1'A が最も高く 6D、6E が最も低いという結果になっており、その差は 67.5mm であった。相対的に見ると北東および北西部が低いことがわかる。

3-3-2.4　礎石の間隔

穆思殿礎石間隔はスチール巻尺で測定した。結果は図 3-2 の通りである。

この図によると端間（1－2、5－6、A－B、E－F の間）の平均は 1926mm（4.54 越尺）、脇間（2－3、4－5、B－C、D－E の間）の平均は 2746mm（6.47 越尺）、中間（3－4、C－D の間）の平均は 3283mm（7.74 越尺）、一辺の平均は 12628mm（29.78 越尺）であった。

3-3-2.5　隆徳殿・昭敬殿との比較

穆思殿、隆徳殿、昭敬殿は太廟の左右に方形祠堂として配置されている。

隆徳殿の柱間は竣工柱間寸法（図 3-3 参照）を用い、昭敬殿の柱間寸法（図 3-1 参照）は実測調査に基づいた。穆思殿は基壇内部の礎石が現存しなかったため、外周の長方形礎石短辺の中心線を結び、交差する間隔を推定柱間とした（図 3-2 参照）。結果は表 3-7 および表 3-8 の通りである。

三殿の柱間寸法の平均値を割り出し、それとの誤差を見ると最大で穆思殿梁行南端間の誤差 31.7mm、続く誤差は昭敬殿桁行中間 25mm である。正面にあたる南端間に多少の誤差は認められるものの、三殿は同

等の建築規模で計画されたことが推測される。

3-3-2.6 小結
以上の考察をまとめると以下の通りとなる。
1) 穆思殿基壇には太廟に対して隆徳殿の反対側にある右方堂の礎石が残されている。
2) 基壇のレベル測量から、北東および北西部が沈下している。
3) 穆思殿の柱間は平均値で、端間1926mm（4.54越尺）、脇間2746mm（6.47越尺）、中間3283mm（7.74越尺）であった。
4) 想定柱間の比較から隆徳殿、昭敬殿、穆思殿は同程度の規模の建築物であったと推測される。

表3-6　穆思殿　礎石レベル

	1'	1	2	3	4	5	6	6'
F	-38	-51.5	-37.5	-14	-37	-48	-54.5	-53.5
E		-23.5					-56	
D		-42					-56	
C		-35					-15.5	
B		-6					-8	
A	+11.5	-5.5	-9.5	-11.5	-8.5	0	-6.5	-8

表3-7　三殿柱間寸法比較表　梁行

建物名	単位	西端間	西脇間	中間	東脇間	東端間
隆徳殿	mm	1950(+15.3)	2735(-16.3)	3265(-25)	2735(-4.3)	1950(+9.3)
	越尺	4.60	6.45	7.70	6.45	4.60
昭敬殿	mm	1923(-11.6)	2762(+10.6)	3311(+21)	2742(+2.6)	1942(+1.3)
	越尺	4.54	6.51	7.81	6.47	4.58
穆思殿	mm	1931(-3.6)	2757(+5.6)	3294(+4)	2741(+1.6)	1930(-10.6)
	越尺	4.55	6.51	7.77	6.46	4.55
平均値	mm	1934.7	2751.3	3290	2739.3	1940.7
	越尺	4.56	6.49	7.76	6.46	4.58

表3-8　三殿柱間寸法比較表　桁行

建物名	単位	南端間	南脇間	中間	北脇間	北端間
隆徳殿	mm	1950(+30.3)	2735(-9.6)	3265(-9.3)	2735(-3.3)	1950(+2)
	越尺	4.60	6.45	7.70	6.45	4.60
昭敬殿	mm	1921(+1.3)	2743(-1.6)	3285(+10.7)	2750(+11.6)	1941(-7)
	越尺	4.53	6.47	7.75	6.49	4.58
穆思殿	mm	1888(-31.6)	2756(+11.3)	3273(-1.3)	2730(-8.3)	1953(+5)
	越尺	4.45	6.51	7.71	6.44	4.61
平均値	mm	1919.7	2744.7	3274.3	2738.3	1948
	越尺	4.53	6.47	7.72	6	4.59

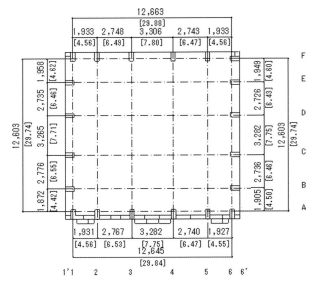

図3-2　穆思殿　基壇実測図

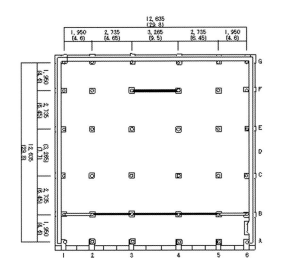

図3-3　隆徳殿　竣工平面図

3-3-3　土公祀の実測調査
3-3-3.1　はじめに
土公祀は、ベトナム中部に存在する王宮皇城内の南西に位置する一棟式宮殿建築である。土公祀のある世廟区内の世祖廟には歴代皇帝を奉った祭壇が配置されている。土公祀はこの土地の神を祀っている建築物と考えられる

現在、保存修復は終わっており一般に公開されている。今回の実測調査で得られた情報に基づき図面の作成と模型の制作を行った。

3-3-3.2　建造物概要
(1) 建築年代
現在、土公祀の正確な建築年代はわかっていない。だが土公祠に隣接する世祖廟の建築年代が明命2年（1821）であるため、その頃に建てられたものと推測される。

(2) 規模

- ■総柱間 ・・・・・・・・・・・・・・・・・・・・・・・・・・・・・・・・・・9877mm
- ■身舎桁の出 （丸桁心より垂木外下まで）・469mm
- ■裳階桁の出 （丸桁心より垂木外下まで）・847mm
- ■身舎軒高 （基壇上より垂木外下まで）・・・3588mm
- ■裳階軒高 （基壇上より垂木外下まで）・・・2107mm
- ■全高 （基壇上より大棟上まで）・・・・・・・・・・6814mm
- ■建築面積・・・・・・・・・・・・・・・・・・・・・・・・・・・・152.85 ㎡
- ■屋根面積 ・・・・・・・・・・・・・・・・・・・・身舎 107.57 ㎡
  裳階 159.44 ㎡

(3) 構造形式

基本形式：土公祀は、正面５間、側面５間、裳階付き入母屋造り、瓦葺、木造平屋建て、南面の建造物である。

空間構成：内部空間は中心に方一間の身舎空間があり、その周囲に庇空間、さらに裳階空間を回した、四面庇、裳階付である。

南正面裳階は吹き放しとし、両端間には漆喰仕上げの煉瓦壁となっている。また、両側面および背面には漆喰仕上げ煉瓦壁が設けられている。

架構形式：各柱にはすべて胴張りのある柱であり、礎石の上に立っている。内部架構は、中心に４本の身舎柱が大貫・大梁および頭貫で連結された軸部があり、身舎桁梁行には合掌に組まれ、庇柱まで伸びたケオを身舎柱で受け、拝み部に棟木を載せている。合掌の拝み部には繋ぎの小梁があり、大梁上に立つ枕木、束柱で支えている。また身舎桁行身舎柱上部に掛けられた母屋桁とケオで構成される三角形の妻部には妻板が張られている。

梁行のケオは庇柱と身舎柱に輪薙ぎ込まれ、中心まで伸びた反対側のケオを受けている。桁行および隅部は、庇柱が身舎柱に差し込まれた庇ケオを受け、頭貫、飛貫、内法貫で連結されている。各貫の間には欄間板壁が嵌め込まれている。

裳階柱は、庇柱に差し込まれた裳階ケオを受け、各裳階柱は頭貫で連結されている。また、裳階ケオ・隅ケオの側面および下面には彫刻が施されている。先端は木鼻となっていて、南面の裳階木鼻・隅木鼻には側面に彫刻が施されているが、他の木鼻には施されていない。南面以外の裳階木鼻は煉瓦壁に覆われてしまい、見えにくくなるので装飾を省いた可能性がある。

3-3-3.3 調査概要

(1) 柱間寸法

桁行の各柱間の平均寸法は、桁行が西端間 2138mm（5.04 越尺）、西脇間 3161mm（7.45 越尺）、中間 3549mm（8.37 越尺）、東脇間 3143mm（7.41 越尺）、東端間 2142mm（5.05 越尺）、総柱間 14133mm（33.33 越尺）であり、梁行が南端間 2134mm（5.03 越尺）、南脇間 3155mm（7.44 越尺）、中間 3550mm（8.37 越尺）、北脇間 3147mm（7.42 越尺）、2136mm（5.04 越尺）、総柱間 14122mm（33.31 越尺）となっている。

すべての柱間の平均値を求めると、中間 3549.5mm（8.37 越尺）、脇間 3151.5mm（7.43 越尺）、端間 2137.5mm（5.04 越尺）、総柱間 14127.5mm（33.32 越尺）となる。

ところで隆徳殿の平均柱間は、中間 3260.3mm（7.69 越尺）、脇間 2726.7mm（6.43 越尺）、端間 1947.1mm（4.59 越尺）、総柱間 12607.9（29.7 越尺）である。土公祠と比較すれば、総柱間は土公祠の方が 1519.6mm（3.58 越尺）ほど大きく、また同様に、中間は 289.2mm（0.68 越尺）、脇間は 424.8mm（1 越尺）、端間は 190.4mm（0.45 越尺）ほど大きくなっている。

このように土公祀の規模は、隆徳殿より総間で 3.58 越尺大きいことがわかり、両殿の造営時期が異なっていることを物語っている。

表3-9　土公祀　柱間寸法表　　単位：mm

F6	2136	E6	3171	D6	3537	C6	3144	B6	2134	A6
2130		2140		2142		2111		2130		2140
F5	2131	E5	3163	D5	3542	C5	3066	B5	2150	A5
3145		3138		3163		3141		3143		3146
F4	2134	E4	3165	D4	3533	C4	3152	B4	2133	A4
3553		3555		3554		3561		3544		3539
F3	2130	E3	3164	D3	3550	C3	3155	B3	2149	A3
3157		3146		3146		3156		3155		3169
F2	2148	E2	3145	D2	3568	C2	3163	B2	2146	A2
2144		2132		2149		2115		2133		2131
F1	2147	E1	3157	D1	3565	C1	3175	B1	2139	A1

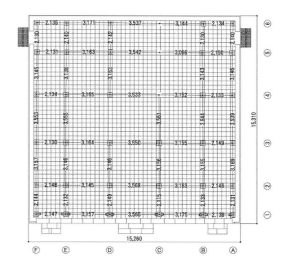

図 3-4　土公祀　柱間寸法図

(2) 柱長さ

表3-10より土公祠の平均柱長さを求めると、裳階柱長さ2108mm（4.97越尺）、庇柱長さ3745mm（8.83越尺）、身舎柱5417mm（12.78越尺）となる。

一方、隆徳殿の平均柱長さは、隅伸びを無視して平均すれば、裳階柱長さ2625mm（6.19越尺）、庇柱長さ4005mm（9.45越尺）、身舎柱5534mm（13.05越尺）であり、裳階柱は517mm（1.22越尺）、庇柱は260mm（0.61越尺）、身舎柱は117mm（0.28越尺）隆徳殿の方が長いことがわかる。つまり両建物を比較すると、下屋は隆徳殿の方が相対的に高く、上屋の高さはそれほど変わらないといえよう。

表3-10　土公祠　柱長さ　　　　　　単位：mm

	F	E	D	C	B	A
6	2105	2100	2112	2115	2112	2115
5	2115	2605	2602	2602	2602	2115
4	2105	2610	5543	5546	2610	2105
3	2097	2610	5540	5038	2600	2115
2	2110	2605	2610	2605	2600	2110
1	2105	2110	2105	2105	2105	2105

(3) 柱径

図3-5より柱径の平均値を求めると、裳階柱径は227.8mm（0.54越尺）、庇柱径は257.5mm（0.61越尺）、身舎柱径は272mm（0.64越尺）であった。庇柱径は裳階柱径の0.07越尺増し、身舎柱径は庇柱径の0.03越尺増しとなっている。

また隆徳殿の柱径と比較すると、隆徳殿の平均柱径は、裳階柱径196mm（0.46越尺）、庇柱径206.42mm（0.49越尺）、身舎柱径221.7mm（0.52越尺）であり、隆徳殿の身舎柱より土公祠の裳階柱の方が太く、いずれも土公祠の柱の方が太くなっている。

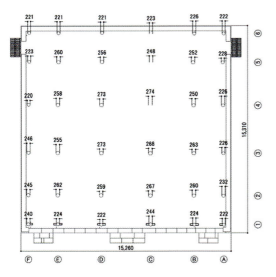

図3-5　土公祠　柱径図

(4) 礎石レベル（図3-6 参照）

礎石のレベルをみてみると、中央の4Cが最も高くその点を基準にすれば、北部6Cで最大41mm低く、続いて北部6D礎石（−39mm）、南部1C礎石（−38mm）と西部3F礎石（−38mm）、東部3A礎石（−36mm）と4A礎石（−36mm）が低く、中央部に対して全体的に側まわりが沈下（あるいは側まわりを意図的に低く）していることがわかる。

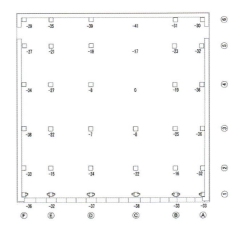

図3-6　土公祠　礎石レベル図

3-3-3.4 現状写真

写真3-3　土公祠　正面外観

写真3-4　土公祠　正側面外観

本論第２部　阮朝・フエ王宮・昭敬殿の復原

写真 3-5　土公祀　背側面外観

写真 3-8　土公祀　南東隅からの内部見上げ

写真 3-6　土公祀　正面中央間

写真 3-9　土公祀　内部北面

写真 3-7　土公祀　正面からの内部見上げ

写真 3-10　土公祀　内部東面

写真 3-11　土公祀　西側からの天井見上げ

183

第3章　昭敬殿の復原研究

写真3-12　土公祀　南側裳階

写真3-13　土公祀　東側裳階

写真3-14　土公祀　庇天井見上げ

写真3-15　土公祀　身舎天井見上げ

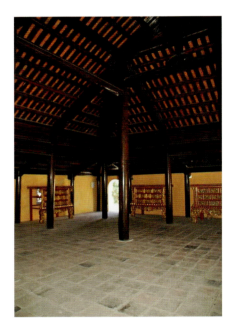

写真3-16　土公祀　東北隅部

3-3-3.5　現状図面

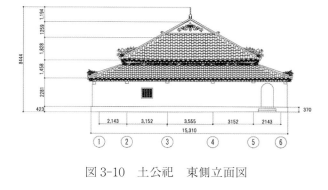

図 3-10　土公祀　東側立面図

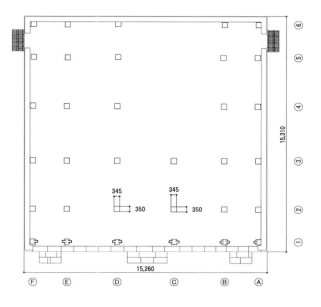

図 3-7　土公祀　平面図

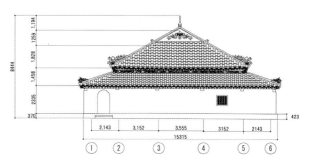

図 3-11　土公祀　西側立面図

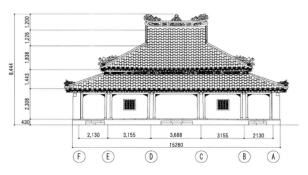

図 3-8　土公祀　南側立面図

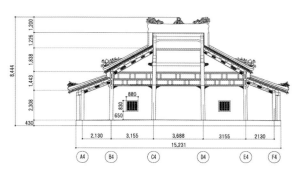

図 3-12　土公祀　桁行断面図

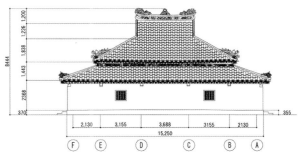

図 3-9　土公祀　北側立面図

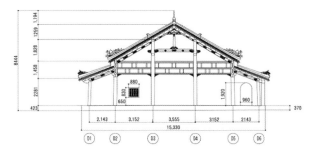

図 3-13　土公祀　梁行断面図

第3章　昭敬殿の復原研究

3-3-3.6　小結

土公祠と隆徳殿を比較すると、以下のような点が明らかになった。

1) 構造形式・空間構成・架構形式は同じであった。
2) 柱総間は、平均柱間寸法で比較すると、隆徳殿の12607.9mm（29.7越尺）より1519.6mm（3.58越尺）ほど大きく、14127.5mm（33.32越尺）であった。
3) 柱長さは、裳階柱は隆徳殿の方が384.8mm（0.91越尺）長く、庇柱は112mm（0.26越尺）、身舎柱は117.5mm（0.28越尺）、土公祠の方が長かった。すなわち土公祠の方が隆徳殿より相対的に下屋を低く抑えているといえよう。
4) 柱径は、隆徳殿の身舎柱より土公祠の裳階柱の方が太く、いずれも土公祠の裳階柱・庇柱・身舎柱の方が、隆徳殿のそれらより太かった。
5) 礎石は、中央部に対して側まわりの方が38mm（最大値）ほど低かった。

3-3-4　復原方針

基壇調査の分析によると、昭敬殿の柱間は隆徳殿の柱間と同じであったと考えられる。また『大南一統志』（第1版：1882年、第2版：1909年刊行）に掲載された図版（図3-14）によると、昭敬殿の屋根は隆徳殿のそれと同じであり、昭敬殿の上部構造は隆徳殿と同じと考えることができる。

したがって昭敬殿の復原方針は、隆徳殿の規模・構造形式・建築技法を踏襲することにする。

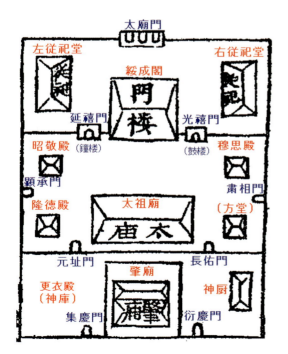

図3-14　太祖廟区（『大南一統志』（1909）より）

昭敬殿の建造物概要は以下のようである。

位　　置：太廟区、太祖廟の東側、隆徳殿の南側
建築年代：嘉隆3年（1804）創建
建築形式：一間四面裳階付、入母屋造、陰陽瓦葺
規　　模：

桁行総間	12.567m
梁行総間	12.664m
建築面積（側柱内側面積）	159.148㎡
軒高（基壇上面より軒先瓦上端まで）	2.590m
全高（基壇上面より大棟上端まで）	7.124m

3-3-5　復原設計

昭敬殿の実測調査および隆徳殿の復原研究から、以下の点を復原設計の基本とした。

・基壇の隅の反りが、実測調査から1越寸ほど認められた。
・柱間は基壇の比較によって隆徳殿と同一であり、中間3264.8mm（7.7越尺）、脇間2756mm（6.5越尺）、端間1950.4mm（4.6越尺）とする。
・柱径は、身舎柱220.5mm（5.2越寸）、庇柱20.8mm（4.9越寸）、裳階柱195mm（4.6越寸）とする。
・柱長さは、身舎柱5512mm（13越尺）、庇柱4028mm（9.5越尺）、裳階柱2586.4mm（6.1越尺）とする。
・柱の伸びは、庇柱の隅伸びが84.8mm（2越寸）、裳階の脇間外側柱が63.6mm（1.5越寸）、裳階柱の隅伸びが127.2mm（3越寸）とする。
・柱の内転びは、庇・裳階の中間両端柱が84.8（2越寸）、裳階脇間外側柱が21.2mm（0.5越寸）、庇・裳階の隅柱が42.4mm（1越寸）とする。
・構造および架構形式は隆徳殿と同一とする。
・貫の断面形状は、頭貫をA断面とし、飛貫をB断面とする。

図3-15　昭敬殿　頭貫・飛貫の断面

・垂木は、幅127.2mm（3越寸）成は約63.6mm（1.5越寸）とする。
・1枝寸法は254mm（6越寸）とし、下端に越面を取る。
・上屋は軒の出424mm（1越尺）、下屋は828mm（2越尺）とする。
・部材の仕口は、隆徳殿のものと同じにする。
・屋根勾配は、上屋を5.5／10、下屋を4／10とする。

以上の点を踏まえて作成した昭敬殿の復原図は、図3-16〜図3-22に示したとおりである。

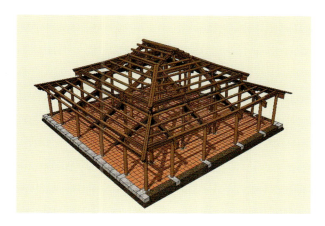

図 3-16　昭敬殿　復原外観パース（木部）

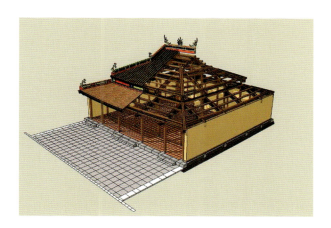

図 3-17　昭敬殿　南西面パース

図 3-18　昭敬殿　正面

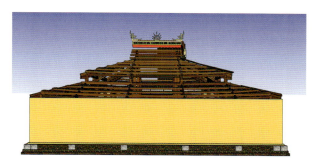

図 3-19　昭敬殿　背面

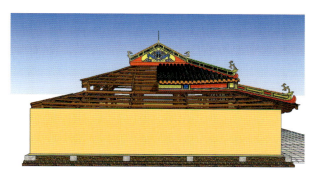

図 3-20　昭敬殿　西面

図 3-21　昭敬殿　梁行断面

図 3-22　昭敬殿　桁行断面

3-3-6　復原工事工程

昭敬殿復原工事の工程は以下のようであった。

第1次調査：昭敬殿の復原工事Ⅰ-1（2010年8・9月）
　・復原計画書の策定
　・木材料（柱・ケオ）の購入
　・仮設工事

第2次調査：昭敬殿の復原工事Ⅰ-2（2011年2・3月）
　・仮設工事
　・基壇の発掘調査

第3次調査：昭敬殿の復原工事Ⅱ-1（2011年8・9月）
　・原寸図の作成
　・木材料（大梁・大貫・飛貫・頭貫・母屋桁）の購入

第4次調査：昭敬殿の復原工事Ⅱ-2（2012年2・3月）
　・基壇の修理工事

第5次調査：昭敬殿の復原工事Ⅲ-1（2012年8・9月）
　・木材料（垂木・鼻隠し板・欄間）の購入

第6次調査：昭敬殿の復原工事Ⅲ-2（2013年2・3月）
　・柱・ケオの加工
　・大梁・大貫・飛貫・頭貫・母屋桁の加工
　・垂木・鼻隠し板・欄間の加工

第7次調査：昭敬殿の復原工事Ⅳ-1（2013年8・9月）
　・軸部の組立工事

第8次調査：昭敬殿の復原工事Ⅳ-2（2014年2・3月）
　・壁の復原工事
　・屋根の組立工事

第9次調査：昭敬殿の復原工事Ⅴ-1（2014年8・9月）
　・仮設解体工事
　・外構工事

第10次調査：昭敬殿の復原工事Ⅴ-2（2015年2・3月）
　・塗装工事
　・復原工事報告書の出版

第 4 章　昭敬殿の復原工事

第 1 節　仮設建設

4-1-1　概要
(1) 建設期間
    2010・平成 22 年 8 月 16 日（月）～ 9 月 14 日（火）
(2) 担当者
    ものつくり大学：
    白井裕泰、高橋定信、林英昭、高橋和弘、大西裕也
    フエ遺跡保存センター：
    Le Vinh An、Che Quang Tuyen
    ベトナム人工員 5 ～ 7 名
(3) 滞在期間
    白井裕泰、高橋定信、高橋和弘、大西裕也は 8 月 26 日（木）に帰国、林英昭は 9 月 5 日（日）に帰国し、以後の作業は HMCC に委託した。

4-1-2　現場監理事務所の移設
　昭敬殿復原工事の現場監理事務所は、隆徳殿修復工事の現場監理事務所を転用。旧設置位置は昭敬殿の素屋根の設置位置に一部重なるため、西側へ 5m ほど移動。仮設事務所は解体せずに曳家して移設した。

　　8 月 16 日（月）：現地作業開始日・監理事務所ほか作業場の片付け、Le Vinh An 氏と現地打ち合わせ

　　8 月 17 日（火）：監理事務所内荷物の運び出し、HMCC にて作業打ち合わせ（現場小屋の移動許可、電源と水の移動、トラッククレーンと油圧ショベルの手配、曳家のための足場用キャスター、周辺樹木の一部伐採、現場の作業員 3 名程度の手配を依頼）。

　　8 月 18 日（水）：監理事務所の移動（単管パイプを敷いて転がし、曳家とした）、素屋根の基礎とする道板（52 枚＠ 30×200×2,500mm）を発注。

　　8 月 19 日（木）：立ち木の伐採、トラッククレーンと油圧ショベルの到着、監理事務所の水平合わせ - 床張り、監理事務所の荷物の搬入 - 掃除。

4-1-3　素屋根建設の経過
　昭敬殿復原工事の素屋根は隆徳殿修復工事で使用していた枠足場類を転用。2010・平成 22 年 8 月の時点では、隆徳殿西側の資材置き場を除いて、既に隆徳殿の素屋根は解体されており、解体された枠足場材は隆徳殿・昭敬殿周囲に積まれていた。

写真 4-1　昭敬殿　現場監理事務所の移設：曳屋のための煉瓦設置

写真 4-2　昭敬殿　現場監理事務所の移設：単管パイプにて曳屋

写真 4-3　昭敬殿　現場監理事務所の移設：曳屋後床の水平出し

第4章　昭敬殿の復原工事

写真 4-4　隆徳殿　素屋根の解体後の資材の様子

写真 4-6　昭敬殿　素屋根の組立（1段目）

8月19日（木）：昭敬殿周囲の整地（油圧ショベル）足場の位置決め。

8月20日（金）：雨天作業中止、足場道板の到着。

8月21日（土）：昭敬殿周囲の再整地（油圧ショベル）、素屋根の屋根架構用のラチス梁の組立（両端柱間外法寸法16,560mm とする）。

8月22日（日）：昭敬殿周囲の再整地（油圧ショベル）、足場道板の設置、枠組足場1段目の組立。

8月23日（月）：枠組足場2段目の組立、（雨天により午後休）。

8月24日（火）：枠組足場2-5段目の組立、西側妻面の登り梁−小屋束の組立。

写真 4-7　昭敬殿　素屋根の組立（2段目）

写真 4-5　昭敬殿　周囲の整地（油圧ショベル）

写真 4-8　昭敬殿　素屋根の組立（3段目）

写真 4-9　昭敬殿　素屋根の組立（4・5 段目）

写真 4-12　昭敬殿　素屋根の組立（ラチス梁の取付）

写真 4-10　昭敬殿　素屋根の組立（西側妻面の登梁）

8月25日（水）：西側妻面の登り梁－小屋束の組立
　　　　　　　ラチス梁1筋目の吊り上げ－母屋
　　　　　　　桁の設置。

8月26日（木）：ラチス梁2-5筋目まで吊り上げ
　　　　　　　－母屋桁の設置。

写真 4-13　昭敬殿　素屋根の組立（ラチス梁の吊り上げ）

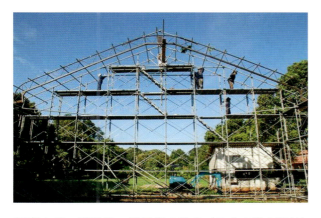
写真 4-11　昭敬殿　素屋根の組立（ラチス梁の取付）

写真 4-14　昭敬殿　素屋根の組立（クレーンで吊り上げ）

第4章　昭敬殿の復原工事

写真 4-15　昭敬殿　素屋根の組立（ラチス梁の取付）

8月27日（金）：ラチス梁6-7筋目まで吊り上げ、母屋桁の設置、7筋目柱足下ベースの設置、東側妻面の登り梁・小屋束の組立、（雨天により15:00撤収）。

写真 4-16　昭敬殿　素屋根の組立（屋根架構の完了）

写真 4-17　昭敬殿　素屋根の組立（屋根架構の完了）

8月30日（月）：東側妻面の登り梁・小屋束の組立、中古クランプの追加発注（97個＠20,000VND）。

8月31日（火）：南側下屋下地の整地（油圧ショベル）、足場道板の設置、ラチス梁6筋まで吊り上げ（トラッククレーン）、ラチス梁の固定、中古クランプの到着。

9月1日（水）：南側下屋の吊り上げ7筋まで（トラッククレーン）、母屋桁の設置・隆徳殿西側下屋の解体（手作業）、西側下屋のラチス梁の組立。

写真 4-18　昭敬殿　素屋根の組立（南側下屋の組立）

9月2日（木）：ベトナム独立記念日。

9月3日（金）：西側下屋の吊り上げ－母屋桁の設置下屋柱間に筋交い留め、隆徳殿西側残存古材を隆徳殿内部へ移設、未達事項の確認。その後、HMCCより「9月14日（火）に素屋根本体と下屋について屋根葺きが完了した」という報告があった。

写真 4-19　昭敬殿　素屋根の組立（西側下屋の架構）

写真 4-20　昭敬殿　周辺の雨天後の地面の様子

写真 4-21　昭敬殿　素屋根の組立（西側下屋の完成）

その後、HMCCより9月14日（火）に素屋根本体と下屋について屋根葺きが完了したという報告があった。

写真 4-22　昭敬殿　素屋根の組立（本体屋根葺き完了）

4-1-4　作業場建設

隆徳殿修復工事で使用していた枠足場類を転用し、昭敬殿復原工事の際に必要になる作業場を、現場の南側及び西側に建設した。以下に作業記録を記す。

2011・平成23年

2月27日（日）：現地作業開始日。資材整理。現場監理事務所にて作業打ち合わせ（トラッククレーンと油圧ショベルの手配，資材の手配，現場の作業員1～3名程度の手配を依頼）。

2月28日（月）：資材整理。雨風防止のブルーシート取り付け。素屋根の足場にブラケットの取り付け。トラッククレーン搬入。

3月1日（火）：足場道板の到着。

3月2日（水）：足場道板の設置。西側及び南側半分までの枠組足場組立（2段）。

3月3日（木）：素屋根（3段目）南西の角から作業場枠組足場に向かって梁を配置（トラッククレーン使用）。母屋組立。油圧ショベル到着。資材の発注（単管パイプ6m・クランプ）。

3月4日（金）：作業場への雨水侵入防止のため、作業場及びその周辺を整地（油圧ショベル使用）。資材到着。母屋組立。

第4章　昭敬殿の復原工事

3月5日（土）：引き続き整地。枠組足場外側に雨吹き込み防止のためブルーシート取付。枠組足場組立（南側残り半分）。階段配置。作業完了。屋根葺きについては現地ベトナム人に依頼。

写真4-23　昭敬殿　油圧ショベルにて整地

写真4-24　昭敬殿　西側作業場建設

写真4-25　昭敬殿　南側作業場建設

写真4-26　昭敬殿　作業場建設完了

4-1-5　小結

　既に隆徳殿で一度行われた作業ということもあり、ベトナム人工員の作業理解度も高く、比較的円滑に作業が進んだといえる。ただし事前協議やベトナム側の手続きに起因する作業の遅延が目立ち、特に作業人員および重機の手配等に遅れが目立った。それゆえ今回は試験的に現地監理事務所常設の作業日誌（手書き）を冊子として準備し、毎日の作業および発生した問題点、依頼事項等を覚え書きとして残し、ものつくり大学・HMCCの相互理解の一助とすることとした。

第2節　昭敬殿基壇の発掘調査

4-2-1　発掘の目的

　昭敬殿基壇の発掘調査の目的は、昭敬殿基壇と隆徳殿基壇の構造が同一であることを確認するためである。両者の基壇構造が同一であれば、両基壇は同じ時期に造営されたことが考えられ、また基壇規模も同一であることが確認されている[注1]ので、基壇上に立つ上部構造も同一である可能性が高まる。

4-2-2　発掘調査

　昭敬殿基壇の発掘調査は2011・平成23年3月1日から3月26日まで行われた。発掘を行った範囲は、図4-1に示したように、基壇四隅および4通り西寄り、D通り北寄りを幅800mm、深さ1000mmのピットを掘った。発掘の状況は、写真4-27～33の通りである。

本論第2部　阮朝・フエ王宮・昭敬殿の復原

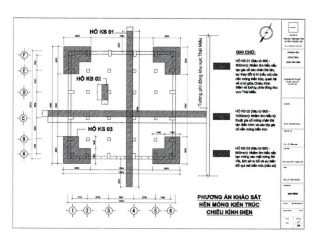

図4-1　昭敬殿　発掘予定箇所

写真4-29　昭敬殿　発掘状況　南東隅部

写真4-27　昭敬殿　発掘状況　全体

写真4-30　昭敬殿　発掘状況　南西隅部

写真4-28　昭敬殿　発掘状況　東北隅部

写真4-31　昭敬殿　発掘状況　西北隅部

　その結果、厚さ約200mmのラテライト層、その下に650mm厚の砂層があり、その下は従来の砂地盤であった。また従来の砂地盤の上300mmに50mm程度のシルト層が設けられていた。このシルト層は上層の砂を水で締め固めるために設けられたと考えられる。基壇断面は写真4-32の通りである。

第4章　昭敬殿の復原工事

写真4-32　昭敬殿　基壇断面

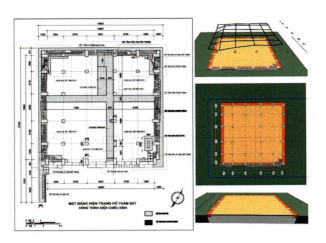

図4-2　昭敬殿　発掘箇所平面図

また基壇周囲300mmの幅で発掘を行い、側まわりの基壇構造を確認した。その結果は、写真4-33の通りである。この写真によると、礎石の下に4段の煉瓦が積まれ、強固な布基礎が形成されていた。また礎石と礎石の間には、礎石下から上までさらに4段積まれていた。布基礎の幅は、1・2段が865mm（2.1越尺）、3・4段が742mm（1.8越尺）、5－8段が618mm（1.5越尺）であったと考えられる。

写真4-33　昭敬殿　基壇周囲布基礎

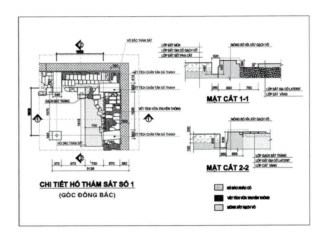

図4-3　昭敬殿　基壇東北隅部　平面・断面図

また発掘の結果を図で表すと図4-2～6のようになる。

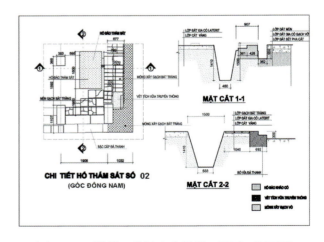

図4-4　昭敬殿　基壇南東隅部　平面・断面図

本論第2部　阮朝・フエ王宮・昭敬殿の復原

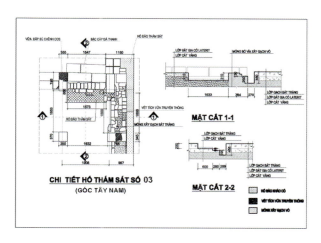

図4-5　昭敬殿　基壇南西隅部　平面・断面図

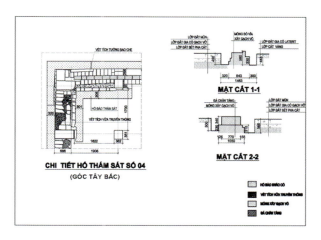

図4-6　昭敬殿　基壇北西隅部　平面・断面図

4-2-3　小結

　今回の発掘によって、昭敬殿の基壇構造が隆徳殿と同じであったことが明らかになった。すなわちこの昭敬殿基壇は、敷き煉瓦がすべて失われていたり、一部礎石が掘り起こされていたり、周辺部の煉瓦積みが崩壊していたりするものの、創建当初の形態を現在によく残しているといえよう。

　ところで今回の修理では、基壇周囲の布基礎は、致命的な構造上の欠陥があるわけではないので、破損した部分の修理にとどめ、基本的には触らないことを基本方針とした。

注
1) 栗子岳大・白井裕泰・中川武「昭敬殿の現状基壇について－阮朝・太廟・隆徳殿の修復計画（その16）－日本建築学会大会学術講演梗概集F2分冊、pp.135-136、2008年9月

第3節　昭敬殿の原寸図

4-3-1　原寸図作成の準備

　原寸図は、2011・平成23年8月16日（火）から20日（土）にかけて原寸場を造り、8月20日（土）から22日（月）までの3日間で描き上げた。

　昭敬殿基壇の上面は、敷き煉瓦もなく、一部に大きな窪みがあり、水平な原寸床を造るために砂を入れて水平を確保した。その上に垂木古材を敷いて、ベニヤ下地とした。下地枠にベニヤを打ちつけて原寸場を完成させた。

写真4-34　昭敬殿　原寸場　基礎

写真4-35　昭敬殿　原寸場　ベニヤ下地

4-3-2　原寸図作成の目的

　ベトナムにおける建造物の修理において、これまで原寸図を描くことはなかった。2005・平成17年度から2009・平成21年度にかけておこなわれた隆徳殿修復ではじめて原寸図を描いた。それは当初の寸法・形状にできる限り復原するために必要欠くべからざる工程であったからである。

　今回は昭敬殿の復原であり、軸組は新築工事となるので、修復とは性格が異なる。しかし、柱が転びと伸びをもっていること、軒先の鼻隠し板の反りを正確に

第4章　昭敬殿の復原工事

加工するためには、型板を作成する必要がある。したがって、昭敬殿の復原を設計寸法通りに施工するためには、原寸図を作成しなければならない。

今後の木材加工において、この原寸図を規範とすることを基本方針とした。

写真4-36　昭敬殿　原寸場　下地砂入れ

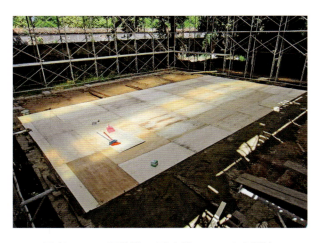

写真4-37　昭敬殿　原寸場　ベニヤ板張り

4-3-3　原寸図作成の過程
4-3-3.1　断面の原寸図

断面の原寸図は、柱間・柱内転び・屋根勾配を決定する目的から、3通りの断面を描いた。

まず柱間は、隆徳殿の寸法計画の復原的研究[注1]によって導き出された寸法を採用した。すなわち中間3264.8mm（7.7越尺）、脇間2756mm（6.5越尺）、端間1950.4mm（4.6越尺）とした。

次に柱の高さは、柱間寸法と同様に、隆徳殿の寸法計画の復原的研究により明らかにされた復原寸法を採用した。すなわち身舎柱5512mm（13越尺）、庇柱4028mm（9.5越尺）、裳階柱2586.4mm（6.1越尺）とした。また柱径は、身舎柱220.5mm（5.2越寸）、庇柱207.8mm（4.9越寸）、裳階柱195mm（4.6越寸）

とした。さらに柱の内転びは、身舎柱・庇柱・裳階柱とも84.8mm（2越寸）とした。

屋根勾配は、上屋勾配が身舎柱と庇柱の柱長さと内転びによって決定されるが、原寸を描いた結果、5.42寸勾配であった。またケオの勾配は、上端と下端で異なるが、上端勾配が屋根勾配と一致している。ケオ下端勾配は、柱位置でのケオ成（229mm）を決め、ケオの拝み部でケオ元部寸法の0.6（=137mm）として決定した。その結果、ケオ下端勾配は5.6寸であった。また下屋勾配は4寸勾配であった。

4-3-3.2　側面の原寸図

側面の原寸図は、軒反りを決定する目的から、上屋は2通り、下屋は1通りを基準として描いた。

庇柱の隅伸びは、84.8mm（2越寸）とし、庇隅柱位置での反り増しは、84.8mm（2越寸）で、隅伸びと反り増し材で全体の反りは、169.6mm（4越寸）となる。

裳階柱の伸びは、脇裳階柱が63.6mm（1.5越寸）、隅裳階柱が127.2mm（3越寸）とし、反り増しは隅裳階柱位置で84.8mm（2越寸）で、全体で212mm（5越寸）となる。

4-3-4　原寸図作成の手順

8月17日（水）午前：昭敬殿基壇上に砂を入れ、水平を確保する。

8月17日（水）午後〜20日（土）午後：木枠を造り、ベニヤ板を張り、原寸場を制作する。

8月20日（土）午後：3通り断面の原寸図を作成。

①柱下の柱間は、復原柱間を用い、中間3264.8mm（7.7越尺）、脇間2756mm（6.5越尺）、端間1950.4mm（4.6越尺）とした。

②身舎柱の高さは5512mm（13越尺）、柱径は220.5mm（5.2越寸）、庇柱の高さは4028mm（9.5越尺）、柱径は207.8mm（4.9越寸）、裳階柱の高さは2586.4mm（6.1越尺）、柱径は195mm（4.6越寸）とした。

③身舎柱・庇柱・裳階柱の内転びは、84.8mm（2越寸）とした。

⑤舎柱と庇柱の頭部を結んだ線を屋根勾配とした。

8月21日（日）・22日（月）：1通り下屋側面および2通り上屋側面の原寸図を作成。

①1通りの裳階柱上部・軒桁・反り増し材の原寸図を描いた。脇間外側裳階柱の伸びは63.6mm（1.5越寸）、隅裳階柱の伸びは127.2mm（3越寸）とした。また隅裳階柱位置での反り増し材の高さは84.8mm（2越寸）とした。したがって全体の隅裳階柱での反りは2120mm（5越寸）となる。また軒先の鼻隠し板上端の反りは、242mm（5.7越

寸）となる。
②2通りの庇柱上部・軒桁・反り増し材の原寸図を描いた。隅庇柱の伸びは 84.8mm（2越寸）、隅庇柱位置での反り増し材の高さは、84.8mm（2越寸）とした。したがって全体の反りは、169.6mm（4越寸）となる。また軒先の鼻隠し板上端の全体の反りは、195mm（4.6越寸）となる。

写真 4-38　昭敬殿　原寸図　作成風景

写真 4-39　昭敬殿　原寸図　完成

4-3-5　小結

昭敬殿の原寸図は、以下のような各部寸法によって作成された。

1) 復原柱間として、中間 3264.8mm（7.7越尺）、脇間 2756mm（6.5越尺）、端間 1950.4mm（4.6越尺）を採用した。
2) 復原柱高さとして、身舎柱 5512mm（13越尺）、庇柱 4028mm（9.5越尺）、裳階柱 2586.4mm（6.1越尺）を採用した。また柱径は、身舎柱 220.5mm（5.2越寸）、庇柱 207.8mm（4.9越寸）、裳階柱 195mm（4.6越寸）とした。
3) 柱の伸びは、隅庇柱が 84.8mm（2越寸）、隅裳階柱が 127.2mm（3越寸）、脇間外側裳階柱が 63.6mm（1.5越寸）とした。
4) 軒反りは、隅庇柱位置で 169.6mm（4越寸）、隅裳階柱位置で 212mm（5越寸）とした。
5) 屋根勾配は、上屋で 5.42／10、下屋で 4／10 とした。

原寸図は写真 4-38・39、図 4-7 ～ 9 の通りである。

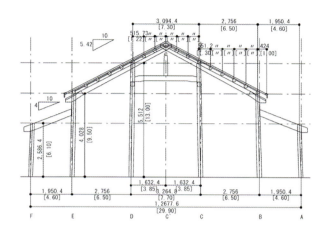

図 4-7　昭敬殿　梁行断面図

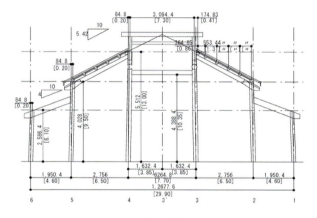

図 4-8　昭敬殿　桁行断面図

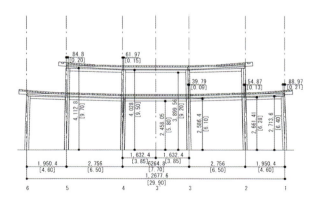

図 4-9　昭敬殿　西側立面図

注

1) 白井裕泰・中川武「阮朝フエ王宮における隆徳殿の寸法計画について」日本建築学会計画系論文集、No.643、pp.2101-2106、2009.

第4章　昭敬殿の復原工事

第4節　昭敬殿基壇の修理

4-4-1　基壇修理の方針

　昭敬殿の基壇調査を行った（2007・平成19年度）結果、礎石レベルは、6A礎石が最も高く、それに対して2A礎石が最も低く、−110mmであった。相対的に1通りの礎石が低かった（4-1参照）。

　また隆徳殿において行われた（2006・平成18年8月21・22日）地質調査によると、第1層（GL〜2.4m）の長期の地耐力は33kN／㎡であり、礎石1個にかかる荷重が約42kN／㎡であるので、昭敬殿基壇の修理においても、隆徳殿と同じように独立基礎を設けることにした。

　さらに礎石の配置（図4-10参照）をみると、東西および南北の基準線が直行していなかったため、礎石が基準線に平行になっていなかった。また礎石間距離が中間・脇間・端間でそれぞれ不揃いであったので、復原柱間で礎石を据え付けることにした。

　このように礎石レベルが不同であり、礎石配置が基準線に対して不揃いであったことから、基壇の修理方針として、礎石のレベルを東南隅の1A礎石レベルを基準としてすべての礎石を据え直すこと、また側まわりの礎石以外の礎石下に800mm×800mm×700mmの煉瓦積独立基礎を設ける（図4-11・12参照）ことを決定した。

　なお独立基礎の面積は、$0.8 \times 0.8 = 0.64$ ㎡であり、従来の第1層地盤にかかる荷重は、約9.4kN／㎡となり、昭敬殿は長期的に安定すると考えられる。

表4-1　昭敬殿　礎石レベル

	1	2	3	4	5	6
F	−100	−67	−47	−53	−38	−38
E	−105	−38	−16	−26		−20
D	−100	−20		−31		−41
C	−101	−37		−32		−36
B	−96	−37	−19	−15	−7	−17
A	−76	−110	−53	−10	−21	−0

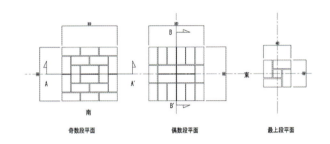

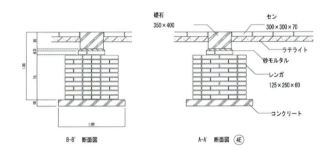

図4-11　昭敬殿　礎石下独立基礎（平面図）

図4-12　昭敬殿　礎石下独立基礎（断面図）

4-4-2　基壇修理

　基壇の修理過程は、まず基準となる柱間寸法を仮設足場に取り付けた水平貫に印をつけ、復原グリッドを設定した（写真4-40・41参照）。この結果、現状基壇は、東辺が東に24mm、西辺が東に100mm、北辺が東で南に109mm、西で南に64mmズレていたことが分かった。

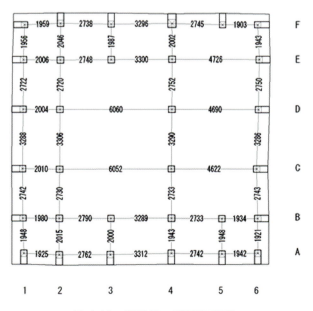

図4-10　昭敬殿　礎石配置図

写真4-40　昭敬殿　レーザーレベルによる水平出し

写真 4-41　昭敬殿　水平貫の取付

写真 4-43　昭敬殿　独立基礎　捨てコン打ち

次に内側の礎石下の独立基礎を設け、礎石を復原グリッドに従って、また同一レベルになるように据え直した。

さらに側まわりの礎石を同様に据え直し、最後に正面の葛石を据え直した。

なお礎石上面に直径 120mm、深さ 300mm の穴が空けられた礎石が 2 個（3D および 5E）あったので取り替えることにした。ただし 3D 位置および北東隅から礎石が 2 個発見されたので、新規の礎石はなかった。

4-4-2.1　内側まわりの礎石

内側まわりの礎石の据え直しは以下のようである。
①ラテライト層を撤去する。
②約 1.2m 四方、深さ 1m の穴を掘る。
③穴の底部に 150mm 厚の捨てコンクリートを打つ。
④コンクリート上面に独立基礎の中心を出し、位置を決定する。
⑤独立基礎の煉瓦 8 段を積む。
⑥独立基礎の上に礎石を据え付ける。
⑦砂を礎石より 270mm 下がりまで埋め、その上に 200mm 厚程度のラテライトを埋め、突き固める。
これらの過程は、写真 4-42 〜 50 の通りである。

写真 4-44　昭敬殿　独立基礎　第 1 段煉瓦積

写真 4-45　昭敬殿　独立基礎　完成

写真 4-42　昭敬殿　独立基礎　穴掘り

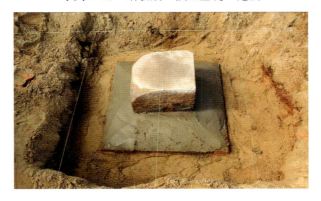

写真 4-46　昭敬殿　内側礎石据付

第 4 章　昭敬殿の復原工事

写真 4-47　昭敬殿　独立基礎　煉瓦積

写真 4-48　昭敬殿　砂の埋め戻し

写真 4-49　昭敬殿　内側礎石　据付完了

写真 4-50　昭敬殿　古ラテライト層の修復

4-4-2.2　外側まわりの礎石・葛石

外側まわりの礎石据え直しは以下のようである。
①礎石を撤去し、布基礎煉瓦積面を清掃する。
②復原グリッドに従って、モルタルで礎石を据え直す。
③礎石まわりに煉瓦を積み直す。
④正面葛石を据え直す。
この過程は、写真 4-51 ～ 59 の通りである。

写真 4-51　昭敬殿　外側まわりの基壇補修

写真 4-52　昭敬殿　外側まわりの礎石据え直し

写真 4-53　昭敬殿　基壇隅部の補修

写真 4-54　昭敬殿　基壇隅部の補修完了

写真 4-57　昭敬殿　基壇外側まわりの修理完了

写真 4-55　昭敬殿　基壇隅部の礎石据付

写真 4-58　昭敬殿　基壇正面基礎の補修

写真 4-56　昭敬殿　基壇外側まわりの補修

写真 4-59　昭敬殿　基壇正面葛石の据付

第 4 章　昭敬殿の復原工事

4-4-2.3　基壇の完成

基壇の仕上げは、側壁のモルタル塗りおよびシックイ塗り仕上げ、ラテライト層の修理、基壇床煉瓦の敷き込みを行い、基壇を完成させた。

この過程は、写真 4-60 ～ 63 の通りである。

写真 4-60　昭敬殿　基壇側壁のモルタル塗り

写真 4-61　昭敬殿　基壇側壁の仕上塗り

写真 4-62　昭敬殿　ラテライト層の修理

写真 4-63　昭敬殿　基壇床煉瓦敷き

4-4-3　小結

昭敬殿の基壇修理についてまとめると、以下のようになる。

1） 現状基壇は、礎石が西側方向に大きく沈下し、礎石配置の基準グリッドが直行せず、歪んでいた。
2） 礎石レベルは、1A 礎石高さを基準に、また礎石配置の直交グリッドは、A 通りの礎石南端の東西線を基準に割り出した。
3） 礎石の沈下を防ぐため、礎石下に 800mm×800mm×750mm の煉瓦積独立基礎を設けた。
4） 外側まわりの煉瓦積布基礎は、そのままにしていじらず、礎石のみを据え直した。

第5節　昭敬殿軸部の部材加工

4-5-1　間竿（コンカン）の作成

2011・平成23年8月に昭敬殿の原寸図を作成したが、2013・平成25年3月部材加工を始めるにあたって、原寸図の寸法を間竿（コンカン；Con Can）に写した（写真4-64～66）。

間竿は3本作成した。一つめは柱間・柱長さ、二つめはケオ長さ、三つめは大梁（チェン）・大貫（スエン）・飛貫（サー・リエン・バー）・頭貫（サー・ダゥ・コット）長さである。

柱間は中間・脇間・端間の三種類を写し、中間については中心も記した。柱長さは、身舎柱・庇柱・裳階柱の長さを写し、庇柱は隅伸び、裳階柱は隅柱と隅脇柱の伸びを記した。

ケオ長さは上屋ケオの棟木心・身舎柱上端心・庇柱上端心を写し、下屋ケオの庇柱取付き位置での柱心と裳階柱上端心を写した。

また上屋隅ケオは、身舎隅柱と庇隅柱の心を写し、下屋隅ケオは、庇隅柱と裳階隅柱の心を写した。

大梁・大貫の長さは、身舎柱に取付く位置での柱心を写した。また飛貫・頭貫の長さは、身舎柱上端心、庇柱上端心、裳階柱上端心を写した。特に庇隅柱、裳階隅柱および隅脇柱には伸びと転びがあるので、注意して柱心を写した。

写真4-64　昭敬殿　柱間寸法を間竿に写す

写真4-65　昭敬殿　ケオ長さを間竿に写す

写真4-66　昭敬殿　三種類の間竿

4-5-2　大工道具

昭敬殿に使用した伝統的な大工道具は、墨壺（オンムック：Ống Mực）、鑿（ドゥック：Đục）、木槌（ドゥイクイ：Đùi Cui）、金槌（ブア：Búa）、鉋（バオ：Bào）、鋸（クア：Cu'a）、斧（リュウ：Rieu）、コンパス（ニップ：Nhip）などであった。

柱、母屋桁は製材所で丸太を八角に落として現場に搬入された（写真4-74）。その他のケオ、貫、垂木は、製材所で所定の大きさの角材に下拵えされたものが搬入された。

現場の作業場では、伝統的な大工道具やハンディな電動工具がもっぱら使用される。たとえば柱を八角から十六角、三十二角に削るとき電気カンナが使用され（写真4-78）、柱上下部を細めるときに斧を使用し（写真4-79）、最後の仕上げにカンナを用いた（写真4-80）。ケオの下面の曲線はノコギリで荒取りし（写真4-82）、ノミで仕上げる（写真4-83）。貫の線状彫りはルーターおよび電気カンナで成形し（写真4-94、写真4-95）、最後にカンナで仕上げる。

写真4-67　昭敬殿　墨壺（オンムック）

第4章　昭敬殿の復原工事

写真4-68　昭敬殿　ノミ（ドゥック）と木槌（ドゥイクイ）

写真4-69　昭敬殿　金槌（ブア）

写真4-70　昭敬殿　カンナ（バオ）

写真4-71　昭敬殿　ノコギリ（クア）

写真4-72　昭敬殿　斧（リュウ）

写真4-73　昭敬殿　コンパス（ニップ）

4-5-3　柱の加工

　柱の加工は、以下の手順によって行われた。柱は製材所で八角に落とされ、現場に搬入された（写真4-75）。柱木口にコンパスで直径を記し、それを基準にして十六角、三十二角に電気カンナで削り落とす。次に上端の直径を木口に記し、それを基準に斧で柱上端の角を落とし、さらにそれを基準に柱半分から上を手カンナで削り落とす。次に下端の直径を木口に記し、それを基準に斧で柱下端の角を落とし、さらにそれを基準に柱1/4下部を手カンナで削り落とす。最後に柱が丸くなるようにカンナで仕上げる（写真4-79・80）。

写真4-74　昭敬殿　柱加工風景

本論第2部　阮朝・フエ王宮・昭敬殿の復原

写真 4-75　昭敬殿　八角柱

写真 4-79　昭敬殿　斧で上端柱角を落とす

写真 4-76　昭敬殿　柱の加工（斧で十六角に落とす）

写真 4-80　昭敬殿　柱の仕上げ

4-5-4　梁・貫の加工

梁は曲線があるので、型板をつくり、それを梁材に写し、ノコギリで荒取りし、ノミで仕上げる（写真4-81～83）。梁の成形が終わると彫刻を施す。

写真 4-77　昭敬殿　柱の加工（電気カンナで十六角に落とす）

写真 4-81　昭敬殿　梁の型板

写真 4-78　昭敬殿　三十二角柱

207

第4章　昭敬殿の復原工事

写真 4-82　昭敬殿　梁の曲面加工

写真 4-83　昭敬殿　梁の曲面仕上げ

梁の彫刻は、型紙をあてて絵様を梁に写し、その線に従ってまず彫刻棟梁が彫り、仕上がった彫刻を参考に弟子たちが彫っていく（写真 4-84 ～ 91）。

写真 4-84　昭敬殿　彫物大工による彫刻作業

写真 4-85　昭敬殿　型紙により絵様線を写す

写真 4-86　昭敬殿　絵様彫刻荒削り（ケオ上部）

写真 4-87　昭敬殿　絵様彫刻中削り（ケオ上部）

写真 4-88　昭敬殿　絵様彫刻仕上げ削り（ケオ上部）

本論第２部　阮朝・フエ王宮・昭敬殿の復原

写真 4-89　昭敬殿　絵様彫刻（ケオ中部）

写真 4-92　昭敬殿　貫の墨付け

写真 4-90　昭敬殿　絵様彫刻（ケオ下部）

写真 4-93　昭敬殿　貫の線状彫

写真 4-91　昭敬殿　絵様彫刻（ケオ鼻先部）

貫の加工は、線状彫を含めて大工が行う。線状彫はルーター・電気カンナを使用して仕上げる（写真4-92～95）。

写真 4-94　昭敬殿　ルーターによる貫の線状彫加工

209

第4章 昭敬殿の復原工事

写真4-95　昭敬殿　貫の線状彫仕上げ

4-5-5　小結

　昭敬殿の部材加工は、原寸図によって決定された寸法をコンカンに写し、それをもとに部材に墨付けがなされ、行われた。部材加工は、基本的に伝統的な道具を用いて行われたが、適宜電気カンナ・電気ルーターなどの電気工具を用いた。また彫刻の堀り様に、職人の個性が出てしまうのは致し方ないのかもしれない。

第6節　昭敬殿の組立

4-6-1　軸部組立
4-6-1.1　柱組立

　軸部の組立は、まず身舎柱2本を大梁で連結し、身舎柱4本を建てたのち大貫で連結して自立させる（写真4-96・97）。

写真4-96　昭敬殿　身舎柱の組立

写真4-97　昭敬殿　身舎柱の組立（大貫で連結）

4-6-1.2　ケオ・貫の取付

　その後梁行のケオを庇柱と身舎柱に掛け、拝み部を合掌に組み、込栓止めで緊結する。庇柱同士は飛貫・頭貫で連結し、梁行方向の身舎柱と庇柱を固め、さらに桁行方向の庇柱・ケオ組で固め、さらに庇隅柱・隅ケオ組を身舎柱に掛け、庇隅柱と庇隅脇柱を飛貫・頭貫で連結し、身舎・庇空間を架構する。裳階空間は、裳階柱・ケオ組を庇柱に掛け、頭貫で連結して構成する（写真4-98～100）。

写真4-98　昭敬殿　軸部の組立（柱・ケオ・貫の取付1）

写真4-99　昭敬殿　軸部の組立（柱・ケオ・貫の取付2）

本論第２部　阮朝・フエ王宮・昭敬殿の復原

写真 4-100　昭敬殿　軸部の組立（柱・ケオ・貫の取付 3）

写真 4-103　昭敬殿　母屋桁の取付

4-6-1.3　母屋桁の取付

　母屋桁は、最初に裳階柱心上から取り付け、次第に上方に向かって取り付け、それを足場にして更に上屋に母屋桁を取り付ける（写真 4-101 ～ 103）。

4-6-1.4　上棟式

　2013・平成 25 年 9 月 12 日（木）昭敬殿の上棟式が行われた。フエ遺跡保存センターのハイ所長をはじめ多くの関係者の出席により、盛大に古式に則り行われた（写真 4-104 ～ 106）。

写真 4-101　昭敬殿　裳階柱の内転び

写真 4-104　昭敬殿　上棟式　祭壇

写真 4-102　昭敬殿　庇柱の内転び

写真 4-105　昭敬殿　上棟式　拝礼

211

第4章　昭敬殿の復原工事

写真 4-106　昭敬殿　上棟

写真 4-109　昭敬殿　上部架構

4-6-1.5　垂木取付

上棟式終了後、垂木の取り付けを行った。垂木は建物中心に垂木を振り分けるように打ち、垂木間隔は、垂木幅と垂木間が同じになるように決定した。更に鼻隠し板を取り付けた。（写真 4-107 〜 114）

写真 4-107　昭敬殿　軸部内観

写真 4-110　昭敬殿　瓦葺き下地

写真 4-108　昭敬殿　身舎見上げ

写真 4-111　昭敬殿　上屋下地

4-6-1.6 小結

昭敬殿の木部（軸部および屋根部）の組立は、2013・平成25年12月に完了し、創建当初の美しい軒反りが復原された。

4-6-2 屋根組立

2013・平成25年12月に昭敬殿の軸組みが完成し、2014・平成26年5月から屋根工事を開始し、7月末に完了した。

屋根瓦は、上屋・下屋とも陰陽黄瑠璃瓦で葺いた。最初に棟および棟飾りを仕上げ、次に上屋の瓦を葺き、最後に下屋の瓦を葺いた（写真4-115～118）。

屋根瓦の葺き方は、まずゴヒラの垂木間に化粧の平瓦を先端から上に向かって敷き詰め、平瓦と平瓦の隙間を埋めるように平瓦敷き詰め、2枚重ねとする。陰瓦を葺き足約106mm（0.25越寸）の間隔で重ねて置いた後、陰瓦の左右の隙間に砂漆喰を詰め、その上に陽瓦を重ねて葺いていく（図4-13参照）。

写真4-112　昭敬殿　下屋下地

写真4-113　昭敬殿　上屋軒反り

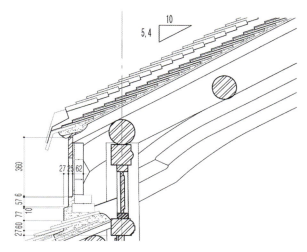

図4-13　昭敬殿　屋根断面詳細図

写真4-114　昭敬殿　下屋軒反り

写真4-115　昭敬殿　隅棟取付完了

第4章 昭敬殿の復原工事

写真 4-116　昭敬殿　上屋瓦葺き

写真 4-117　昭敬殿　下屋瓦葺き

写真 4-118　昭敬殿　屋根工事完了

第7節　昭敬殿素屋根の解体

4-7-1　素屋根解体

2014・平成 26 年 8 月 18 日（月）HMCC のハイ所長にクレーンおよびトラッククレーンの貸し出しを依頼した。クレーンが来るまで屋根の鉄板を撤去した。

写真 4-119　昭敬殿　素屋根南東面

写真 4-120　昭敬殿　素屋根北西面

8 月 20 日（水）：南側下屋の解体を完了した。

写真 4-121　昭敬殿　素屋根南側下屋撤去

8月21日（木）：西側下屋の解体を完了した。

写真 4-122　昭敬殿　素屋根西側下屋撤去

8月22日（金）：素屋根のラチス梁をすべて解体した。

写真 4-123　昭敬殿　素屋根ラチス梁撤去

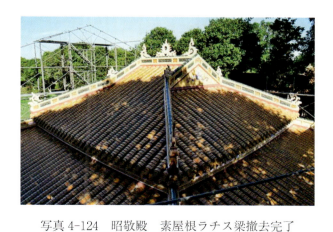

写真 4-124　昭敬殿　素屋根ラチス梁撤去完了

8月24日（日）：すべての枠足場の解体を完了し、昭敬殿周囲の整地を行った。

写真 4-125　昭敬殿　南面

写真 4-126　昭敬殿　南東面

写真 4-127　昭敬殿　北東面

写真 4-128　昭敬殿　南西面

第4章　昭敬殿の復原工事

写真 4-129　昭敬殿　内部北面

写真 4-130　昭敬殿　内部北西面

8月25日（月）：解体した部材を太祖廟南方の壁際に整理して置いた。これで素屋根の解体を完了することができた。

4-7-2　小結

2014・平成 26 年 8 月 25 日（月）、昭敬殿素屋根の解体を終了し、木部の塗装を残して、ほぼ復原を完了した。木部の塗装は 2014・平成 26 年 9 月に行った。

第5章　昭敬殿の参考資料　　第1節　昭敬殿の基壇詳細図

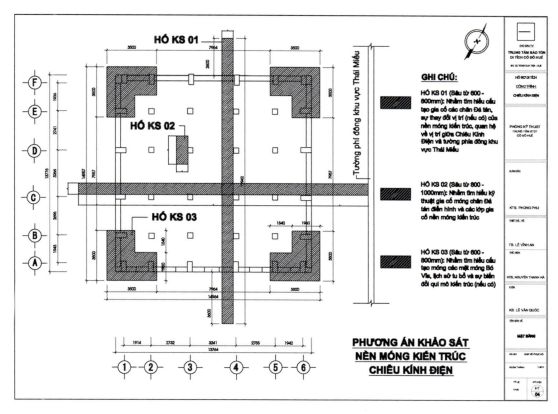

図 5-1　昭敬殿　発掘箇所

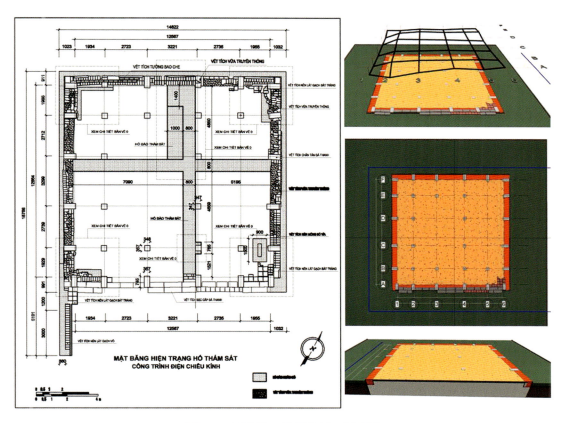

図 5-2　昭敬殿　発掘箇所　平面図

第5章　昭敬殿の参考資料

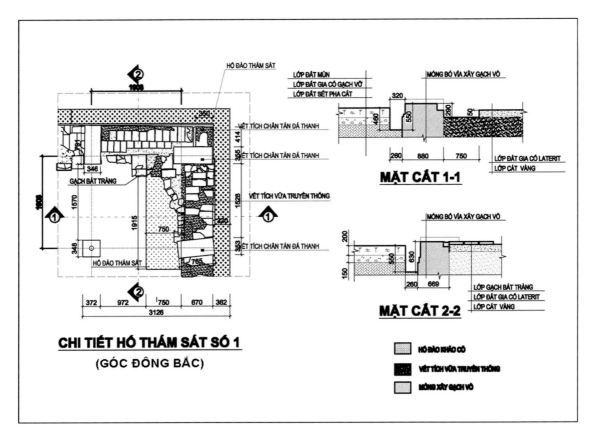

図 5-3　昭敬殿　基壇東北隅部　平面・断面図

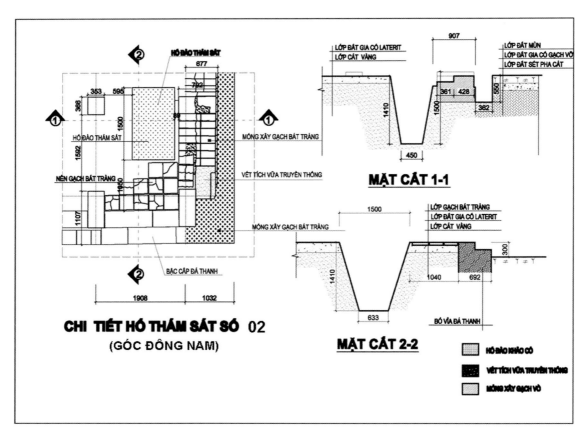

図 5-4　昭敬殿　基壇南東隅部　平面・断面図

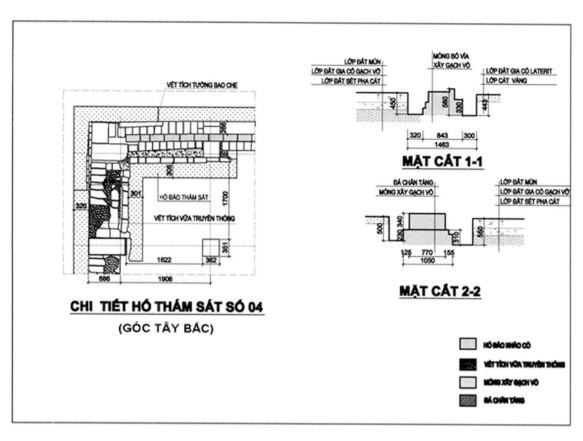

図 5-5　昭敬殿　基壇南西隅部　平面・断面図

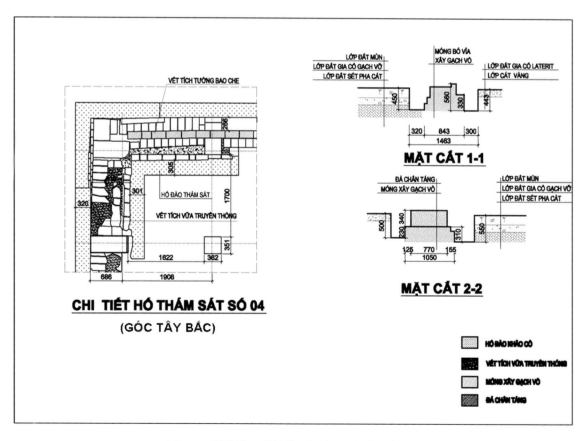

図 5-6　昭敬殿　基壇北西隅部　平面・断面図

第 5 章　昭敬殿の参考資料

第 2 節　昭敬殿の原寸図

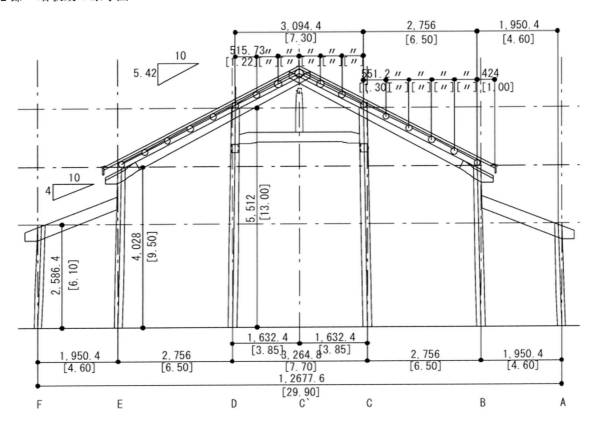

図 5-7　昭敬殿　原寸図（梁行断面）

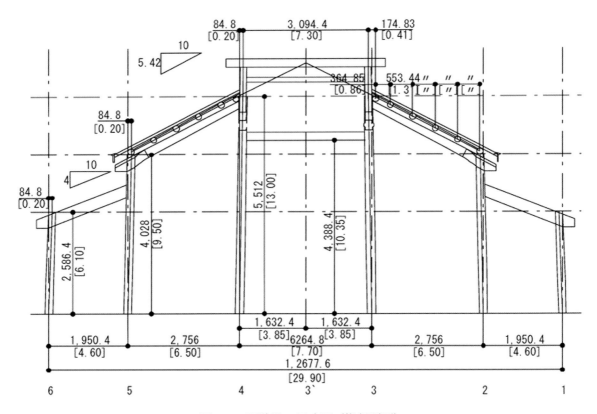

図 5-8　昭敬殿　原寸図（桁行断面）

220

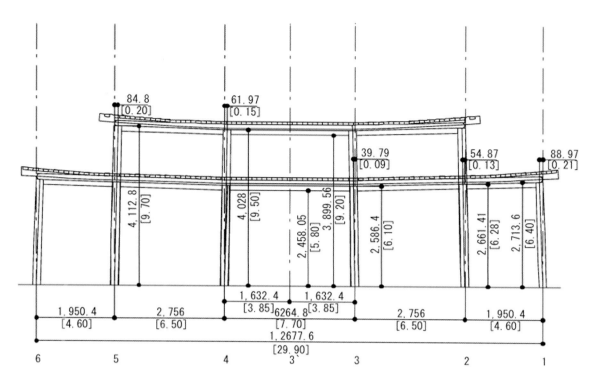

図 5-9　昭敬殿　原寸図（西側立面）

第5章 昭敬殿の参考資料

第3節　昭敬殿の復原図

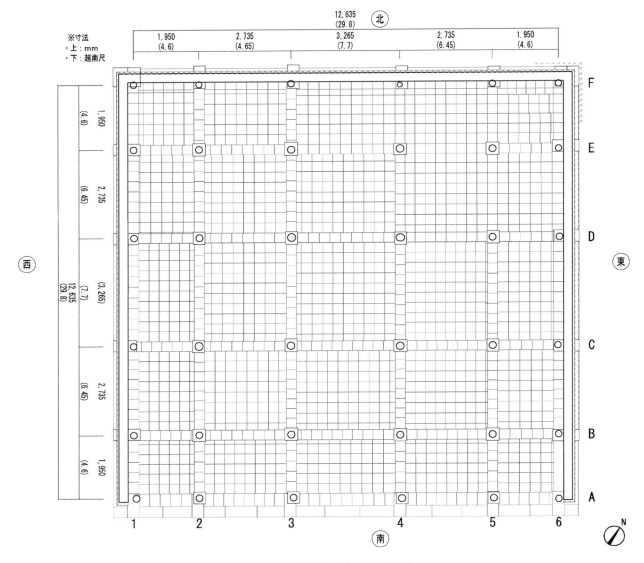

図 5-10　昭敬殿　竣工　平面図

本論第2部　阮朝・フエ王宮・昭敬殿の復原

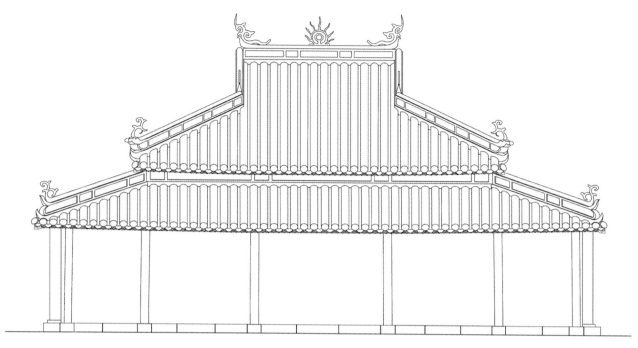

図 5-11　昭敬殿　竣工　南正面図

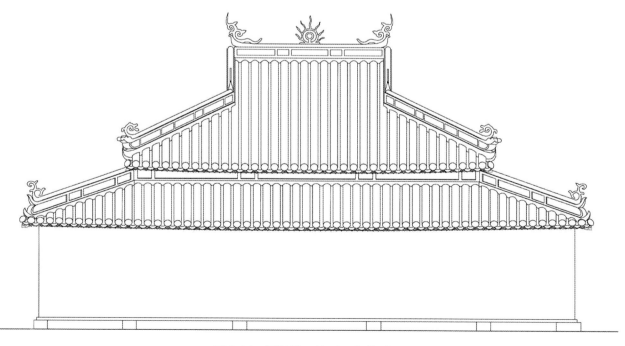

図 5-12　昭敬殿　竣工　北背面図

第5章　昭敬殿の参考資料

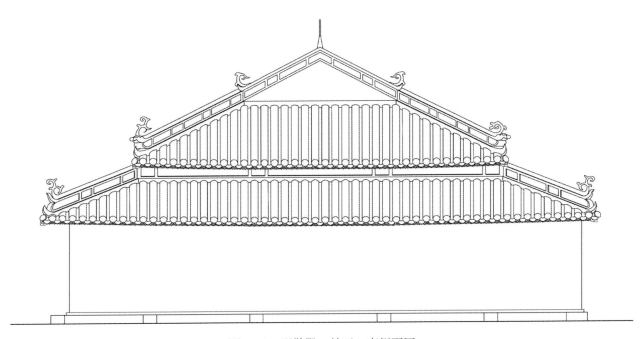

図 5-13　昭敬殿　竣工　東側面図

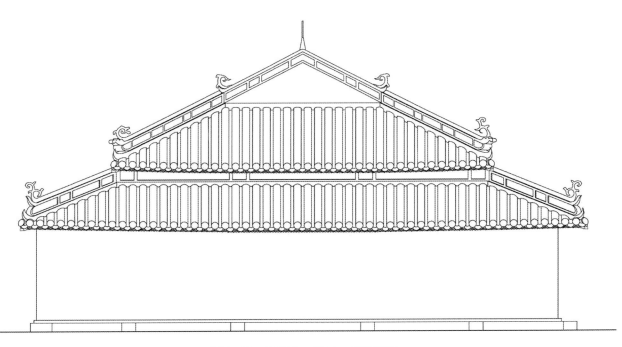

図 5-14　昭敬殿　竣工　西側面図

本論第2部　阮朝・フエ王宮・昭敬殿の復原

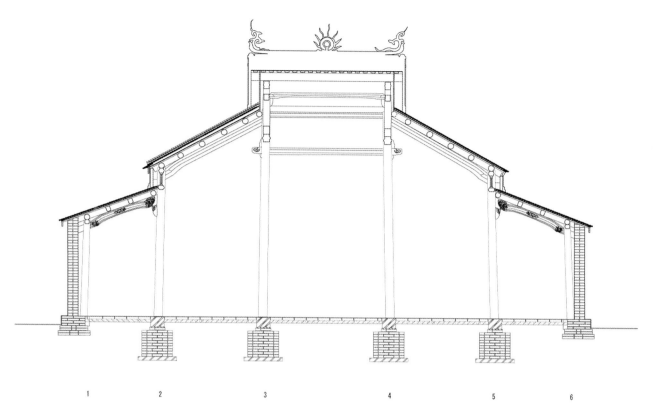

図 5-15　昭敬殿　竣工　桁行断面図

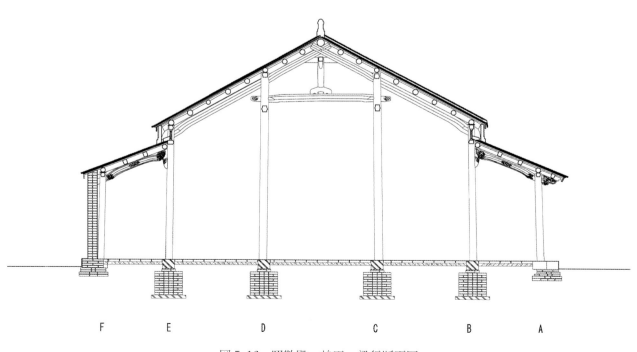

図 5-16　昭敬殿　竣工　梁行断面図

225

第5章 昭敬殿の参考資料

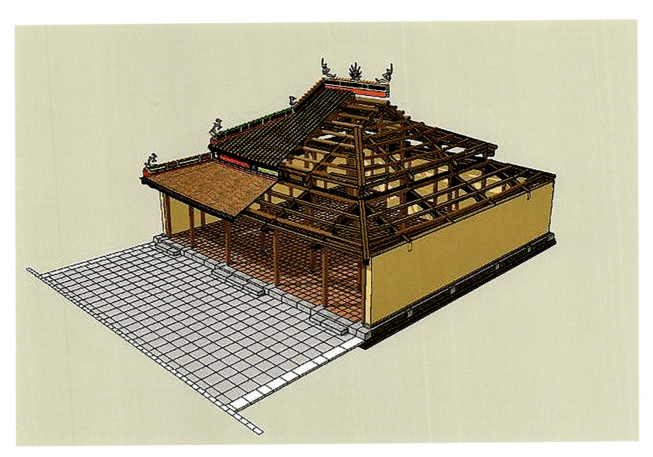

図5-17 昭敬殿 復原 透視図

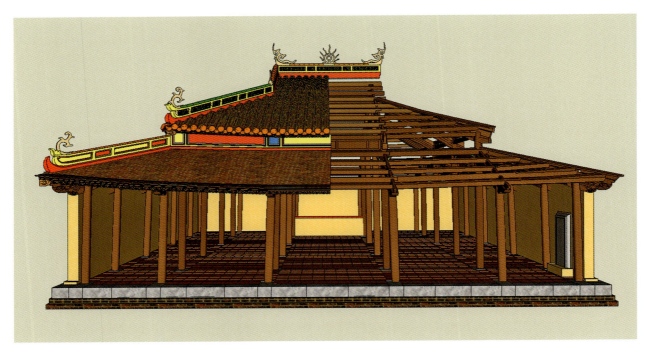

図5-18 昭敬殿 復原 南正面図

本論第 2 部　阮朝・フエ王宮・昭敬殿の復原

図 5-19　昭敬殿　復原　北背面図

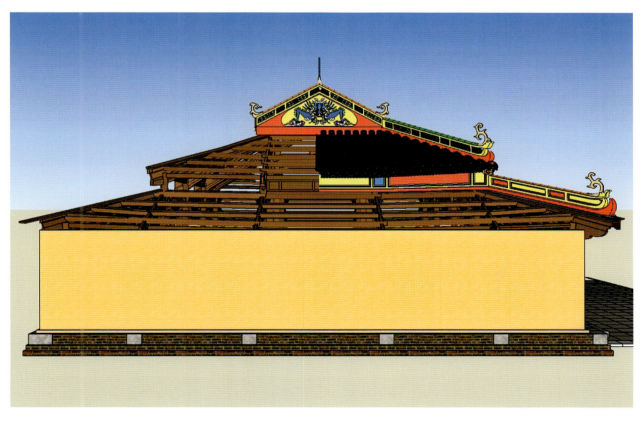

図 5-20　昭敬殿　復原　西側面図

227

第5章　昭敬殿の参考資料

図 5-21　昭敬殿　復原　梁行断面図

図 5-22　昭敬殿　復原　桁行断面図

本論第2部　阮朝・フエ王宮・昭敬殿の復原

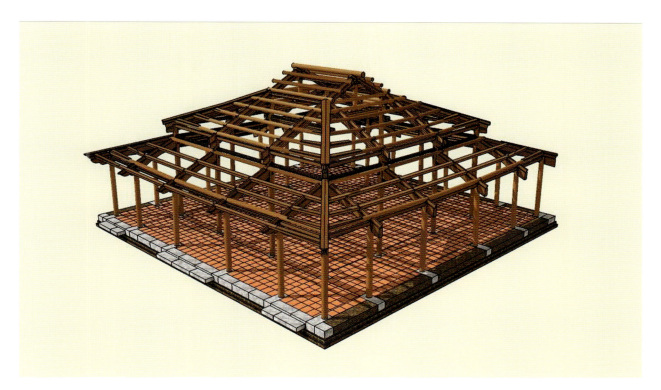

図 5-23　昭敬殿　復原　構造図

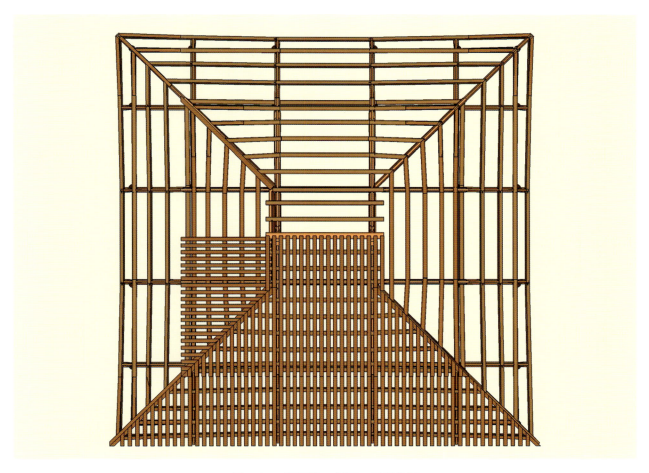

図 5-24　昭敬殿　復原　屋根伏図

229

第5章　昭敬殿の参考資料

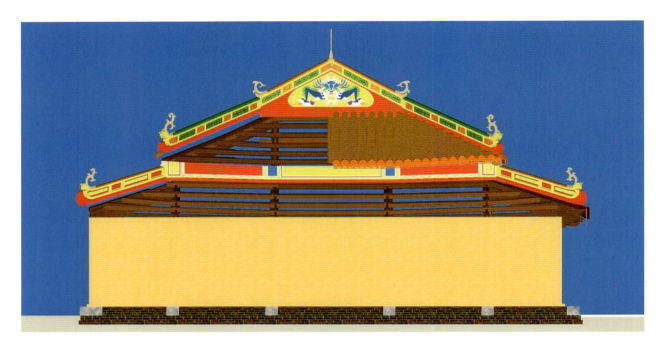

図 5-25　昭敬殿　復原　彩色図

図 5-26　昭敬殿　復原　妻壁彩色詳細図

第4節　昭敬殿の竣工写真

写真 5-1　昭敬殿　竣工　南面

写真 5-2　昭敬殿　竣工　南東面

第 5 章　昭敬殿の参考資料

写真 5-3　昭敬殿　竣工　北東面

写真 5-4　昭敬殿　竣工　南西面

本論第2部　阮朝・フエ王宮・昭敬殿の復原

写真 5-5　昭敬殿　竣工　内部北面

写真 5-6　昭敬殿　竣工　内部北西面

結　論

ベトナム・フエ城宮殿建築の修復と復原についての結論は、以下のようにまとめることができる。

1. **阮朝フエ王宮隆徳殿の解体調査によって、阮朝初期の建築技術を明らかにすることができた。**

   1-1　寸法計画について

   1-1-1　平面計画
   1) 隆徳殿の柱間は、まず全体規模（30越尺）を想定し、基準寸法として端間を設定した上で、柱間比（端間：脇間：中間＝1：$\sqrt{2}$：5／3）または単位長の整数倍によって計画されたと考えることができる。
   2) 単位長によって柱間を決定する場合、単位長として裳階柱が設定され、各柱間相互に柱間差と柱間比の関係が内在していると考えることができる。

   1-1-2　断面計画
   1) 隆徳殿の断面は、棟木下端高さは総間×1／2、身舎柱高さは中間×5／3、庇柱高さは（庇柱心〜身舎柱外寸法）×$\sqrt{2}$、裳階柱高さは（裳階柱心〜庇柱内寸法）×$\sqrt{2}$、庇柱筋飛貫下端高さは（身舎柱心〜身舎柱外寸法）と同じ寸法というように計画された。
   2) 断面は、柱間（柱心と柱内・心・外の寸法）を基準に決定されたと考えることができる。

   1-1-3　立面計画
   1) 隆徳殿の裳階および庇における軒反りは、軒桁および反り増し材によって軒反りを実現していることが明らかになった。
   2) 反りの表現は、軒だけではなく基壇においてもみられ、さらに反りに対応するように庇柱・裳階柱を隅伸びおよび四方転びさせるなどの技法を用いたと考えることができる。

   1-2　建築技法について

   1-2-1　柱伸び・転び
   1) 実測値および原寸図から推定すれば、柱の伸びの計画寸法は、庇柱の隅伸びが2越寸、裳階柱の隅伸びが3越寸であった可能性が考えられる。
   2) 当初の内転び計画は、原寸図を描いて検討した結果、庇柱・裳階柱の中間両端柱が内側に2越寸転んでいたと考えられる。
   3) 修復した軸組の実測によると、隅庇柱に対する中間両隅柱の平均内転び寸法が44.25mm（1越寸）であったことを勘定すれば、隅庇柱の内転び寸法は1越寸であったと考えられる。
   4) 同様に隅裳階柱に対する内転びは、中間両端柱1越寸、脇間外側柱が0.5越寸であり、隅裳階柱の内転び寸法は1越寸であったと考えられる。

   1-2-2　番付
   1) 隆徳殿には、柱・ケオ（登梁）・頭貫・飛貫・スエン（桁行大貫）・チェン（梁行大梁）・枕木・束柱・小梁・母屋桁・扉に番付が発見された。
   2) 番付に字喃（チュウノム）が用いられ、一部の母屋桁に墨書が見られたが、ほとんどの番付が刻書であった。
   3) 番付文字の中で、「䒑」「イ」「左」「右」「一」「扰」「回」「決」「中」「次」「䒑」はこれまで報告されていたが、「買」「且哉」「左辺」は新しい発見であった。

結　論

　　4) 番付方法は、建物の中心に対して、「艹」「後」／「左」「右」に分け、軒桁筋は平側に「買」、妻側に「回」が使われ、柱・ケオ筋は、梁行平側が「一」、桁行妻側が「扰」または「回」、隅行が「决」、隅脇が「且哉」で指定されている。
　　5) 隆徳殿の番付の特質は、組立工程によって規定されるのではなく、本質的には構造形式によって規定されていると考えられる。

1-2-3　仕口

　　1) ベトナム・フエにおける木造架構接合部は、引張力に対して自由なモンブオンと引張力に対して抵抗するモンタットの二種類に分類される。
　　2) 木造架構の構造的特性をみると、桁行方向の引張力に対する強度は、梁行方向のそれに比べて弱いことが指摘される。
　　3) フエの阮朝宮殿建築は、規模によって接合技法を変えた可能性があり、時代を下るにつれて大規模建造物に用いられる仕口が小規模建造物にも用いられる傾向がみられ、さらに新しい仕口が用いられるようになったと考えることができる。
　　4) 隆徳殿における仕口の特質は、水平力および垂直力に対して強度が要請される部材の接合方法として、柱・ケオ組およびケオ拝み部に輪薙ぎ込みが、また柱・ケオ組を連結する身舎部分の大梁・大貫には柄差鼻栓止め、庇・裳階部分の飛貫・頭貫には蟻落しが用いられていることである。
　　5) ベトナム・フエにおける木造建築における仕口は、瓦葺き屋根の加重による垂直力および大風による水平力に対して有効に働くように考えられた合理的な接合技法であることを示している。

1-2-4　垂木

　　1) 垂木の幅をみると、120-30mmの垂木が東側上屋・西側上屋に多く分布し、面をもたない新しい垂木が多少混在していることから、当初の垂木幅がこの範囲にあると考えられる。
　　2) 垂木は、建物の中心を振り分けて取り付けられ、下屋において中間両端柱・脇間外側柱の中心を振り分けて、また隅柱の中心に垂木が打たれる傾向がみられた。
　　3) 修理前の垂木の1枝寸法は233.2mm（0.55越尺）であり、垂木幅と垂木間が同一寸法で計画されたと考えられる。
　　4) 当初の1枝寸法は254.4mm（0.6越尺）と考えられる。
　　5) 当初の垂木幅・垂木間は127.2mm（0.3越尺）であった可能性がある。

1-3　細部意匠について

1-3-1　ドゥイ・ケオの絵様

　　1) 隆徳殿と同じ「両渦紋型」ドゥイ・ケオ絵様彫刻を有する遺構は、史料から伝えられる創建年代が嘉隆期と明命初期に集中している。
　　2) それらの遺構は、嘉隆帝陵明成殿を除き、すべて王宮内にあり、絵様彫刻ドゥイ・ケオを持つ17棟のうち12棟を占めることから「両渦紋型」は王宮内遺構の主流をなす型だといえる。
　　3) 隆徳殿の6本のドゥイ・ケオの状況比較からは、部材交換を伴うような修理の際にも元の彫刻を模刻するなど以前の絵様をある程度引き継いでしてきた可能性も十分考えられ、ドゥイ・ケオの絵様は建造物の造営時期を表す編年指標になると考えられる。
　　4) 現存遺構の建造年や各部材が作られた時期を考察するには、明成殿や一部に両渦紋型ドゥイ・ケオを持つ興祖廟と五鳳楼のような例外的な遺構をも含めた各遺構の精査・比較研究が必要である。

1-3-2　裳階部ケオの絵様

　　1) 20世紀に入ってからの修理状況は不明だが、19世紀の修理記録から推定すれば、1～2回程度屋根葺き替えを含む規模の修理が行われてきた可能性もあり、隆徳殿は現存遺構の建造以降、少なくとも1回は一部の裳階部ケオの部材交換を行ったと考えられる。今後の課題として、ケオ彫刻各絵様についての詳細分析が必要である。

結　論

2) ケオ上端部の絵様は竜頭と見ることもできるが、牙とたてがみを持つので、これを他の竜頭と区別するために、ここではあえて獅子頭と仮称しておく。牙を持つ竜頭は、明命帝陵崇恩殿・碑亭・明楼などのドゥイ・ケオにもあるが、その後頭部の若葉紋は、ケオ上端に見られるたてがみ様葉紋とは異なる。

1-3-3　フエ阮朝木造建築におけるドゥイ・ケオの絵様

1) 阮朝木造建築遺構におけるドゥイ・ケオ絵様の制作年代を明らかにするため、現存遺構34棟の創建年代と修理経緯を漢喃史料である『大南寔録』『欽定大南會典事例』『大南一統志』の三文献史料およびHMCCからの聞き取りにより明らかにした。
2) 阮朝木造建築遺構におけるドゥイ・ケオ絵様の様式を「A 両渦文型、B 龍頭吐水唐草文型、C 小龍頭渦唐草文型、D 渦唐草文型」の4つに分類した。
3) ドゥイ・ケオ絵様の変遷を概観すれば、Aタイプ：両渦文型→Bタイプ：龍頭吐水唐草文型→Cタイプ：小龍頭渦唐草文型およびDタイプ：渦唐草文型→C'タイプ：小龍頭渦唐草雷文型となる。
4) ドゥイ・ケオ絵様の様式編年から判断して、新たに遺構の建立年代を推定した結果、寿寧殿は嘉隆3年（1804）に、五鳳楼主楼閣上層は啓定5-7年（1921-23）に、興祖廟は紹治期（19世紀中ごろ）にそれぞれ建立されたと考えることができる。

1-4　構造分析について

1-4-1　1／4 構造模型および実物載荷実験

1) 構造模型のスケールが1／4であることから、まず、建物自体の縮尺を考慮した体積比重量（実際の重量の1／64）である400Kgを載荷した後、積載荷重を増やして鉛直部材に作用する軸力を考慮した面積比重量（実際の重量の1／16）である1600Kgを載荷した。
2) その結果、桁行方向で側柱が後方に倒れる一方、梁行方向では、柱が全体的に逆ハの字に倒れた。
3) 建物の実測調査結果をもとに、屋根瓦吸水時の増分として、5.0kNを棟木に2点で載荷し、約18時間放置した。その後、変位計の読み取り値を増すため、載荷荷重を7.0kNに増やして約19時間放置した。次に、柱の挙動を可能な限り検出するために、載荷荷重を8.8kNに増した上で、3通り側の1点で吊載荷した。
4) その結果、2点載荷の場合、柱はハの字に倒れるが、1点載荷の場合、荷重の偏りのため、両柱とも前方に倒れた。

1-4-2　接合部の静的加力実験

1) 接合部実験より得られた M-θ 曲線はスリップ型の復元力特性を示した。
2) これより得られた回転剛性を理論値と比較すると、腰掛蟻落しによる接合では、加工精度の問題から理論式より求まる剛性が期待できない傾向があることがわかった。

1-4-3　水平加力実験

1) 実験結果は、反力の問題から何れの加力方向においても、目標とした転倒変形角1／200radまたは最大荷重20kNに及ばなかった。
2) 最大荷重及び最大変形角は、東西方向加力のC4柱（10.75kN、1／1014rad、柱頭4.08mm、柱脚0.34mm）、除荷後の最大残留変形角は、南北方向2回目加力のC3柱（9.45kN、1／7753rad、柱頭0.52mm、柱脚0.03mm）であった。
3) このように今回の実験は、弾性域内のごく初期段階のはしらの転倒変形角を把握したことになる。
4) 隆徳殿の各柱は内転びがあり、基壇の不同沈下や建物の損傷等が、身舎、庇、裳階の各柱の転倒変形に影響を及ぼしていると考えられる。

結論

1-4-4 常時微動測定

1) 修理前（2003年）に行われた隆徳殿の微動測定の結果と修理後（2010年）の測定から得られた固有振動数は、修理前後で、X方向（梁行）は3.4Hzから3.61Hzに、Y方向（桁行）は3.5Hzから5.44Hzに上昇している。
2) これを等価剛性に換算すると、X：1.13倍、Y：2.42倍になる。
3) 修理により接合部の隙間等がなくなり、特に微動特性に影響する初期剛性の上昇につながったと考えられる。
4) 修理後の固有振動数をみると、隆徳殿の柱・ケオ組は、梁行方向が桁行方向に対して1.5倍（X方向固有振動数5.44Hz／Y方向固有振動数3.61Hz）の剛性をもっているといえよう。

1-4-5 構造特性

1) 隆徳殿の修理前後に水平加力実験および常時微動測定を行った結果、修理工事によって本来の剛性を回復することができたこと、剛性は南北方向が東西方向より1.5倍高いことが明らかになった。
2) 南北方向（梁行）と東西方向（桁行）の剛性の差異は、隆徳殿の構造特性によるものと考えられる。すなわち梁行が登梁を身舎柱・庇柱に輪薙ぎ込んで拝み部で叉首組としているのに対し、桁行が登梁下部を庇柱に輪薙ぎ込んでいるものの、上部は身舎柱に柄差蟻落しとしたことから剛性の差異が生じたといえよう。

1-5 修理経緯

1-5-1 文献調査

1) 『大南一統志』・『欽定大南會典事例』には、隆徳殿に関して、1804年創建、1832年改名（左方堂から隆徳殿へ）、同年修理工事（屋根の吹き替えを含む。黄瑠璃瓦を使用）、1900「重修」となっている。
2) 全体を見ると、1830年前後は、屋根・瓦に関する修理の記録が多く、1842・43年には、「新式瓦」を用いた改修工事が太祖廟・肇祖廟・興祖廟で行われている。
3) 成泰年間には1891年太和殿、太祖廟（成泰年間）、1899年・1900年勤政殿・左無・右無・隆徳殿に「重修」が行われている。
4) 隆徳殿の第1回目の修理は、『欽定大南会典事例』により、明命12年（1831）に行われ、第2回目の修理は、『大南一統志』により、成泰12年（1900）に行われたことがわかる。

1-5-2 部材調査

1) 部材の当初材を判定する基準として、番付の有無、絵様の差異、風蝕の程度、断面の形状、垂木取付の釘後、断面寸法などがある。
2) 隆徳殿は、嘉隆3年（1804）に創建され、明命12年（1831）と成泰12年（1900）に2度の修理が行われた。
3) 成泰期に取り換えられたほとんどの母屋桁と垂木（全体の32％）を除く柱・ケオ・貫・梁は、ほとんどが当初材であった。
4) 2回の修理がおこなわれたことは、垂木の分析によって明らかになった。すなわち隆徳殿の構成部材は、創建された嘉隆期の当初材、第1回目に修理された明命期の中古材、第2回目に修理された成泰期の新材に分けることができる。

2. 阮朝フエ王宮隆徳殿の修復は、以下の修理技法によって実施された。

2-1　破損調査

2-1-1　外壁の破損状況
1) 隆徳殿の外壁は煉瓦積み＋漆喰仕上げで、屋根は素焼きの瓦を重ており、軒先には雨樋が無く雨水は軒先全体から外壁面に流れ落ちる。
2) 軒先は経年による建物の歪みにより、不陸が生じているため、雨水が集中する箇所の漆喰には黒かびや白かびが生じている。
3) コーナー部分には漆喰に亀裂が生じ、煉瓦積みの煉瓦が崩れかけている。これは、外壁がケオ（登梁）の端部を支え、屋根荷重の一部を負担しているため、隆徳殿の架構全体の歪みの影響により、当該部分に過大な荷重が作用したものと推定できる。

2-1-2　柱の破損状況
1) 劣化長さは1本の柱に生じていた蟻害または腐朽の柱縦方向の長さの全長であり、幅および深さは計測していない。したがって劣化が柱の表層部のみでも材深部まででも劣化量としては同量と見なすものとした。
2) 劣化率は、（劣化率（％）＝当該柱の劣化量／当該柱の材積×100）により求めた。また、柱の含水率は高周波式水分計を用い、柱の柱頭、中間、柱脚の3点を計測した平均値である。
3) 柱の劣化調査の結果は、以下の通りである。
   ①劣化率の平均値は、軒先に近い裳階柱と庇柱が45％程度に対し、軒先から離れた身舎柱が20％と低いことから、劣化要因として雨水の影響が高い。
   ②各部材毎の含水率の平均値は15～17％で大きな差が無いが、個々の柱では11％～21％までバラツキが見られる。含水率と劣化率に関連性はない。
   ③外壁内面に接触しているF通り、1通りおよび6通りの劣化率もばらついているが、各通りとも6本中3本の柱頭の劣化が著しい。

2-1-3　ケオの破損状況
1) 部位では屋根の上屋にあたる庇部分のケオが12本中11本、下屋にあたる裳階部分のケオは20本中5本に劣化が見られた。
2) 方向では、東面のケオの劣化本数が最も多く、北面、南面、西面の順に減少している。庇のケオの鼻は外部に突出しているため、雨水の影響による劣化が大きいが、シロアリの食害も見られた。
3) ケオの劣化調査の結果は、以下の通りである。
   ①裳階のケオはC5-6を除いて劣化率100％か0％であることから、一旦劣化すればケオ全体に広がっている。
   ②庇ではほとんどのケオが劣化しているが、ケオ1本あたりの平均劣化率は約25％と裳階に比べ低い値である。
   ③築後200年近く経過していること、含水率の平均値が15％前後であることなどから、ケオの含水率はほぼ平衡状態であるものと推定できる。

2-2　地質調査
1) 隆徳殿の北西角から北に6m、西に0.3mの位置で、地下17.2mまでボーリングし、地質調査を行った。
2) その結果、第1層は層厚2.4mであり、長期の地耐力は33kN／㎡である。第2層は層厚2.8mであり、長期の地耐力は97kN／㎡である。第3層は層厚さ9.3mであり、長期の地耐力は80kN／㎡である。第4層は、N値は計測していない。
3) 隆徳殿の建物荷重は210kNであり、この荷重が36本の柱を経由して礎石に伝わる。建物荷重を柱1本当たりに作用する荷重に換算すると約6kNであり、礎石の面積が0.14㎡であることから、

結　論

　　　　礎石1枚が受ける荷重は約42kN／㎡となる。
　　4) したがって、第1層の長期の地耐力33kN／㎡を上回ることから、現状の礎石の状態で隆徳殿を修復すると、経年により礎石の不同沈下が予想された。

2-3　基壇調査および修理

2-3-1　基壇調査
1) 基壇修理に先立って、発掘による基壇の調査が行われた。発掘調査を行ったのは、4D・4E・4F礎石東側であり、幅1m、深さ1mのピットを掘った。
2) その結果は、敷きレンガ床の下に約10cm厚さのラテライト、その下に約70cmの砂、その下に従来の砂地盤があった。また約80cm厚の砂層の底から21cm高さに12cm厚程度のシルト層が設けられていた。
3) 地質調査結果、第1層の長期地耐力が、礎石1枚が受ける荷重に対して不足していることから、礎石下に80cm×80cm×75cmのレンガ積み独立基礎を設けることにした。
4) 1辺80cmのブロックとすると、面積は0.64㎡であり、在来の第1層地盤にかかる荷重は、ブロックの自重と合わせても約9.4kN／㎡となり、隆徳殿は長期に安定することになると考えられる。

2-3-2　基壇修理
1) 隆徳殿の現状基壇は礎石が南西方向に大きく沈下し、礎石配置の基準グリッドが直交せず歪んでいた。したがって礎石レベルは6F礎石高さを基準に、また礎石配置の直交グリッドは6A礎石を基準に設定し調整を行った。
2) 礎石の沈下を防ぐため礎石下に80cm×80cm×75cmのレンガ積独立基礎を設けた。
3) 外側まわりのレンガ積布基礎（レンガ8段積、下段幅83.5cm、中段幅72.5cm、上段幅61cm）はそのままにしていじらなかった。

2-4　原寸図
1) 原寸図を作成した結果、各部寸法は以下のように決定された。
　　①基準となる柱下柱間は、中間3264mm（7.7越尺）、脇間2757mm（6.5越尺）、端間1908mm（4.5越尺）とした。
　　②基準となる柱高さは、身舎柱5541mm（約13.1越尺）、庇柱3996mm（約9.4越尺）、裳階柱2565mm（約6越尺）とした。
　　③基準となる隅庇柱の高さを4057mm（約9.6越尺）、脇裳階柱の高さを2642.5mm（6.2越尺）、隅裳階柱の高さを2690.5mm（約6.3越尺）とした。
　　④内転びは、身舎柱・庇柱・裳階柱とも85mm（2越寸）とした。
　　⑤軒反りは、庇柱筋で75mm（1.8越寸）、裳階柱筋で122.5mm（2.9越寸）とし、反り増し材の反り高さは、隅庇柱上で150mm（3.5越寸）、隅裳階柱上で71mm（1.7越寸）とした。
　　⑥上ケオ上端勾配は5.45寸、下ケオ上端勾配は4寸勾配とした。

2-5　部材修理
1) 隆徳殿の部材修理は以下のように行った。
　　①柱底部および柱頂部においてオリジナルな面が残っている場合は、構造的強度に問題ない範囲で、人工木材を使用して修理を行うことを原則とした。特に、柱頂部に刻まれた番付がある場合は、人工木材を使用して修理を行い、番付の保護に努めることを原則とした。その結果、廃棄した柱は4本であるが、埋め木・矧ぎ木・接ぎ木の材料として再利用し、また柱2本は取替えの柱に転用した。
　　②ケオの修理において、かなり大きな破損の例はなく、人工木材の使用は部分的な充填・整形にとどまった。ケオの廃棄材は1本もなかった。
　　③頭貫の修理において、かなり大きな破損の例は1本であり、外観上健全な表皮だけ残して、内

結　論

　　　　部をくり抜き、内面を人工木材で整形した後、接ぎ木して修理した。頭貫の廃棄材は1本だけ
　　　　であった。
　　　④母屋桁は上屋1本、下屋2本を取り替え、垂木は再用または修理した古材を西側下屋・上屋に
　　　　集積し、それ以外はすべて新材とした。
　　　⑤このように人工木材を使用することによって、修理方法の選択の幅が広がり、当初材の残存率
　　　　が高くなったといえよう。

2-6　部材組立
　　1）軸部組立の過程で、解体時にはわからなかった柱上端の糸巻型平面が明確になり、柱転びおよび
　　　伸び寸法を実測した上で、ケオ・頭貫の長さを調整して、柱転びを整備した。

3. 阮朝フエ王宮昭敬殿の復原によって、ベトナム・フエ城における宮殿建築の復原方法を確立することができた。

3-1　昭敬殿が隆徳殿と同一規模、同一形式であることを明らかにした。

　3-1-1　昭敬殿と隆徳殿の柱間寸法の比較
　　1）昭敬殿の礎石間隔の実測値は、端間が平均で2020mm（4.76越尺）、脇間が平均で2782mm（6.56
　　　越尺）、中間が平均で3296mm（7.77越尺）であり、礎石間距離の比は中間：脇間：端間 = 1.63：
　　　1.38：1であった。
　　2）一方隆徳殿の復原柱間は、中間が3264mm（7.7越尺）、脇間が2735mm（6.45越尺）、端間が
　　　1950mm（4.6越尺）で、各柱間の比例は、中間：脇間：端間 = 1.67：1.4：1となる。
　　3）この比較によって、昭敬殿の柱間は隆徳殿と極めて近似していることがわかった。

　3-1-2　昭敬殿と隆徳殿の基壇構造の比較
　　1）昭敬殿の基壇断面は、厚さ約200mmのラテライト層、その下に650mm厚の砂層があり、その下
　　　は従来の砂地盤であった。従来の砂地盤の上300mmに50mm程度のシルト層が設けられていた。
　　2）基壇周囲300mmの幅で発掘を行い、側まわりの基壇構造を確認した。その結果は、礎石の下に4
　　　段の煉瓦が積まれ、強固な布基礎が形成されていた。また礎石と礎石の間には、礎石下から上ま
　　　でさらに4段積まれていた。布基礎の幅は、1・2段が865mm（2.1越尺）、3・4段が742mm（1.8
　　　越尺）、5-8段が618mm（1.5越尺）であったと考えられる。
　　3）このように昭敬殿基壇は、隆徳殿基壇とほぼ同じ構造をもっていることがわかった。

3-2　昭敬殿の復原は、隆徳殿の寸法計画、建築技法、細部意匠を踏襲することによって実施した。
　　1）昭敬殿の実測調査および隆徳殿の復原研究から、以下の点を復原設計の基本とした。
　　　①基壇の隅の反りが、実測調査から1越寸ほど認められた。
　　　②柱間は基壇の比較によって隆徳殿と同一であり、中間3264.8mm（7.7越尺）、脇間2756mm（6.5
　　　　越尺）、端間1950.4mm（4.6越尺）とする。
　　　③柱径は、身舎柱220.5mm（5.2越寸）、庇柱207.8mm（4.9越寸）、裳階柱195mm（4.6越寸）と
　　　　する。
　　　④柱長さは、身舎柱5512mm（13越尺）、庇柱4028mm（9.5越尺）、裳階柱2586.4mm（6.1越尺）
　　　　とする。
　　　⑤柱の伸びは、庇柱の隅伸びが84.8mm（2越寸）、裳階の脇間外側柱が63.6mm（1.5越寸）、裳階
　　　　柱の隅伸びが127.2mm（3越寸）とする。
　　　⑥柱の内転びは、庇・裳階の中間両端柱が84.8（2越寸）、裳階脇間外側柱が63.6mm（1.5越寸）、
　　　　庇・裳階の隅柱が42.4mm（1越寸）とする。
　　　⑦軒反りは、隅庇柱位置で169.6mm（4越寸）、隅裳階柱位置で212.0mm（5越寸）とする。
　　　⑧構造および架構形式は隆徳殿と同一とする。
　　　⑨部材の仕口は、隆徳殿のものと同じにする。

結　論

⑩細部意匠は隆徳殿と同一とする。
⑪垂木は、幅127.2mm（3越寸）成は約63.6mm（1.5越寸）、1枝寸法は254mm（6越寸）とし、下端に越面を取る。
⑫上屋は軒の出424mm（1越尺）、下屋は828mm（2越尺）とする。
⑬屋根勾配は、上屋を5.5／10、下屋を4／10とする。

3-3　昭敬殿の復原にあたって、隆徳殿と同様に原寸図を作成し、その寸法を基準に施工した。
　　　1）昭敬殿の原寸図は、復原設計に倣って作成した。

3-4　昭敬殿の基壇は、地盤の地耐力を考慮して、隆徳殿基壇修理と同様に、各柱礎石下にレンガ積独立基礎を新設した。
　　　1）昭敬殿の基壇修理についてまとめると、以下のようになる。
　　　　①現状基壇は、礎石が西側方向に大きく沈下し、礎石配置の基準グリッドが直行せず、歪んでいた。
　　　　②礎石レベルは、1A礎石高さを基準に、また礎石配置の直交グリッドは、A通りの礎石南端の東西線を基準に割り出した。
　　　　③礎石の沈下を防ぐため、礎石下に800mm×800mm×750mmの煉瓦積独立基礎を設けた。
　　　　④外側まわりの煉瓦積布基礎は、そのままにしていじらず、礎石のみを据え直した。

3-5　昭敬殿の軸部および屋根の組立は、隆徳殿の施工に倣って行われた。

3-6　昭敬殿復原の参考資料として、復原図、基壇詳細図、原寸図、竣工写真をまとめた。

CONCLUSION

Results of the study on "Restoration and Reconstruction of the architectures in Hue Imperial City in Vietnam" can be summarized as follows:

1. **Based on the dismantling investigation of Long Đức Điện, the architectural techniques in the early period of Nguyễn Dynasty are disclosed.**

   ### 1-1 Dimension Planning

   #### 1-1-1 Column Spacing Planning
   1) As mentioned above, in the column spacing plan of Long Đức Điện, it can be thought that: the size (30 越尺) of the building was estimated first, then end-span was set as a module, and either the span ratio (the span ratio between the columns based on end-span is end-span: side-span: central-span=1 :$\sqrt{2}$: 5/3) or integer multiples of a unit length were used to determine the spans.
   2) If the spans were determined by a unit length, the diameter of pent roof column was set as the unit length and each span reflects the span difference and span ratio.

   #### 1-1-2 Section Planning
   1) The section planning of Long Đức Điện could be summarized as follows.
      ① The height of the bottom of the ridge beam is total-span×1/2
      ② Main core column height is central-span×5/3
      ③ Pent roof column height is (center of pent roof column~main core column outside measurement)×$\sqrt{2}$
      ④ Bay aisle column height is (center of bay aisle column~pent roof column internal measurement)×$\sqrt{2}$
      ⑤ Pent roof column neck penetrating tie beam height is the same measurements between main core column center and main core column outside.
   2) In this way, we have considered that the height of columns was decided by column spans (the measurements between the center of column and the another internal-center-outside of column).

   #### 1-1-3 Elevation Planning
   1) Curvatures of pent roofs and bay aisle were created by the angle of eave beams that go up outwards and triangular components that enhance the curvature.
   2) We have looked out the curvature of the platform, and have considered that the architectural techniques as the height and inward inclination of columns were used in order to put curvature of eaves into practice.

   ### 1-2 Architectural Techniques

   #### 1-2-1 Height Lengthening and Inward Inclination of Columns
   1) Considering the full-scale drawing and actual measurements, the planned measurements for the column height was able to have an extra 2 越寸 of height for the bay aisle column corner columns, and an extra 3 越寸 of height for the pent roof column corner columns.
   2) Based on considerations performed by drawing up full-scale drawings, it is thought that the original plan for inward inclination was to have the central-span end columns for the bay aisle column and pent roof column 2 越寸 inclined inwards.
   3) Taking into account the fact that the average inward inclination of the corner bay aisle column at the central-span end columns was on average 1 越寸, it seems that the inward inclination measurement method for the corner bay aisle column was 1 越寸.
   4) In the same manner, the planned measurements could be 1 越寸 for the central-span end col-

umns and 0.5 越寸 for the side-span outside columns. Further, the measurements of the inward inclination of the corner pent roof column could be 1 越寸.

1-2-2 Numbering Method
1) In Long Đức Điện, the identification for wooden components was discovered on the column (Cột), the inclined beam (Kèo), the top crosspiece (Xà Đầu Cột), the upper crosspiece (Xà Liên Ba), the big crosspiece (Xuyên), the big crossbeam (Trến), the sleeper (Con Đội), the short pillar (trụ đội), the small beam (Ấp Quả), the roof beam (Đòn Tay), and the door (Cửa Bảng Khoa).
2) Chữ Nôm was used for the identification for wooden components, and that were written by india-ink in a part of the roof beam, but the most characters were carved.
3) In Long Đức Điện, "買", "且", "哉", and "左辺" were newly discovered, though "丷", "亻", "左", "右", "一", "扰", "回", "決", "中", "次", and "丷" had been reported up to now.
4) The method of identification for wooden components is that the space was separated to front and back, left and right to the building center, and "買" was used in the left and right side roof line, "回" was used in the front and back side roof line, and in the line of column and Kèo, the front and back sides are specified by "1", and the east and west sides are specified by "扰" or "回", and the corner lines are specified by "決", and the corner sideward are specified by "且哉".
5) The identification for wooden components of Long Đức Điện is essentially provided by a structural form, though the assembly process has influenced on the character of it.

1-2-3 Joints
1) The joint of wooden structure is classified to the two types, which are mộng buông and mộng thất in Hue, Vietnam. The former is free to the pull force and the latter is fixed to it.
2) A property of wooden structure is that the strength against the pull force in the east-west direction is more weaken than it in the south-north direction.
3) The architecture in Hue Royal Palace can have changed the joint method by its scale.
4) The property of the joint in Long Đức Điện is that the method of joint is changed by the necessity of its strength.
5) The various joint of wooden architecture in Hue, Vietnam work effectively against the vertical strength by the load of roof tile and the horizontal strength by the strong wind.

1-2-4 Rafters
1) Rafters can be separated into rafters with faces on the bottom and rafters without, and rafters without a face were used for later repairs. Further, we can separate the period when rafters with a face were put up into two separate periods. In other words, at least the roof has been replaced and repaired on two occasions at least.
2) Looking at the width of rafters, many rafters with a width of 120-130 mm are distributed in the east-side outer roof and west-side outer roof, and given that a small number of new rafters without faces on the bottom are also mixed into this area, the initial rafter width can be somewhere in the range of 120-130 mm.
3) Rafters were put up on either side of the center of the building, and for the lower roof, we saw that rafters were nailed on either side of the center of the center-span end columns and side-span outer columns, and in the center of the end-span outer column (corner column).
4) Rafter spacing for rafters before any repair work was done was 233.2 mm (0.55 越尺), and it is thought that rafter width was planned to equal the space between rafters. Also, at first, rafter spacing could be 254.4 mm (0.6 越尺), and rafter width/rafter space was 127.2 mm (0.3 越尺).

1-3 Carved Decorations

1-3-1 Carved Decorations of Đuôi Kèo
1) Remains which have the same "Double Spiral Pattern" as the Long Đức Điện Đuôi Kèo carved patterns are generally built in the Gia Long and early Minh Mạng periods.
2) These remains, with the exception of the Gia Long Minh Thành Temple, are all in the royal

palace, and account for 12 of the 17 buildings with Đuôi Kèo carved patterns. Accordingly the "Double Spiral Pattern" could be the main pattern in remains in the royal palace.

3) Making the meaning of the main feature of the "Double Spiral Pattern", the "Double Spiral" itself clear, as well as considering the relationship between the "Dragon Head" used as the central pattern of the "渦龍型" in the Minh Mạng and Thiệu Trị eras and many similarities with the "Double Spiral Pattern" will be key to progress the basic analysis of the Đuôi Kèo carving patterns in the early Nguyễn Dynasty.

4) Further, based on a comparison of the state of the 6 Đuôi Kèo in Long Đức Điện, even when performing repairs that partially required replacement, original patterns could be copied and designs carried forward, and accordingly, in order to consider the construction years of existing ruins and the period where parts were made, we need a scrutiny and comparative research which encompasses not only Minh Thành Temple but also irregular examples such as the Hưng Tổ Miếu temple and Ngũ Phụng Lầu both of which have Đuôi Kèo elements.

1-3-2 Carved Decorations of Pent Roof Kèo

1) It is unknown what repairs were carried out in the 20th century, but estimating based on the repair records from the 19th century, repairs including a relaying of the roof could be carried out once or twice, and Kèo in the pent roof area could have been replaced at least once. A remaining topic is detailed analysis on the Kèo carved patterns.

2) The pattern on the top of Kèo can be seen as a dragon, but as it has fangs and a mane, in order to differentiate it from other dragon heads, here we tentatively call it a lion head. While there are examples of dragons shown with fangs in Đuôi Kèo from the Minh Mạng Period Sùng Ân Điện, "碑亭" and "明楼", these are drawn with young leaf patterns behind of the heads, not the leaf pattern send on the top of Kèo looking like a mane.

1-3-3 Đuôi Kèo Design of the Wooden Architectures in the Nguyễn Dynasty at Hue

1) To clarify the production age of the Đuôi Kèo design of wooden architectures, we have revealed the creation age and repair details of 34 wooden architectures in existence by the document and interviews.

2) We have classified the Đuôi Kèo design of wooden architectures into four types, A type is "両渦文型", B type is "龍頭吐水唐草文型", C type is "小龍頭渦唐草文型", D type is "渦唐草文型".

3) The transition of the Đuôi Kèo design is as follows. A-type → B-type → C-type and D-type.

4) Estimating the new construction age of the wooden architectures in existence, we have presumed that Điện Thọ Ninh was built in 1820, the upstairs of Ngọ Môn was built in 1921-23, and Hưng Miếu was built in the middle of 19 century.

1-4 Analysis of the Wooden Structure

1-4-1 1/4 Scale Model and Actual Load Tests

1) As the scale of the test unit was 1/4, which is the volume to weight ratio based on the dimensions of the structure itself (1/64 of the actual weight) was applied before increasing the vertical load to 1600 kg (1/16 of the actual weight) based on the weight to surface area ratio considering the axial force applied to vertical sections.

2) The result of the test is that the perimeter columns in the longitudinal direction fell toward the rear, while the columns in the diagonal direction fell in an overall 八-shape.

3) As the weight of the unglazed tiles of Long Đức Điện increases to 1.5-1.6 times the dry weight when absorbing water in the wet season, a load of 5.0 kN was placed on 2 points on the ridge beam accounting for the increase when water is absorbed by roof tiles and left for 18 hours based on the survey results from measuring the building. Afterwards, the load was increased to 7.0 kN and left for 19 hours to increase the readings of the displacement meter. Next, to identify the behavior of columns as best as possible, the load was increased to 8.8 kN and a load was suspended from one point on the Path 3 side. Measurements were made on the main core columns of the span areas.

CONCLUSION

  4) As the result of this test, when the load is applied to two points the columns collapse in a reverse ハ-shape, but when the load is applied to a single point, both columns fell forward due to the bias of the load.

1-4-2 Static Loading Tests of Joints
  1) We conducted material tests and joint tests for Vietnamese palace construction. All of the wood types used in palace construction displayed high values for strength. The M-θ curve obtained from joint tests showed slip-type recovery characteristics.
  2) When the rotational stiffness obtained from the tests was compared to the theoretical values, it was revealed that the stiffness obtained from the theoretical equation cannot be expected for half-lapped, half-blind, dovetail, right-angle joints with a rectangular pin due to problems with a precise processing.

1-4-3 Horizontal Loading Tests
  1) The test results did not reach the targeted distortion angle of 1/200 rad or maximum load of 20 kN in any direction due to the problem with the reactive force.
  2) The maximum load and maximum tilt distortion angle were for the force applied to the east-west direction on Column C4 (10.75 kN, 1/1014 rad, column top 1.08 mm, column base 0.34 mm), and the maximum residual angle after removing the pressure the second time one was applied to the north-south direction on Column C3 (9.45 kN, 1/7753 rad, column top 0.52 mm, column base 0.03 mm).
  3) Therefore, this test revealed the column tilt distortion angle in the very early stages of the elastic range.
  4) The columns of Long Đức Điện tilt inwards, and it is believed that the unequal settling of the podium and damage to the building have had an effect on the tilt distortion of the main core, bay aisles and pent roof columns.

1-4-4 Micro Tremor Measurements
  1) Comparing the result of micro tremor measurements at Long Đức Điện before repairing (2003) to that after repairing (2010), we know the specific frequency moved upward from 3.4 Hz to 3.61 Hz in X direction (the inter-beam direction), from 3.5 Hz to 5.44 Hz in Y direction (the ridge direction) after repairing.
  2) When the specific frequency is convert into equivalent rigidity, the rigidity comes to 1.13 times in X direction, and to 2.42 times in Y direction.
  3) It is seen that the gap of the junction disappeared by the repair and in particular, the initial rigidity to effect the characteristics of micro tremor moved upward.
  4) When we look at the specific frequency after the repair, it is seen that the assembling of column and keo have 1.5 times (the specific frequency in X direction/ the specific frequency in Y direction=5.44 Hz/3.61 Hz) rigidity in the inter-beam direction to the ridge direction.

1-4-5 Structural Characteristics
  1) Long Đức Điện was able to recover an original rigidity by the repairer thing. It was clarified that the rigidity of the south-north direction in Long Đức Điện is 1.5 times as high compared with the east-west direction.
  2) The difference of the rigidity in the direction of east-west (ridge direction) with the south-north (beam direction) is thought to be caused by the structural characteristics of Long Đức Điện.

1-5 Restoration History

1-5-1 Research on the Historical Documents
  1) According to the "Đại Nam Nhất Thống Chí (Geographical Atlas of Dai Nam from Nguyễn Dynasty)" and "Khâm Định Đại Nam Hội Điển Sự' Lệ (Administrative Catalog of Dai Nam)", Long Đức Điện was built in 1804, changed its name in 1832 (from "左方堂" to Long Đức Điện), was repaired in the same year (including relaying the roof with yellow glazed tiles) and

CONCLUSION

major repairs in 1900.

2) Looking overall, around 1830 there are many records on roof and tile repairs, and in 1842/43 repairs using "new tiles" were performed at Thái Tổ Miếu, Triệu Tổ Miếu and Hưng Tổ Miếu.
3) During the Thành Thái years, "major repairs" were carried out at Thái Hòa Điện, Thái Tổ Miếu and in 1989/1990 Cần Chánh Điện, Tả Vu, Hữu Vu and Long Đức Điện.
4) According to the "Khâm Định Đại Nam Hội Điển Sự Lệ", Long Duc Đien was repaired in Minh Mạng 12 (1831) firstly, and according to the "Đại Nam Nhất Thống Chí", Long Duc Đien was repaired in Thành Thái 12 (1900), secondly.

1-5-2 Research on the Building Components

1) We have some standard by which the original material is judged, there are the presence of list, the difference of sculpture pattern, the level of weathering, the shape in section, the nail mark of rafter installation, the section size.
2) Long Đức Điện was built in Gia Long 3 (1804), and the repair of the building was done two times in Minh Mạng 12 (1831) and Thành Thái 12 (1900).
3) The most of columns, Kèos, tie beams, and large beams were original material, except digits of roof and rafters (32% rafters were changed) that were changed in the Thành Thái age.
4) There were rafters in three terms that are the Gia Long age (the original one), the Minh Mạng age (the middle one) and the Thành Thái age (the new one). Rafters repaired at the lower side were new materials.

2. We have restored Long Đức Điện in the Nguyễn Dynasty at Huế, by the methods as follows.

2-1 Deterioration Survey

2-1-1 Deterioration of Walls

1) The external walls of Long Đức Điện are made of bricks with a plaster finish, and the roofs are made of unglazed tiles, and with no gutters on the eaves and rainwater runs over the external wall surface from all eaves.
2) Due to distortion of the building over the years, the eaves are no longer horizontal to the ground, with the black mold and white mildew of the plaster where rainwater is concentrated.
3) There are also cracks in the plaster in the corner and bricks are beginning to collapse. It can be supposed that this is due to excess weight as a result of the effects of the overall distortion of the framework of Long Đức Điện because the external wall supports the edge of Kèo, and bears part of the weight of the roofs.

2-1-2 Deterioration of Columns

1) The deterioration length shown in the table refers to the total length of termite damage or rot in the lengthwise direction of each column, but the width and depth were not measured. Therefore, deterioration only extending to the surface of the column was deemed to be the same as deterioration of the deep parts of the timber.
2) Deterioration rate (%) = Deterioration of column/ timber volume of column × 100, and the moisture in columns was measured using a high frequency moisture tester to find the average moisture at the top, middle and base of the columns.
3) The results of this survey are as follows:
   ① Whereas the average deterioration rate is around 45% in the pent roof columns and bay aisle columns near the eaves, it is quite low at around 20% for the core columns some distance from the eaves, so rainwater has a great effect of the deterioration.
   ② The average moisture content for each part was in the range from 15 to 17%, with very little difference, but there was some variation in individual columns, ranging from 11 to 21%. There is no correlation between moisture content and deterioration.
   ③ Path F, Path 1 and Path 6, which are in contact with this inner surfaces of the external walls also show marked deterioration.

CONCLUSION

2-2-3 Deterioration of Kèo

1) In terms of parts, 11 of the 12 the bay aisle section Kèo in the outer roof and 5 of the 20 pent roof Kèo in the inner roof showing deterioration.
2) In terms of direction, the number of Kèo with deterioration was the largest on the eastern side, reduced in the order of the northern side, southern side and western side. As the tip of the bay aisle Kèo protrudes outside, there is much deterioration caused by rain, and there was also some termite damage.
3) The results of this survey are as follows:
   ① As deterioration of pent roof Kèo was 100% or 0% except for C/5-6, deterioration spreads throughout the entire Kèo once it begins.
   ② Most bay aisle Kèo show deterioration, but the average deterioration rate for each Kèo is around 25 percent, which is low compared to those in the pent roof.
   ③ Considering that nearly 200 years has past since the building was constructed and the fact that the average moisture content is around 15 percent, it can be supposed that the Kèo moisture content is almost in equilibrium.

2-2 Geological Survey

1) We have performed a geological survey to drill underground 17.2 m, on the position of 6 m north, 0.3 m west from the north-west corner of Long Đức Điện.
2) The results of the soil survey conducted during the third study in 2006 revealed that the long-term bearing capacity of the first layer (GL-2.4 m) was 33 kN/m^2, and the long-term bearing capacity of the second layer (2.4 m–5.2 m) was 97 kN/m^2.
3) The load of the building borne by each column is approximately 6 kN, and as the area of the foundation stone is 0.14 m^2, the load borne by each foundation stone is approximately 42 kN/m^2.
4) Therefore, it is expected that unequal settling of foundation stones occurred over years because the load exceeds the long-term bearing capacity of the first layer, which is 33 kN/m^2.

2-3 Survey and Restoration of the Platform

2-3-1 Survey of the Platform

1) We have performed the excavation and research of the podium before repairing it. The area of this excavation was in the east side of foundation stone 4D · 4E · 4F and we have dug the pit which is 1 meter wide and 1 meter depth to understanding the lower structure of the podium.
2) As the results, below the brick tile on the top of the podium, there were layers of laterite containing gravel and tile fragments (approx. 10 cm thick), brownish yellow sand with large particles mixed in with ceramic and pottery fragments (approx. 37 cm thick), gray clay mixed in with fine sand (approx. 12 cm thick) and brownish yellow sand with particles that are quite large (approx. 21 cm thick).
3) The brick block podiums which is 80 cm × 80 cm × 75 cm were installed below the foundation stones because the load borne by each foundation stone, which is 42 kN/m^2 was over the long-term bearing capacity of the first layer, which is 33 kN/m^2
4) If a block has sides of 80 cm, its area is 0.64 m^2, and even when the load of the block itself is included, the load on the first layer of soil is approximately 9.4 N/m^2, and it is believed this will stabilize Long Đức Điện in the long term.

2-3-2 Restoration of the Platform

1) In the original state of the podium, the foundation stones had significantly subsided in the south-western direction, and the reference grid of the foundation stone arrangement was distorted and not orthogonal.
2) The foundation stone level was adjusted with reference to the height of foundation stone 6F, and the reference grid of the foundation stone arrangement was adjusted with reference to foundation stone 6A.
3) The brick block podiums which is 80 cm × 80 cm × 75 cm was installed below the foundation stones to prevent subsidence of foundation stones.

CONCLUSION

4) The brick foundations on the perimeter were left alone.

2-4 Full-scaled Drawings

1) The dimensions of parts were determined to be as follows as a result of creating the full-scale drawings.

   ① The column spans at the base of columns used as benchmarks were found to be 3264 mm (7.7 越尺) in the center, 2735 mm (6.45 越尺) at the sides, and 1950 mm (4.6 越尺) at the edges.

   ② The column heights used as benchmarks were 5541 mm (approx. 13.1 越尺) for the main core columns, 3996 mm (approx. 9.4 越尺) for the bay aisle columns, and 2565 mm (approx. 6 越尺) for the pent roof columns.

   ③ The benchmark height was 4057 mm (approx. 9.6 越尺) for the corner bay aisle columns, 2642.5 mm (6.2 越尺) for pent roof columns and 2690.5 mm (6.3 越尺) for corner pent roof columns.

   ④ Inward inclination was determined as being 85 mm (2 越寸) for the main core columns, bay aisle columns and pent roof columns.

   ⑤ Eave curvature was found to be 75 mm (1.8 越寸) on the bay aisle column side and 122.5 mm (2.9 越寸) on the pent roof column side, and the heights of the curved eaves were 150 mm (3.5 越寸) on the top of the corner bay aisle columns and 71 mm (1.7 越寸) on the top of the pent roof column.

   ⑥ The gradient of the top edge of the top Kèo was 5.45 寸 (5.45/10) and the gradient of the top edge, of the bottom Kèo was 4.0 寸 (4/10).

2-5 Restoration Methods

1) Partial repairs were made to columns as part of the component repairs made during the 5th study. The following points can be highlighted as a result.

   ① If the original surface remained in place on the column base and column top, artificial wood was generally used for repairs to the extent that there no structural problems would arise. In particular, if a number had been carved into the column base, an effort was generally made to preserve the number by using artificial wood to perform repairs. Four columns were discarded and reused as material for making plugs, joints and grafts. Two columns were also used as replacements.

   ② In Kèo repairs, there were no examples of substantial damage, so the use of artificial wood was limited to partial filling and molding. No Kèo were discarded.

   ③ In repairs of head penetrating tie beams, there was one example of substantial damage, and this was repaired by keeping the external appearance and hollowing out the middle, using grafts after molding the inner surfaces with artificial wood. Only one head penetrating tie beam was discarded.

   ④ When using artificial wood, there is wide range of options available for repair methods, and this could be increased the residual ratio of original wood.

2-6 Components Assembling

1) We did not understand it in the dismantling investigation, but discovered that the flat surfaces at the top of the bay aisle column and pent roof column were shaped like a bobbin by reconstructing this timber framework.

2) We measured the dimensions of height and inward inclination of columns, and adjusted the length of Kèo, the top crosspiece, and the height and inward inclination of columns.

CONCLUSION

3. We have established the reconstruction method of wooden architectures, through the reconstruction works of the Chiêu Kinh Điện of Hue Imperial City in the Nguyễn Dynasty.

   3-1   We have clarified that Chiêu Kinh Điện is the same as Long Đức Điện in scale and style.

      3-1-1   Comparison of Column Spans between Chiêu Kinh Điện and Long Đức Điện
   1) To determine the columns of Chiêu Kinh Điện, we measured the position of the foundation stones. The average measurements of the end-span is 2020 mm（4.76 越尺）, the side-span is 2782 mm（6.56 越尺）, the central-span is 3296 mm（7.77 越尺）, and the span ratio is end-span : side-span : central-span=1 : 1.38 : 1.63.
   2) On the other hand, in Long Đức Điện, the original measurements of the end-span is 1950 mm （4.6 越尺）, the side-span is 2735 mm（6.45 越尺）, the central-span is 3264 mm（7.7 越尺）, and the span ratio is end-span : side-span : central-span=1 : 1.4 : 1.67.
   3) According to the comparison of the two, it is believed that the column spacing of Chiêu Kinh Điện resemble that of Long Đức Điện closely.

      3-1-2   Comparison of Platform Structure between Chiêu Kinh Điện and Long Đức Điện
   1) Below the brick tile on the top of the podium in Chiêu Kinh Điện, there were layers of laterite containing gravel and tile fragments（approx. 20 cm thick）, brownish yellow sand with large particles mixed in with ceramic and pottery fragments（approx. 35 cm thick）, gray clay mixed in with fine sand（approx. 5 cm thick）and brownish yellow sand with particles that are quite large（approx. 30 cm thick）.
   2) We have performed the excavation and research before repairing the podium of Chiêu Kinh Điện. The area of this excavation was around the podium digging a width of 30 cm for understanding the structure of the side foundation. The perimeter bricks were paced in a total of 8 layers between a foundation stone and another one, and a total of 4 layers under a foundation stone. The first and second layers were 86.5 cm（2.1 越尺）wide, the third and fourth were 74.2 cm（1.8 越尺）wide, and the fifth to eighth were 61.8 cm（1.5 越尺）wide.
   3) We have given light on that the podium of Chiêu Kinh Điện is the same podium structure of Long Đức Điện.

   3-2   We have reconstructed Chiêu Kinh Điện by following the Dimension Planning, the architectural techniques, the detailed design of Long Đức Điện.
   1) According to the measurement of Chiêu Kinh Điện and the reconstruction study of Long Đức Điện, the reconstruction design of Chiêu Kinh Điện is based on as follows:
   ① The curvatures of platform is 42.4 mm（1 越寸）.
   ② The column spans is the same as one of Long Đức Điện, that is, central-span is 3264.8 mm（7.7 越尺）, side-span is 2756 mm（6.5 越尺）, end-span is 1950 mm（4.9 越尺）.
   ③ The diameters of main core column is 220.5 mm（5.2 越寸）, bay aisle column diameter is 207.8 mm（4.9 越寸）, pent roof column diameter is 195 mm（4.6 越寸）.
   ④ The height of main core column is 5512 mm（13 越尺）, bay aisle column height is 4028 mm（9.5 越尺）, pent roof column height is 2586.4 mm（6.1 越尺）.
   ⑤ The height of the bay aisle column is 84.8 mm（2 越寸）higher than the central-span end columns at the corner columns, and the height of the pent roof column is 63.6 mm（1.5 越寸）higher than the central-span end columns at the side-span outside columns, and 127.2 mm（3 越寸）higher than ones at the corner columns.
   ⑥ In the inward inclination of bay aisle column is 84.8 mm（2 越寸）at the central-span end columns, and is 42.4 mm（1 越寸）at the corner column. In the inward inclination of pent roof column is 84.8 mm（2 越寸）at the central-span end columns, and is 63.6 mm（1.5 越寸）at the side-span outside columns, and is 42.4 mm（1 越寸）at the corner columns.
   ⑦ The eave curvatures of bay aisle is 169.6 mm（4 越寸）at the corner bay aisle columns, and one of pent roof is 212.0 mm（5 越寸）at the corner pent roof columns.
   ⑧ The structure and timber framework of Chiêu Kinh Điện are the same as ones of Long Đức Điện.

⑨ The joints of Chiêu Kinh Điện are the same as ones of Long Đức Điện.
⑩ The detailed design is the same as one of Long Đức Điện.
⑪ The measurement of rafters are 127.2 mm (3 越寸) width and 63.6 mm (1.5 越寸) height, and the unit of eave spans is 254 mm (6 越寸). All rafters are cut in the corners of undersurface.
⑫ The depth of eaves is 424 mm (1 越尺) at the upper roof of bay aisle, and is 828 mm (2 越尺) at the lower roof of pent foof.
⑬ The gradient of the top edge of the top Kèo is 5.5/10 (5.5 寸), and one of the bottom Kèo is 4/10 (4 寸).

3-3 In reconstruction project of Chiêu Kinh Điện, we have made the full-scaled drawing like making that of Long Đức Điện Project, and reconstructed it according to the measurement of this full-scaled drawing.

1) We have made the full-scale drawing of Chiêu Kinh Điện, according to the reconstruction design.

3-4 In consideration of the endurance strength of the foundation of the ground, we have set new independent basics of brick product under the stone foundation like repairing the foundation of Long Đức Điện.

1) The summary of the platform restoration of Chiêu Kinh Điện is as follows:
① In the present podium, the west side foundation stones subside largely, and the standard grid for setting the foundation stones become deformed.
② The level of foundation stones was based on the height of 1A foundation stone. And the grid for setting the foundation stones was decided by the east-west line, that is, A crossline on the foundation stones.
③ To prevent sinking of the foundation stones, 80 cm×80 cm×75 cm brick block podiums were installed below the foundation stones.
④ The brick foundations on the perimeter were left alone, and the foundation stones were installed again.

3-5 We have built the timber framework and the roof of Chiêu Kinh Điện according to Long Đức Điện construction work.

3-6 We have arranged the reconstruction design drawings, the detailed chart of foundation, the construction photograph, others for the collection of documents used as reference data in Chiêu Kinh Điện reconstruction project.

ベトナム・フエ城宮殿建築の修復と復原

Ⓒ

発　行
2016年10月28日
編　著
白井　裕泰
発行者
日野　啓一
印刷
藤原印刷株式会社
製本
松岳社

中央公論美術出版
東京都千代田区神田神保町1-10-1
TEL. 03-5577-4797

ISBN978-4-8055-0772-8